Steffen Spies/Holger Beigel

Einer fehlt, und jeder braucht ihn

Wie Opel die Abwesenheit senkt

UEBERREUTER

Die Deutsche Bibliothek – CIP-Einheitsaufnahme

Spies, Steffen:
Einer fehlt, und jeder braucht ihn : wie Opel die Abwesenheit senkt / Steffen Spies/Holger Beigel. – Wien : Ueberreuter, 1996
(Manager-Magazin-Edition)
ISBN 3-7064-0196-7
NE: Beigel, Holger:

S 0217 2 3 4 / 99 98 97 96

Umschlag: Kurt Rendl
Coverillustration: Josef Koo

Druck: Ueberreuter Offsetdruck, Korneuburg
Printed in Austria

Inhalt

Vorwort

Die internationale Wettbewerbsfähigkeit ist bei der Diskussion „Standort Deutschland" das zentrale Thema. Politische und wirtschaftliche Rahmenbedingungen können vom einzelnen dazu kaum beeinflußt werden. Allerdings kann jeder Mitarbeiter dazu beitragen, die Wettbewerbskraft seines Unternehmens auch im internationalen Vergleich zu gewährleisten. Ein wichtiger Faktor ist dabei das Abwesenheitsverhalten.

Herausforderung jedes Unternehmens – und damit auch der Adam Opel AG – muß es sein, motivations- bzw. verhaltensbedingte Abwesenheitsgründe zu identifizieren. Nur so können einerseits ernsthaft erkrankte Mitarbeiter geschützt werden und andererseits Kosten vermieden werden, die die Arbeitsplatzsicherheit gefährden.

Aus diesem Grund nimmt das Thema Abwesenheit bei der Adam Opel AG für Geschäftsleitung und Betriebsrat einen wichtigen Platz ein. Gemeinsam wurde deshalb der Entschluß gefaßt, im Werk Rüsselsheim ein einheitliches Instrument zu entwickeln, mit dessen Hilfe sich die Abwesenheit reduzieren läßt. Es zielt darauf ab, sowohl Verhaltensänderungen zu bewirken als auch Arbeitsbedingungen zu optimieren. Das Resultat ist der Anwesenheitsverbesserungsprozeß (AVP), der seit Mitte Mai 1995 eingeführt ist.

Den wesentlichen Beitrag leisten bei diesem Prozeß die Mitarbeiter und ihre Vorgesetzten. Sie stehen deshalb auch im Mittelpunkt von AVP. Die ersten Ergebnisse zeigen, daß sich mit diesem Verfahren die Probleme mit den Fehlzeiten nachhaltig bekämpfen lassen. Das war nur durch umfassende Änderungen des Verhaltens der Betroffenen möglich.

In diesem Buch beschreiben die Autoren die Entwicklung, die Implementierung und die Praxis des Anwesenheitsverbesserungsprozesses (AVP), um allen Beteiligten und Interessierten den gesamten Rahmen dieses Instrumentes näherzubringen. Denn nur gemeinsam läßt sich die Abwesenheitsproblematik bewältigen. Das sichert die internationale Wettbewerbsfähigkeit der Adam Opel AG und damit die Sicherheit der Arbeitsplätze am Standort Deutschland.

Wolfgang Strinz
Vorstand Personal und Fertigung der Adam Opel AG

Einleitung

Jeder kennt das Problem bei der täglichen Arbeit: Da braucht man jemanden ganz dringend, und gerade dann ist er oder sie nicht am jeweiligen Arbeitsplatz. So ist man auf KollegInnen angewiesen, die versuchen, auszuhelfen und die Arbeit so gut wie möglich mit zu übernehmen. Das führt nicht nur zu Mehrbelastungen sondern auch zu zeitlichen Verzögerungen des gesamten Arbeitsprozesses.

Allen Beteiligten ist dann klar: „Einer fehlt, und jeder braucht ihn." Das schließt natürlich auch die Mitarbeiterinnen ein, da sie in ähnlichem Umfang wie ihre männlichen Kollegen von Fehlzeiten betroffen sind; daher könnte der Titel dieses Buches auch lauten: „Eine fehlt, und jede braucht sie."

Abwesenheit ist immer ein Thema – es rückt aber besonders dann in den Vordergrund, wenn es um Fragen der Wettbewerbsfähigkeit und die Sicherung von Arbeitsplätzen geht. Das ist in der zweiten Hälfte der neunziger Jahre in besonders ausgeprägtem Maße der Fall. Die aktuellen Diskussionen um den Standort Deutschland und um Reformen in den Sozialversicherungen tun ihr übriges dazu: Fehlzeiten sind wesentliche Indikatoren für die Leistungsbereitschaft der Unternehmen.

Abwesenheit ist aber auch ein unangenehmes Thema. Jeder ist davon persönlich betroffen. Ursachenforschungen für Fehlzeiten gehen oft direkt in die Privatsphäre – und hier läßt sich keiner gern überwachen. Schnell werden Klagen über Verdächtigungen, Diskriminierungen und Mißtrauen laut. Wirklich Erkrankte fühlen sich als Simulanten behandelt, robuste Gesundheit wird als einziges Mittel für den Erhalt des Arbeitsplatzes gesehen. Diese Situation hat bisher dazu geführt, daß Unternehmen das Problem Abwesenheit ohne die nötige Konsequenz angefaßt haben.

Auch finden sich umfangreiche theoretische Betrachtungen der Fehlzeitenproblematik. Diese konzentrieren sich aber hauptsächlich darauf, verhaltenswissenschaftliche Aspekte dieses Themas zu erklären. Mangelnde empirische Basis führt allerdings dazu, daß diese Studien und Untersuchungen meist zu sehr allgemeinen Aussagen führen und keine realisierbaren Vorschläge liefern.

Weil der Umgang mit dem Thema Abwesenheit äußerst komplex ist und weil es dazu noch wenig praxisnahe Literatur gibt, ist die Idee zu diesem Buch entstanden. Das Werk Rüsselsheim der Adam Opel AG stand Anfang 1995 ebenfalls vor dem Problem hoher Abwesenheitsraten. Zu diesem Zweck wurde in kurzer Zeit der Anwesenheitsverbesserungsprozeß entwickelt und direkt eingeführt; an dieser Stelle sei deshalb den Mitarbeitern der Personalabteilung für ihren Einsatz bei der Schulung der betrieblichen Vorgesetzten gedankt. Auf diese Weise hat der AVP dazu geführt, daß sich die Abwesenheitsrate sehr schnell um mehr als 30 Prozent reduziert hat.

Ziel dieses Buches ist es deshalb, neben einer grundsätzlichen Erläuterung des ,,Phänomens Abwesenheit" Erfahrungen aus erster Hand bei der Senkung der Fehlzeiten vorzustellen. Dabei wird das Konzept und der genaue Inhalt des neuen Instruments – des Anwesenheitsverbesserungsprozesses – ebenso detailliert vorgestellt, wie auch dessen Implementierung. Es ist ein Buch aus der Praxis für die Praxis.

Rüsselsheim, im Januar 1996

Steffen Spies
Holger Beigel

1. Kapitel

Das Phänomen Abwesenheit

Schärferer internationaler Wettbewerb, Kostendruck und eine immer launischere Konjunktur haben einen bislang vernachlässigten Faktor in den betrieblichen Abläufen in den Vordergrund geschoben: die Abwesenheit vom Arbeitsplatz. In Zeiten stärkeren Wachstums und günstigerer wirtschaftlicher Rahmenbedingungen ist Abwesenheit ein Tabuthema, da es um weit wichtigeres geht, als sich darum zu kümmern, den einen oder anderen der Abwesenden als Drükkeberger zu entlarven. Weil man es sich leisten kann, über diese „Kleinigkeiten" hinwegzusehen, wird dieses für alle Beteiligten unangenehme Thema nicht angeschnitten.

Allerdings haben sich die Umstände geändert, nicht zuletzt auch durch die Ungewißheit über die zukünftige Dichte des sozialen Netzes. Überschuldung des Bundes, Aufhebung des Generationenvertrages und sinkende Beiträge in die Sozialversicherungen lassen sich nur in geringem Umfang durch Maßnahmen wie Pflegeversicherungen beheben. Gemeinsam mit dem Nachbarland Österreich liegt Deutschland im europäischen Vergleich an der Spitze hinsichtlich der Entgeltfortzahlung im Krankheitsfall (für eine Frist von sechs Wochen) sowie beim Krankengeld (für eine Frist von 78 Wochen), dessen Anspruch allerdings während der Entgeltfortzahlung ruht. Bemüht man die Statistiken weiter, so stehen die deutschen Beschäftigten mit durchschnittlich 21 krankheitsbedingten Fehltagen (zum Beispiel für 1993) weltweit an der Spitze.

Diese Tatsachen sind schon seit langem bekannt und gelten als kuriose Situation bei deutschen Unternehmen, die neben relativ hohen Abwesenheiten aber auch eine hohe Produktivität und technologische Leistungsfähigkeit vorweisen. Die derzeitige Lage zwingt allerdings Management und Gewerkschaften dazu, umzudenken. Die Arbeitgeberseite muß sich dabei kritische Fragen gefallen lassen, inwiefern die bestehenden Arbeitsbedingungen zu Fehlzeiten führen und welche Versäumnisse diesbezüglich in der Vergangenheit begangen wurden. Arbeitnehmervertretungen haben sich dagegen damit auseinanderzusetzen, daß die angegebenen Begründungen der fehlenden Mitarbeiter für die jeweiligen Fehlzeiten nicht per se mit den tatsächlichen Gründen zusammenhängen müssen.

Auf beiden Seiten wird durch die Auseinandersetzung mit bisher unausgesprochenen Tatbeständen etwas thematisiert, was unangenehm ist. Dabei können aber auch Probleme gelöst werden, die durch Fehlzeiten auf beiden Seiten entstehen. Das sind zum einen die zusätzlichen Kostenbelastungen durch Lohnfortzahlungen, die letztlich das Management zu verantworten hat. Und zum anderen ist das die Störung des Arbeitsfriedens durch motivationsbedingte Abwesenheiten, was auch die Arbeitnehmervertreter bei der Erfüllung ihrer Aufgaben behindert.

Weil der Umgang mit der Abwesenheit vom Arbeitsplatz ein Problembereich ist, der zwar den Handlungsrahmen beider Betriebsparteien betrifft, bislang aber gekonnt umgangen wurde, liegt es nahe, vom ,,Phänomen Abwesenheit" zu sprechen. Wird dieses Tabu allerdings gebrochen, so bedarf es eines behutsamen Vorgehens von beiden Seiten, um zu konstruktiven Lösungen zu gelangen. Deshalb ist das ,,Thema Abwesenheit" pragmatisch aus der Nähe zu betrachten: Was sind Ursachen und Folgen der Abwesenheit vom Arbeitsplatz?

1.1. Das Problem Abwesenheit im Gesamtzusammenhang

Da es sich bei dem vorgestellten ,,Phänomen Abwesenheit" um ein äußerst komplexes Thema handelt, bietet es sich an, die Ursachen, Folgen und Auswirkungen der Abwesenheit vom Arbeitsplatz systematisch vorzustellen. Das zeigt die Abbildung 1, in der die angesprochenen Zusammenhänge in schematischer Form transparent gemacht werden.

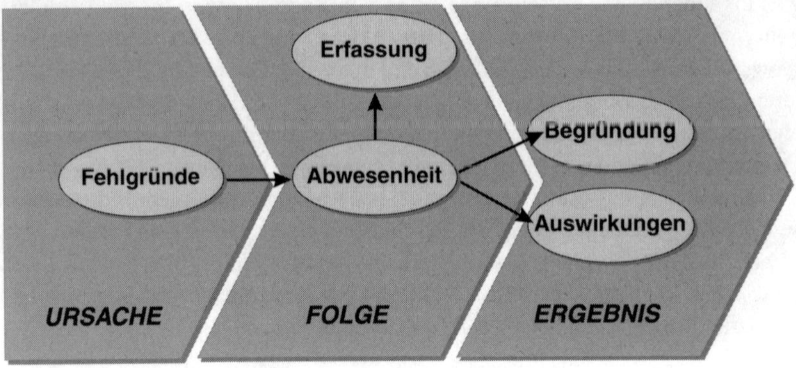

Abbildung 1: Ursachen-/Wirkungsdiagramm für Abwesenheit

Auf der einen Seite sind zuerst die Gründe zu analysieren, die als Ursache für das Fernbleiben der Mitarbeiter von ihrer Beschäftigung anzuführen sind. Dazu sind die unterschiedlichen Umfelder zu betrachten, in denen sich der einzelne bewegt. Die privaten Umstände spielen dabei ebenso eine Rolle, wie auch die betrieblichen und die gesellschaftlichen Rahmenbedingungen.

Die Folge dieser Situation ist das Fernbleiben des Mitarbeiters vom Arbeitsplatz, wie dies die Abbildung zeigt. Im Vordergrund steht dabei die Frage, wie die Abwesenheit im Unternehmen überhaupt erfaßt werden kann und wie diese Daten gehandhabt werden können. Hier sind kollektive Fehlzeitendaten von den individuellen deutlich zu unterscheiden. Die ersten haben in erster Linie statistischen Charakter und können – bei richtiger Aggregation bzw. Differenzierung – als Targets einzelnen Unternehmensbereichen vorgegeben werden. Die letzteren – die individuellen Fehlzeitendaten – betreffen Informationen über die jeweilige persönliche Situation des einzelnen Arbeitnehmers und können nur im Rahmen der Datenschutzbestimmungen verwendet werden.

Schließlich ist das Ergebnis der Abwesenheit herauszustellen, das sich daraus für das Unternehmen und die betrieblichen Abläufe ergibt. Da sind zum einen die Auswirkungen der Abwesenheit zu nennen. Das umfaßt die Beeinträchtigung der Motivation der gesamten Belegschaft, die erhöhten Anforderungen, die an die Organisation gestellt werden, um die fehlenden Mitarbeiter zu ersetzen, und schließlich die direkten Einflüsse auf die Kosten, die beispielsweise aufgrund von Lohnfortzahlungen und Produktionsausfällen entstehen.

Zum anderen sind verschiedene Arten von Begründungen für das Fernbleiben vom Arbeitsplatz zu unterscheiden. Daraus ergeben sich zwei Arten von Abwesenheiten: die betriebsbedingte und die persönlich bedingte; auf der letzteren liegt unser Hauptaugenmerk. Zu der Abwesenheit, die aufgrund persönlicher Gründe entsteht, gehören nämlich sowohl medizinische Ursachen als auch Demotivation, die das Unternehmen direkt beeinflussen kann.

Der vorgestellte Gesamtrahmen aus Ursache, Folge und Ergebnis der Abwesenheit der Mitarbeiter von ihrer Beschäftigung soll nachfolgend helfen, das „Phänomen Abwesenheit“ systematisch und praxisorientiert zu beleuchten. Auf diese Weise kann man kritische Aspekte der Zusammenhänge darlegen, um diesen daraufhin mit geeigneten Maßnahmen zu begegnen.

1.2. Gründe für die Abwesenheit vom Arbeitsplatz

Mitarbeiter bleiben ihrer Tätigkeit aus vielfältigen Gründen fern. Dabei sind es in den seltensten Fällen einzelne Ursachen, die zu Abwesenheiten führen. Meist spielt das Zusammenwirken einer ganzen Reihe von Faktoren eine entscheidende Rolle. Trotzdem ist es sinnvoll, die verschiedenen einzelnen Elemente einer solchen Wirkungskette transparent zu machen, um im nachhinein feststellen zu können, ob und mit welchen Mitteln dagegen vorgegangen werden kann oder nicht.

Zu diesem Zweck wurde die Herkunft der Abwesenheitsgründe in drei grundsätzliche Gruppen eingeteilt: privates Umfeld, Arbeitsumfeld und gesellschaftliches Umfeld. Die Abbildung 2 zeigt, was unter diesen drei Aspekten im einzelnen zu verstehen ist.

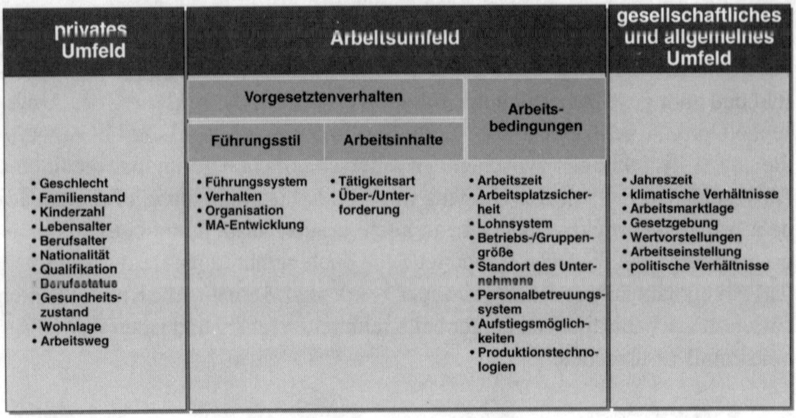

Abbildung 2: Herkunft der Abwesenheitsgründe

1.2.1. Gründe aus dem privaten Umfeld

Zum privaten Umfeld sind zum einen demographische Faktoren zu rechnen, wie beispielsweise das Geschlecht. Die durchschnittlich etwas höheren Abwesenheitsraten von Frauen können auf die Doppelbelastung Familie und Beruf zurückgeführt werden. Ein weiterer Grund ist das unterschiedliche Ausbildungsniveau und die dadurch häufig geringeren Freiheitsgrade weiblicher Arbeitnehmer. Allerdings erklärt das nicht das relativ hohe Fehlen von Ledigen bzw. Singles.

Auch ein sehr brisantes Thema, der Zusammenhang zwischen Nationalität und Abwesenheit, fällt unter die im privaten Umfeld begründete Abwesenheit. Allerdings ist es hier entscheidend, diesen Aspekt in Verbindung mit anderen Faktoren wie Ausbildungsstand und Arbeitsbedingungen zu sehen, um Pauschalisierungen vorzubeugen. Schnell lassen sich nämlich politisch gefärbte Aussagen treffen, die sich jedoch bei differenzierter Betrachtung der Gesamtumstände nicht mehr halten lassen. Nach einer Untersuchung des Arbeitgeberverbandes besteht bei ausländischen Arbeitnehmern ein ebenso enger Zusammenhang zwischen niedrigem Ausbildungsniveau und schlechten Arbeitsbedingungen einerseits und hohen Fehlzeiten andererseits wie bei inländischen. Erschwerend kommt bei ausländischen Mitarbeitern oft die Integration in die fremde Umgebung hinzu. Das bedeutet einen weiteren Einfluß des privaten Umfeldes auf die betrieblichen Arbeitsabläufe.

Ein anderer Aspekt ist der Gesundheitszustand. Ähnlich wie die Nationalität des Arbeitnehmers steht auch dieser in enger Wechselwirkung zum Arbeitsumfeld und zum gesellschaftlichen Umfeld, wenn es um die Erklärung der Abwesenheitsgründe geht. Der Alkoholismus ist ein besonders deutliches Beispiel für die engen Beziehungen zwischen den unterschiedlichen gesundheitsbedingten Abwesenheitsgründen. Der Umgang mit Alkohol ist nicht nur ein Problem aus dem privaten Umfeld, sondern kann auch gesellschaftlich und betrieblich begründet sein. Die deutsche Hauptstelle für Suchtgefahren hat dazu festgestellt, daß Alkoholabhängige 2,5mal häufiger krank sind, 16mal mehr Kurzfehlzeiten aufweisen, 1,7- bis fünfmal länger bei Krankheiten fehlen und jeden vierten Arbeitsunfall verursachen.

1.2.2. Gründe aus dem Arbeitsumfeld

Der Einfluß der Arbeitsbedingungen auf die Gesundheit wird von den meisten Mitarbeitern bejaht. Das macht den Zusammenhang zwischen privatem Umfeld und Arbeitsumfeld deutlich, der in Abbildung 2 aufgezeigt worden ist. Gefragt nach den Arten der Krankheiten, die vom Beruf induziert werden, liegen Magengeschwüre an erster Stelle, gefolgt von Kopfschmerzen, Herzinfarkten, Hautkrankheiten, Asthma, Krebs, Arthritis und Erkältungen.

Die Ursachen dafür liegen zum einen in den Arbeitsbedingungen, die in vielfältiger Form zu Belastungen bei der Ausübung der beruflichen Tätigkeiten führen. Zu unterscheiden sind dabei Umgebungsbelastungen und körperliche Belastungen. Zu ersteren gehören klimatische Aspekte, wie Lufttemperatur und -feuchtigkeit, sowie die Auswirkungen von Schädigungsstoffen wie Dämpfe und Gase. Auch Schwingungen, wie Lärm, Vibrationen oder Strahlungen, sowie Belästigungen durch Gerüche und Geräusche sind dazuzurechnen. Physische Belastungen haben direkt mit den Arbeitsprozessen des einzelnen zu tun, da es sich hierbei beispielsweise um Muskel- sowie Herz- und Kreislaufbelastungen handelt. Diesen Faktoren ist allerdings gemein, daß sie mit mehr oder weniger Genauigkeit eindeutig meßbar sind. Es können klare Zielwerte vorgegeben werden, deren Einhaltung innerhalb festlegbarer Toleranzen überprüft werden können.

Mindestens ebenso starke Beeinträchtigungen ergeben sich aus psychischen Belastungen, die jeden Arbeitnehmer betreffen, unabhängig von der Art seiner Tätigkeit. Dieser Aspekt betrifft das Führungsverhalten, dem ein Mitarbeiter durch seinen Vorgesetzten ausgesetzt ist. Darunter fallen nach Abbildung 2 sowohl der Führungsstil als auch die Arbeitsinhalte, mit denen der einzelne konfrontiert wird.

Das Verhältnis zum Vorgesetzten spielt dabei eine entscheidende Rolle, besonders die Frage, ob dabei ein konstruktiver Austausch und Kooperation möglich ist. Dies wird besonders durch Rahmenbedingungen wie das Führungssystem maßgeblich vorgegeben, aber auch durch die Sozialkompetenz und das Verhalten der einzelnen Führungskraft selbst. Kooperative Führungsansätze, die realistische Leistungsziele vorgeben und diese nach akzeptierten Kriterien konstruktiv bewerten, führen nicht nur zu höherer Motivation, sondern auch zu höherer Einsatzbereitschaft und damit geringeren Fehlzeiten des einzelnen Mitarbeiters.

Der vielbeachtete Faktor Streß ist häufig eine Folge falschen Führungsverhaltens. Bei den Belastungen, die in diesem Zusammenhang von Mitarbeitern genannt werden, steht eindeutig der Zeitdruck im Vordergrund, gefolgt von starker Konzentration, Überstunden, hoher Verantwortung, häufigen Störungen, widersprüchlichen Anweisungen und dem Zwang zu schnellen und nicht nachvollziehbaren Entscheidungen. Können Arbeitsinhalte nicht anforderungsgerecht mit den Kapazitäten und Fähigkeiten des einzelnen in Einklang gebracht werden, so sind Streß, Krankheiten und dadurch auch Fehlzeiten vorprogrammiert.

So wie Streß häufig mit Überforderung in Verbindung zu bringen ist, so ist es aber auch wichtig, den Zusammenhang mit der Unterforderung herauszustellen. Gerade bei derzeit aktuellen Maßnahmen, wie flexibler Arbeitszeit oder Vier-Tage-Woche, sollte diesem Faktor besondere Bedeutung beigemessen werden. Wenn der Mitarbeiter Leistung zeigen möchte, ihm vom Vorgesetzten allerdings nicht in ausreichendem Maße Arbeitsinhalte vermittelt werden, so wird aus einer beruflichen Unterbelastung Unzufriedenheit mit allen Auswirkungen auf die Psyche.

Diese Zusammenhänge zwischen geistiger und seelischer Verfassung einerseits und den von außen gestellten Anforderungen andererseits zeigen die Komplexität des Faktors Streß deutlich. Weil Wechselwirkungen nicht so eindeutig beschrieben werden können, wie das bei den physischen Belastungen der Fall ist, müssen diese differenziert betrachtet werden. Das spielt besonders eine Rolle, wenn es darum geht, Maßnahmen zu gestalten, mit denen die Abwesenheit reduziert werden soll, die aus mangelhaftem Führungsverhalten der Vorgesetzten resultiert.

1.2.3. Gründe aus dem gesellschaftlichen Umfeld

Schließlich spielen neben dem privaten Umfeld und den betrieblichen Bedingungen auch die gesellschaftlichen Rahmenbedingungen eine besondere Rolle, wenn es darum geht, die Gründe für die Abwesenheiten zu erforschen. Der Wertewandel hin zur Freizeitgesellschaft während der letzten Jahre hat dazu beigetragen, die grundsätzliche Einstellung zur Arbeit deutlich zu ändern. Unterstützt wird diese Entwicklung durch äußere Rahmenbedingungen, wie zum Beispiel Unsicherheit über den Fortbestand des eigenen Arbeitsplatzes. Das Resultat ist zunehmende Entfremdung von den betrieblichen Abläufen und das Gefühl bei einer breiten Schicht der Arbeitnehmer, immer weniger gebraucht zu werden.

Dieser Verlust an Identifikation mit der eigenen Erwerbstätigkeit und das immer umfangreicher werdende Angebot an Freizeitaktivitäten führt dazu, daß das Fernbleiben vom Arbeitsplatz auch über den Urlaub hinaus zu einem akzeptierten Verhaltensmuster wird. Die Ferienzeit wird – anders als in Zeiten des wirtschaftlichen Aufbaus – zunehmend weniger zur Erholung genutzt, denn auch während dieser freien Tage ist Leistung zu erbringen. Der Zwang zu Erlebnis, Abenteuer und ständiger Abwechslung verursacht nicht selten eine Form von Druck auf den einzelnen, der auch als Freizeitstreß bezeichnet wird.

Das Ergebnis ist ein Bedarf an Erholungsphasen, um den freien Tagen so gewachsen zu sein, daß man im Freizeitangebot bestehen kann. Diese zusätzliche

Zeit kann beispielsweise durch Fehlzeiten gewonnen werden, da man im Arbeitsprozeß sowieso nur bedingt gebraucht wird. Erholung für die Freizeit auf Kosten der betrieblichen Abläufe ist dann die Folge. Auch diese Ausführungen zeigen, daß sich gesellschaftliches Umfeld und Arbeitsumfeld gegenseitig bedingen und beeinflussen.

Ein weiterer wichtiger Faktor des allgemeinen Umfeldes ist die Jahreszeit. So zeigt sich, daß gerade während der Sommermonate – also während der Haupturlaubszeit – recht geringe Krankenstände zu verzeichnen sind. Trotz naßkalter Witterung ganz zu Ende des Jahres sinken die Krankmeldungen ebenfalls, während um Ostern im Frühjahr oder in den Herbstmonaten Oktober und November die Anzahl der Erkrankungen rapide zunimmt. Grundsätzlich kann über die wahren Gründe nur spekuliert werden, dennoch liegt es nahe anzunehmen, daß der ferne Jahresurlaub oder die fernen Festtage zu Jahresende dazu verführen, sich einige Fehlzeiten zu gönnen. Die geringeren Abwesenheitsraten vor Weihnachten lassen sich allenfalls damit erklären, daß niemandem daran gelegen ist, während dieser Zeiten auf ärztliche Hilfe angewiesen zu sein. Die Folge sind dann steigende Krankenstände in den ersten Monaten des neuen Jahres.

Das private Umfeld, das Arbeitsumfeld und das gesellschaftliche Umfeld bieten eine Fülle von Gründen, die dazu führen können, daß Mitarbeiter ihrem Arbeitsplatz fernbleiben. Die Ausführungen haben auch gezeigt, daß die einzelnen Aspekte, aus denen sich drei Gruppen von Gründen zusammensetzen, selten allein die komplexen Zusammenhänge der Fehlzeitenproblematik erklären. Sie sind meist aufs engste miteinander verflochten und auch auf diese Weise zu interpretieren und zu behandeln. Dies ist gerade dann zu beachten, wenn es gilt, Maßnahmen zu entwickeln, mit denen sich die Abwesenheitsraten reduzieren lassen.

1.3. Erfassung der Abwesenheit

Will man dem „Phänomen Abwesenheit" begegnen, so ist es entscheidend, dies auf verläßlicher Datenbasis zu tun. Besonders die Aussagekraft der Statistiken, die Fehlzeiten erfassen, hängt sehr stark von der Aggregation und der Wahl der geeigneten Vergleichsgrundlagen ab. Wird hier nicht mit der entsprechenden Sorgfalt gearbeitet, so können schnell falsche Schlußfolgerungen gezogen und inadäquate Maßnahmen eingeleitet werden.

Generell können individuelle und kollektive Fehlzeitendaten unterschieden werden, die aus unterschiedlichen Beweggründen gesammelt wurden und sich auf verschiedene Art auswerten lassen. Die Abbildung 3 zeigt das in schematischer Form.

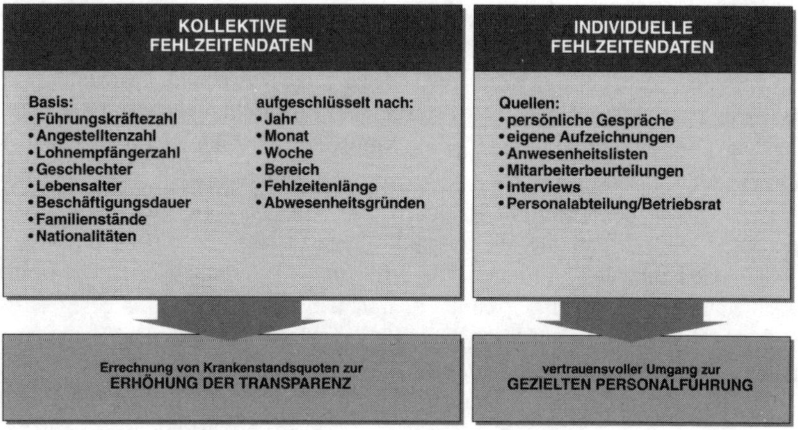

Abbildung 3: Erfassung der Abwesenheit

1.3.1. Individuelle Fehlzeitendaten

Auf der einen Seite können individuelle Daten gesammelt werden. Dabei handelt es sich um Fehlzeiteninformationen, bei denen ein direkter Bezug zum Namen des jeweils fehlenden Mitarbeiters herzustellen ist. Darunter fallen beispielsweise Anwesenheitslisten, die von den Vorgesetzten für ihren jeweiligen Bereich geführt werden können. Auch Zusatzinformationen aus der Personalabteilung werden darunter verstanden, die es der Führungskraft erleichtert, die eigenen quantitativen Daten auf dem laufenden zu halten.

Die nackten Daten sagen allerdings über den einzelnen noch relativ wenig aus. Gerade bei individuellen Abwesenheitsdaten spielen gerade die qualitativen Informationen eine besonders wichtige Rolle. Aus persönlichen Gesprächen mit dem aus der Abwesenheit zurückgekehrten Mitarbeiter kann der betriebliche Vorgesetzte beispielsweise nähere Hintergründe über die Ursachen des Fernbleibens vom Arbeitsplatz erhalten. Wie vielfältig diese sein können, hat Punkt 1.2. gezeigt. Gerade Hintergründe des privaten Umfeldes und ihre

Auswirkungen auf die Anwesenheit im Arbeitsprozeß spielen hier eine entscheidende Rolle. Die Führungskraft kann in diesem Zusammenhang beispielsweise näheres über die gesundheitliche oder auch familiäre Situation erfahren, das es ihr erleichtert, auf den einzelnen besser einzugehen und diesen in den Arbeitsprozeß zu integrieren.

Dabei sind allerdings neben Datenschutzbestimmungen auch die Vertraulichkeit dieser Informationen genauestens zu beachten. Verletztes Vertrauen kann in diesem Bereich zu erheblich größerem Schaden führen als gemeinhin angenommen wird. Das hat dann nicht nur Auswirkungen auf die Anwesenheit, sondern auch auf die gesamte Integration des einzelnen in den Arbeitsprozeß. Dabei spielen auch Mitarbeiterbeurteilungen eine wichtige Rolle, mit deren Hilfe sich die Leistungsfähigkeit und -bereitschaft über einen gewissen Zeitraum verfolgen und entsprechende Einflüsse auf die Fehlzeiten ableiten lassen.

Generell machen individuelle Fehlzeitendaten die Hintergründe für die Abwesenheit des einzelnen vom Arbeitsplatz transparent, was der Führungskraft die Arbeit deutlich erleichtert. Allerdings ist bei dieser Art von Informationen besondere Vorsicht geboten, da deren Gewinnung und Einsatz vom gegenseitigen Vertrauen im betrieblichen Leistungsprozeß abhängt. Deshalb ist dieses Instrument ausschließlich zur gezielten Führung des einzelnen Mitarbeiters einzusetzen. Darauf sind auch die entsprechenden Maßnahmen abzustellen. Sie können nur auf den einzelnen individuell zugeschnitten sein; kollektive, unternehmensweite und standardisierte Instrumente sind hier nicht angebracht.

1.3.2. Kollektive Fehlzeitendaten

Da es im folgenden darum geht, dem „Phänomen Abwesenheit" mit Sicht auf das gesamte Unternehmen auf die Spur zu kommen, scheiden individuelle Lösungen aus. Sie sind vom Vorgesetzten allerdings parallel zum kollektiven Vorgehen einzusetzen. Individuelle Lösungen benötigen indes den geeigneten kollektiven Rahmen, der durch unternehmensweite und einheitliche Instrumente zur Reduktion der Abwesenheit angeboten wird.

Grundlage eines solchen Einsatzes sind sogenannte kollektive Fehlzeitendaten. Sie müssen personenunabhängig sein, um für unterschiedliche Zielgruppen in- und außerhalb des Unternehmens die Entwicklung der Fehlzeiten transparent zu machen. Pauschale Aussagen helfen nicht, das „Phänomen Abwesenheit" faßbar zu machen. So ist eine angemessene Basis zu wählen, nach der die entsprechenden Daten erfaßt werden. Diese sind dann situationsadäquat aufzuschlüsseln.

Da ist zum einen der internationale Vergleich der Fehlzeitendaten. Stellt man lediglich die Angaben über die Anzahl der Stunden gegenüber, die in den einzelnen Ländern von der Arbeit ferngeblieben wird, so entsteht ein verzerrtes Bild der wirklichen Lage. Vielmehr ist es wichtig, zusätzlich die jeweiligen Arbeitszeiten für den entsprechenden Zeitraum zu zeigen, um daraus differenzierte Aussagen ableiten zu können. Die Abbildung 4 gibt eine solche Übersicht wieder.

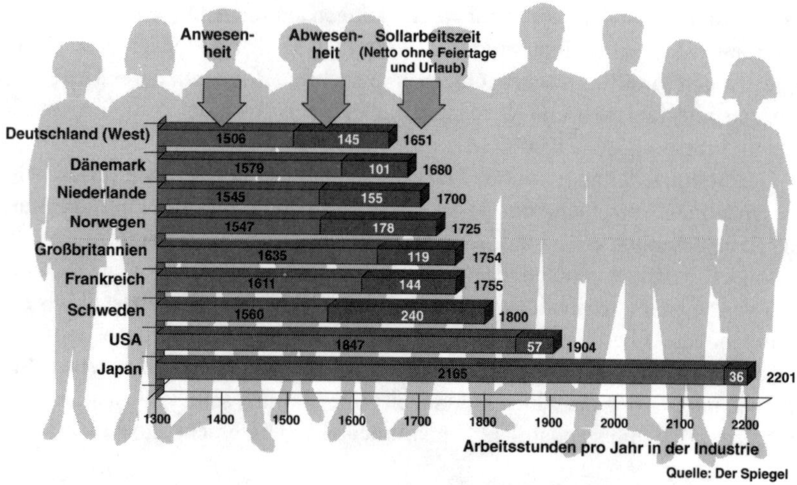

Abbildung 4: Kollektive Fehlzeitendaten im internationalen Vergleich

Zusätzlich sind die Nettojahresarbeitszeiten zu ermitteln, die sich nach Abzug aller Feiertage und Urlaubszeiten ergeben. Bei einem solchen Vergleich steht Japan deutlich an der Spitze, gefolgt von den Vereinigten Staaten. Deutschland, für das lediglich die westlichen Industrieunternehmen betrachtet worden sind, rangiert bei einer solchen Gegenüberstellung relativ weit hinten. Recht viele Feiertage und großzügig bemessene Urlaubszeiten im Vergleich zu anderen Ländern führen zu einer vergleichsweisen geringen Nettojahresarbeitszeit.

Stellt man auf dieser Basis die Fehlzeiten dar, so finden sich ebenfalls in Japan sehr kurze Fehlzeiten, die gemessen an der hohen Nettoarbeitszeit fast verschwindend klein ausfallen. Auffällig ist auch das Verhalten schwedischer Arbeitnehmer, die zwar relativ hohe Sollarbeitszeiten haben, aber auch eine große Menge an Fehlzeiten ausweisen. Auch die deutsche Arbeitnehmerschaft fehlt recht häufig gemessen an der Nettojahresarbeitszeit.

Gerade um den Ursachen für solche deutlichen Unterschiede im internationalen Vergleich auf die Spur zu kommen, sind die gesellschaftlichen Faktoren der einzelnen Länder detailliert zu untersuchen. Ein wesentlicher Aspekt ist dabei das geltende Arbeitsrecht mit seinem jeweiligen Kündigungsschutz. So stehen Arbeitnehmer in den Vereinigten Staaten beispielsweise unter erheblich höherem existentiellen Druck, da es Lohnfortzahlungen im Krankheitsfall fast gar nicht gibt und da ihnen mit weitaus unkomfortableren Fristen und Gründen gekündigt werden kann.

Unternehmen mit unterschiedlichen Standorten in verschiedenen Gegenden dieser Erde machen solche Erfahrungen häufig. Zum Beispiel sind die Fehlzeiten in den mitteleuropäischen Stammwerken vergleichsweise hoch gegenüber denjenigen ihrer Tochtergesellschaften, zum Beispiel auf dem nordamerikanischen Kontinent oder in Fernost. Dies ist sicherlich positiv zu bewerten. Negativ ist aber, daß durch diesen Druck die Gesundheit der Belegschaft leidet, da Mitarbeiter eher trotz ernsthafter Erkrankungen zur Arbeit gehen, als sich krank schreiben zu lassen. Auf mittlere und lange Sicht werden so die Abwesenheiten auf dem Rücken der Sozialversicherungen ausgetragen, die die vermehrten Fälle von Frührentnern und Langzeitkranken zu tragen haben.

Auf der Ebene des einzelnen Unternehmens sind Vergleichsdaten mit den entsprechenden Wettbewerbern eine wesentliche Größe, um beispielsweise auch die Notwendigkeit zum Handeln abzuleiten. Dazu bedient man sich einer geeigneten Abgrenzung der entsprechenden Branche, was gerade bei stark diversifizierten Konzernen eine besonders komplexe Vorgehensweise erfordert. Denn Vergleiche sind nur so gut wie die zugrundeliegenden Annahmen.

Vergleicht man beispielsweise die einzelnen Branchen, so liegen die ermittelten Fehlzeiten in Deutschland durchschnittlich zwischen guten fünf und ungefähr zwölf Prozent. Gerade Dienstleistungsbereiche haben mit weitaus weniger Abwesenheit zu kämpfen als produzierende Unternehmen. Das liegt besonders am geringen Anteil der Lohnempfänger. Industrieunternehmen hingegen bewegen sich in der Bandbreite zwischen sechs und elf Prozent.

Wo sich die einzelnen Branchen produzierender Unternehmen wiederfinden, schwankt allerdings im Verlauf der Jahre. So verlor beispielsweise die gummi- und kunststoffverarbeitende Industrie ihren Spitzenplatz mit mehr als elf Prozent und findet sich jetzt eher im unteren Mittelfeld mit knappen sieben Prozent.

Lediglich die metallverarbeitenden Unternehmen behielten ihren angestammten Platz mit acht bis neun Prozent Abwesenheitsrate. Diese Betrachtungen machen allerdings auch deutlich, daß eine branchenorientierte Aggregation der Daten nur grobe Aussagen über grundsätzliche Tendenzen zulassen. Für Detailbetrachtungen ist es notwendig, auf eine noch exaktere Betrachtung zurückzugreifen.

Für jedes Unternehmen ist es deshalb erforderlich, sich mit seinen Hauptwettbewerbern zu vergleichen. Gerade in produzierenden Unternehmen ist dabei die Unterscheidung in Arbeiter und Angestellte vorzunehmen, da sich deren Abwesenheitsverhalten deutlich voneinander unterscheidet. Nicht zuletzt auch aufgrund der physischen Belastungen, die als einer der Gründe für Abwesenheiten im vorangegangenen Abschnitt dargestellt worden sind, finden sich höhere Fehlzeiten bei den Lohnempfängern.

Die folgenden Abbildungen zeigen am Beispiel der Adam Opel AG, wie sich dort die Abwesenheit im Vergleich zum Durchschnitt der Automobilindustrie über die letzten Jahre entwickelt hat.

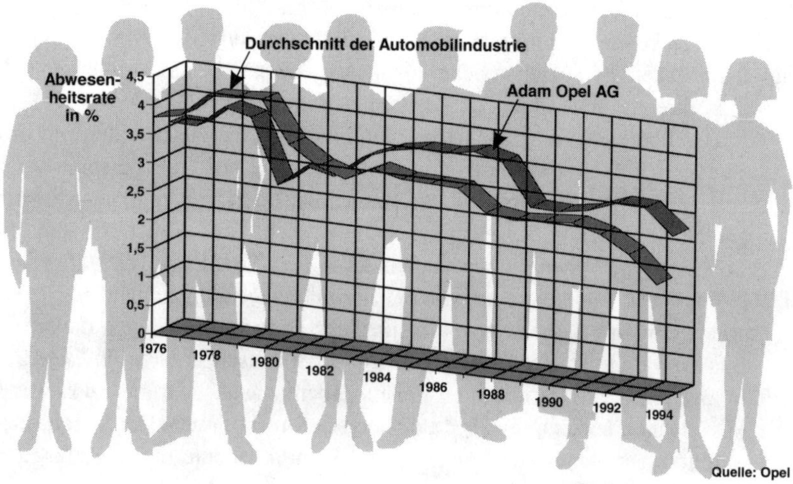

Abbildung 5a: Fehlzeitenentwicklung – die Adam Opel AG im Vergleich zur Automobilindustrie (Angestellte)

Abbildung 5b: Fehlzeitenentwicklung – die Adam Opel AG im Vergleich zur Automobilindustrie (Lohnempfänger)

	1996	1997	1998	1999	2000
Kalendertage	366	365	365	365	366
Sonntage	- 52	- 52	- 52	- 52	- 52
Samstage	- 52	- 52	- 52	- 52	- 52
Feiertage	- 11	- 11	- 9	- 7	- 9
Betriebsversammlungen	- 1	- 1	- 1	- 1	- 1
Total	**250**	**249**	**251**	**253**	**252**
Tarifurlaub	- 30	- 30	- 30	- 30	- 30
Netto-Arbeitstage*	**220**	**219**	**221**	**223**	**222**
individuelle Arbeitszeit in h	6,4 h	6,4 h	6,4 h	6,4 h	6,4 h
Leistungsstunden pro Mitarbeiter*	**1.408,0 h**	**1.401,6 h**	**1.414,4 h**	**1.427,2 h**	**1.420,8 h**

*ohne Abwesenheiten und vollem Tarifurlaub

Quelle: Opel

Abbildung 5c: Leistungsstunden pro Mitarbeiter 1996 bis 2000

Diese Gegenüberstellungen zeigen zunächst einmal, wie sinnvoll es sein kann, die allgemeinen Aussagen zu den Abwesenheitsraten nach den jeweils unterschiedlichen Arten von Arbeitnehmern zu klassifizieren. So ergeben sich für Angestellte – wie das oben schon festgestellt worden ist – wesentlich niedrigere Fehlzeiten als für Arbeiter. Trotzdem finden auch hier deutliche Schwankungen statt, die allerdings nur dann zutage treten, wenn diese separat betrachtet werden. Absolut gesehen schwanken die Werte für die Abwesenheiten der Arbeiter in höherem Maße. Jedoch muß man dies zum Niveau der Abwesenheitsrate ins Verhältnis zu setzen, die im Vergleich zu der der Angestellten weitaus höher ist.

Andererseits wird deutlich, wie wichtig eine adäquate Vergleichsgröße für die Einschätzung der unternehmensspezifischen Daten ist. Die Unternehmen, die in die Gruppe der Automobilhersteller fallen, lassen sich beispielsweise relativ genau bestimmen, und deren Informationen über die jeweiligen Abwesenheiten sind auch recht gut zusammenzufassen, so daß sich eine klare Vergleichsbasis ergibt. Auch hierbei ist zu beachten, daß eine Feststellung auf diesem Erklärungsniveau erst nach einer Aufteilung in Arbeiter und Angestellte aussagekräftig ist. Solche branchenspezifischen Verläufe lassen auch Schlüsse auf grundlegende Strukturveränderungen zu, die unternehmensweit in der jeweiligen Branche eingetreten sind.

Für die Automobilindustrie sind die letzten drei Jahre gekennzeichnet durch einen nachhaltigen Wandel. Nicht zuletzt ausgelöst durch die MIT-Studie und einen deutlichen Konjunkturrückgang nach der Einheitseuphorie sind die Automobilunternehmen gezwungen, drastische Kosteneinsparungen vorzunehmen. Das hat auch Auswirkungen auf die Gesamtbeschäftigung, die man beispielsweise durch Vorruhestandsprogramme zu reduzieren versucht. Fertigungstiefenoptimierungen und grundlegende Restrukturierungen gerade in personalintensiven Wertschöpfungsstufen wie der Fertigung tragen schließlich ihren Teil zum Strukturwandel bei den Automobilherstellern bei.

Gerade Krisenzeiten mit großen Unsicherheiten und damit verstärktem Druck auf den einzelnen stellen bisherige Arbeitsabläufe zunehmend in Frage; das hat auch die jüngste Vergangenheit gezeigt, als der Konjunkturmotor in den sechziger Jahren deutlich schwächer geworden ist. Präsenz am Arbeitsplatz ist dann weniger ein Zeichen für besondere Motivation, als vielmehr ein Beweis für den Willen des einzelnen, seine Beschäftigung zu behalten. Diese Entwicklungen zeigen auch die Kurvenverläufe in den Jahren 1991 und 1993, sowohl für Arbeiter (Senkung der Abwesenheitsrate um knappe drei Prozent) als auch für Angestellte (Senkung der Abwesenheitsrate um ca. ein Prozent), was auf einen besonders grundlegenden Wandel der Branchenstruktur hinweist.

Um die Situation des eigenen Unternehmens zu positionieren, bietet es sich an, diese mit den branchenspezifischen Verläufen zu vergleichen. Das ist für die Adam Opel AG mit Hilfe der Abbildungen 5a und 5b erfolgt. So erkennt man beispielsweise für die Abwesenheiten der Angestellten einen überdurchschnittlichen Verlauf bis 1994. Gerade in den letzten drei Jahren ist der Abstand zum Branchendurchschnitt jedoch noch gewachsen. Das bietet ausreichend Grund, hier mit Maßnahmen einzusetzen.

Obwohl die Abwesenheit der Angestellten ähnlich wie in der gesamten Branche in den letzten zwei Jahren deutlich gesunken ist, bleibt doch noch ein klarer Abstand zum Durchschnitt der Branchenabwesenheitsrate. Betrachtet man die Entwicklungen bei den Arbeitern, so wird dieser Eindruck sogar noch verstärkt. Die letzten acht Jahre bewegte sich das Abwesenheitsniveau bei Opel klar über dem Durchschnitt in der Automobilindustrie. Besonders fällt dabei das Jahr 1991 ins Auge, in dem zweistellige Abwesenheitsraten registriert worden sind, während der Branchendurchschnitt eindeutig darunter lag. Nicht zuletzt diese Entwicklungen waren es, die die Adam Opel AG dazu gebracht hat, gezielt gegen die Abwesenheit vorzugehen.

Während es sich anbietet, den Unternehmensvergleich auf der Basis einer Unterscheidung in Angestellte und Arbeiter durchzuführen, ist zur Aufbereitung der Abwesenheitsdaten für die einzelnen Unternehmensbereiche eine detailliertere Form vorzuschlagen. Dazu ist zuerst eine sinnvolle Gliederung der einzelnen Wertschöpfungsstufen vorzunehmen, um möglichst fertigungstypische Charakteristika zu isolieren und damit erklärbar zu machen.

Für ein Automobilunternehmen bietet sich beispielsweise die Einteilung nach direkten Fertigungsbereichen (Preßwerk, Rohbau, Lackiererei und Montage), fertigungsunterstützenden Bereichen (Manufacturing Engineering, Logistik und Instandhaltung) und Dienstleistungsbereichen (wie Personal und Finanzen) an. Dabei haben sich solche Grenzen an den unternehmenstypischen Eigenschaften auszurichten, die beispielsweise durch das Fertigungsspektrum oder durch Standortbesonderheiten gegeben sein können. Wie eine solche bereichsspezifische Aufgliederung der Abwesenheiten für die Adam Opel AG aussieht, geht aus der Abbildung 6 hervor.

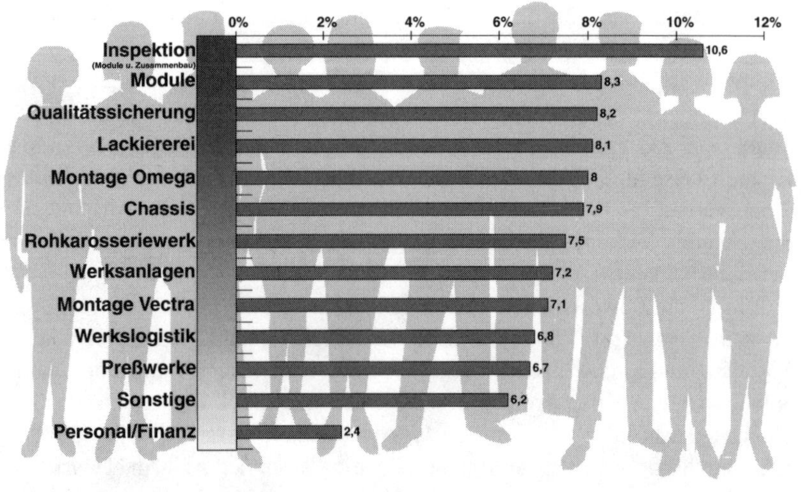

Abbildung 6: Aufgliederung der bereichsspezifischen Abwesenheiten der Adam Opel AG, Werk Rüsselsheim (für den Monat Januar 1995)

Auch hier zeigt sich der Trend zu höheren Abwesenheiten vor allem in den Bereichen, wo in besonders starkem Maße der Arbeiteranteil überwiegt. Solche bereichsspezifischen Informationen sind allerdings noch um Aufgliederungen zu ergänzen, die es der Führungskraft ermöglichen, gezielt festzustellen, weshalb der Krankenstand vermutlich in der jeweiligen Höhe angefallen ist. Dazu sind Sonderauswertungen gerade hinsichtlich Lebensalter und Beschäftigungsdauer ebenso sinnvoll, wie auch eine geschlechtsspezifische Aufteilung.

Auch die Nationalitäten der beschäftigten Mitarbeiter sind ein sinnvolles Kriterium, das die Abwesenheitszahlen weiter spezifizieren kann. Allerdings ist hier besondere Vorsicht geboten und der nötige Gesamtzusammenhang zu betrachten, um nicht in Pauschalisierungen zu verfallen. So sind die einzelnen Abwesenheiten auch in Verbindung mit den jeweiligen religiösen Feiertagen der Glaubensrichtungen zu sehen, die von den einzelnen Nationalitäten überwiegend vertreten werden; für mohammedanische Arbeitnehmer sind dies beispielsweise die Wochen des Ramadan.

Auf der Basis der bereichsbezogenen Aggregationen macht es auch Sinn, die Abwesenheitsentwicklungen in kürzerfristigen Perioden zu betrachten, so zum Beispiel im Wochenverlauf. Hier zeigen sich Zusammenhänge auch zu den saisonalen Schwankungen, die im vorangegangenen schon angesprochen worden sind (siehe Abbildung 7a und 7b).

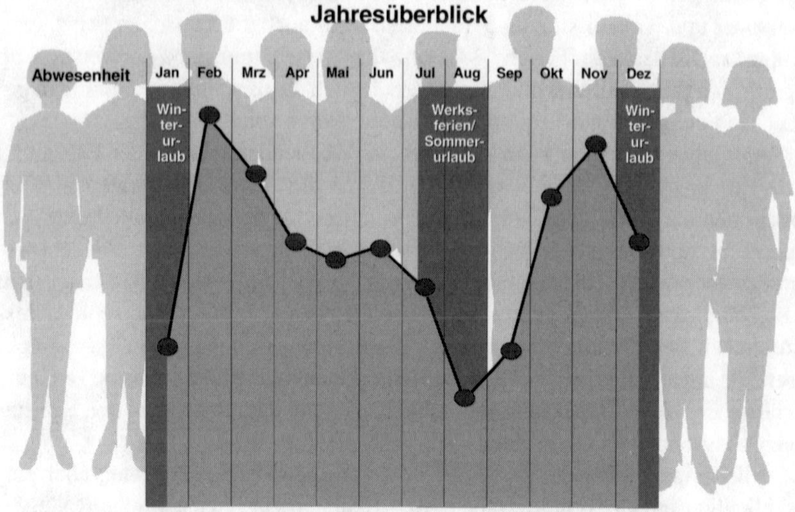

Abbildung 7a: Schematische Abwesenheitsentwicklungen im Jahresüberblick

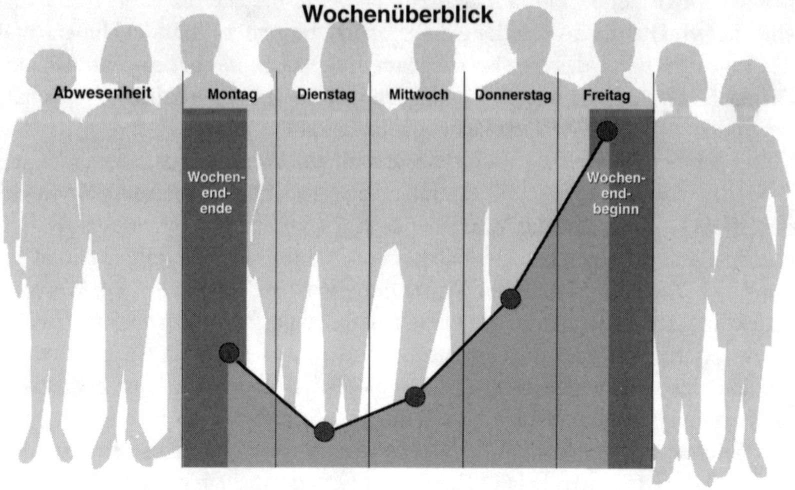

Abbildung 7b: Schematische Abwesenheitsentwicklungen im Wochenüberblick

Betrachtet man den Jahresüberblick, so nehmen – wie schon festgestellt worden ist – in direkter Nähe zu den Urlaubszeiten die Fehlzeiten deutlich ab; deshalb sind gerade die Monate Februar und März zu Jahresbeginn und die Monate Oktober und November zum Schluß des Jahres auch die kritischen Fehlzeitenmonate. Die nächsten Ferien lassen auf sich warten, und so ist die Versuchung groß, sich durch Abwesenheiten Extrafreizeiten zu verschaffen, damit man gestärkt in die geplanten Erholungszeiträume starten kann.

Ähnliches Verhalten kann auch aus der Wochenbetrachtung der Fehlzeiten abgelesen werden. Zu Wochenbeginn liegen die Abwesenheitsraten in noch recht nennenswerten Größen vor. Das Wochenende hat man gerade hinter sich gebracht, und so bietet es sich an, die wohlverdienten freien Tage noch ein wenig zu verlängern. Zur Wochenmitte, wenn das nächste Wochenende langsam in die Nähe rückt, sinken auch die Abwesenheitsraten. Im Gegensatz zur jahreszeitlichen Betrachtung verhalten sich diese Entwicklungen genau entgegengesetzt. Denn aus der Interpretation der Jahresdaten müßte man eigentlich auf eine höhere Fehlzeit zur Wochenmitte schließen, wenn der Abstand zu den Samstagen und Sonntagen am größten ist.

Allerdings spielen hier die Maßstäbe bei den betrachteten Zeitintervallen einschließlich ihrer psychologischen Auswirkungen eine maßgebliche Rolle. So werden die Ferienzeiten aus der Ferne, wenn man sich darauf freut, im allgemeinen als ein größerer Zeitraum beurteilt. Die Zeit, die allerdings bis dahin verstreicht, wird häufig als sehr lang eingeschätzt, besonders vor dem Hintergrund des Tagesgeschäfts, das die überwiegende Hauptsache des beruflichen Alltages ausmacht. Deshalb ist man versucht, sich hier kurzfristig Abhilfe zu verschaffen, indem man dem Arbeitsplatz einfach einmal fernbleibt.

Betrachtet man die beschriebene Situation auf Wochenbasis, so werden die Zeiträume überschaubarer und die freien Tage erreichbarer. Allerdings ist jedem der Effekt bekannt, daß das Wochenende schon vorüber ist, bevor es eigentlich erst richtig angefangen hat. Deshalb kommt es aus dieser Perspektive darauf an, die freien Tage am Schluß der Woche möglichst zu verlängern. Da Wochenenden in kürzerfristigeren Abständen aufeinanderfolgen als beispielsweise Werksferien, kann man auch ertragen, darauf zu warten. Wenn sie jedoch dann erreicht sind, sollen sie sich über einen möglichst langen Zeitraum erstrecken. Deshalb liegt es nahe, daraus zu schließen, daß es sinnvoller ist, die Mitte der Woche ohne Fehlzeiten zu überstehen und sich diese Notbremse eher für den letzten Arbeitstag aufzuheben. Das ist der Grund, weshalb der Freitag aus der Sicht der Wochenbetrachtung für die Abwesenheitsraten der besonders kritische

Tag ist, gefolgt vom Montag, der der Erholungstag vom anstrengenden Wochenende ist.

Ähnlich wie auch bei der Jahresübersicht lassen sich aus der Wochenübersicht allgemeine Schlüsse auf die Motivation und die ablaufenden Entscheidungsprozesse bei der Belegschaft ableiten. Diese Daten sind jedoch über einen recht kurzen Zeitraum zusammengefaßt und lassen sich deshalb in erster Linie für die Darstellung bereichsbezogener Fehlzeitendaten verwenden. Mit Abwesenheitsraten auf Wochenbasis lassen sich nämlich nur Feinsteuerungen durchführen, was in wirksamer Weise nur maximal auf Bereichsebene möglich ist.

Unterschiedliche Produktionsprogramme können beispielsweise ebenso zu unterschiedlichen Fehlzeitenverläufen innerhalb einer Woche führen, wie auch bereichsspezifische und wertschöpfungscharakteristische Beanspruchungen der jeweils vorhandenen Kapazitäten. Werden dann solche Daten für das gesamte Unternehmen zusammengefaßt, so kann dies lediglich grobe Mittelwerte ergeben, die letztlich nur geringe Aussagekraft haben. Gerade die Darstellung der bereichsbezogenen Abwesenheitsraten hat punktuell gezeigt, wie groß die Fehlzeitendifferenz auch zwischen Bereichen auf ähnlicher Wertschöpfungsstufe sein kann. Dadurch wurde die Notwendigkeit deutlich, solche Daten und Informationen möglichst exakt zu aggregieren.

Eine weitere Form der Differenzierung der Fehlzeitendaten ist die Einteilung in Kurzzeit- beziehungsweise Langzeiterkrankungen; letztere lassen mit recht großer Wahrscheinlichkeit auf schwere Störungen der Gesundheit schließen. Krankheitsbedingte Fehlzeiten, an deren Echtheit gezweifelt werden kann, finden sich deshalb auch eher in den kürzeren Abwesenheitszeiträumen. Die Abbildung 8 zeigt in schematischer Form, wie eine solche Verteilung nach Fehlzeitenlänge aussehen kann.

Der relativ große Anteil an Kurzerkrankungen von unter einer halben Woche weist auf die Notwendigkeit hin, diese näher zu untersuchen. Wenn man solche Darstellungen auf bereichsbezogener Stufe erstellt, kann man gezielt die Ein- bis Zweitageskrankzeiten transparent machen. Besonders wenn die betrachtete Unternehmenseinheit Fehlzeiten auf einem relativ hohen Niveau aufweist, sollte gerade diesen Fehlzeitenlängen die besondere Aufmerksamkeit gelten. Kurzes Fernbleiben vom Arbeitsplatz ist für betriebliche Vorgesetzte oft weit weniger auffällig als längeres.

Gerade in Verbindung beispielsweise mit einer wochenweisen Auswertung können Freitags- und Montagskrankheiten ein Wochenende deutlich verlängern helfen. Die Reformen im Gesundheitswesen und die massive Überhäufung der

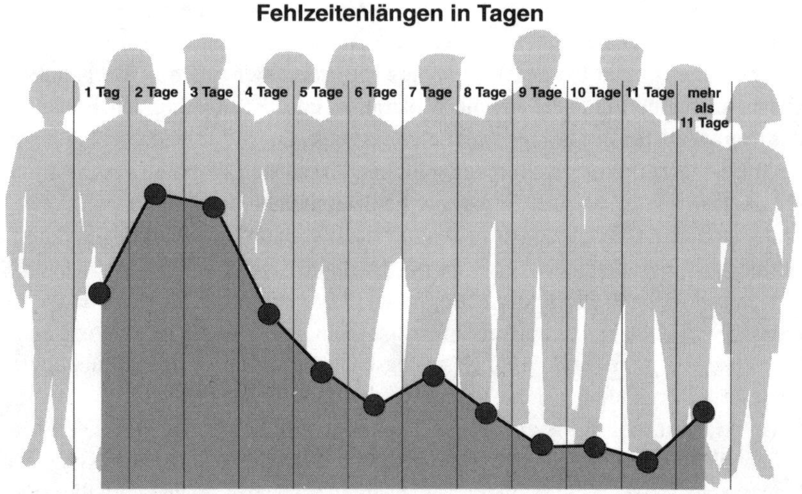

Abbildung 8: Schematische Verteilung der Fehlzeitenlängen

Ärzte mit Patienten erleichtern es dem Untersuchenden nicht, jeden Fall detailliert daraufhin zu beurteilen, ob eine Krankschreibung wirklich notwendig ist oder nicht. Ungeachtet der Diskussionen über Gefälligkeitsgutachten liegt bei Ungewißheit über die exakte Schwere einer Erkrankung die prophylaktische Ausstellung eines Krankenscheins für einige Tage relativ nahe. So kommt es zu der Häufung kürzerer Fehlzeiten, was gerade dann wichtig ist, wenn es gilt, die Abwesenheitsraten zu senken.

Zusammengefaßt gibt es individuelle und kollektive Fehlzeitendaten; erstere werden für die gezielte Führung des einzelnen eingesetzt, wobei hier der vertrauensvolle Umgang allerhöchste Priorität besitzen muß. Sonst nützen die Daten nichts, sondern schaden nur. Letztere – die kollektiven Daten – dienen dazu, die Transparenz des ,,Phänomens Abwesenheit" zu erhöhen. Auf ihnen soll im nachfolgenden auch das Hauptaugenmerk liegen.

Sie können in unterschiedlicher Form ermittelt und schließlich nach verschiedenen Aspekten aufgeschlüsselt werden. Dabei kommt es darauf an, je nach Bedarf die geeigneten Kriterien auszuwählen, um Branchen-, Unternehmens- oder auch Bereichsvergleiche anstellen zu können. Wenn es um mehr als nur den Vergleich der unterschiedlichen Abwesenheitszustände geht, dann ist eine gezielte Auswertung des vorhandenen Datenmaterials erforderlich. Gerade die bereichsbezogene Auswertung der Fehlzeitenraten erfordert Fingerspitzengefühl, da Maßnahmen nur dann adäquat gestaltet und eingesetzt werden können, wenn deren Zielrichtung klar und eindeutig ist. Das muß durch die Auswahl der geeigneten Daten gewährleistet sein.

1.4. Folgen der Abwesenheit

Schon mehrfach wurden in den vorangegangenen Ausführungen die Auswirkungen der Fehlzeiten auf die betrieblichen Abläufe angesprochen. Dabei wurden unterschiedliche Zusammenhänge herausgestellt, die in der Abbildung 9 systematisiert werden sollen.

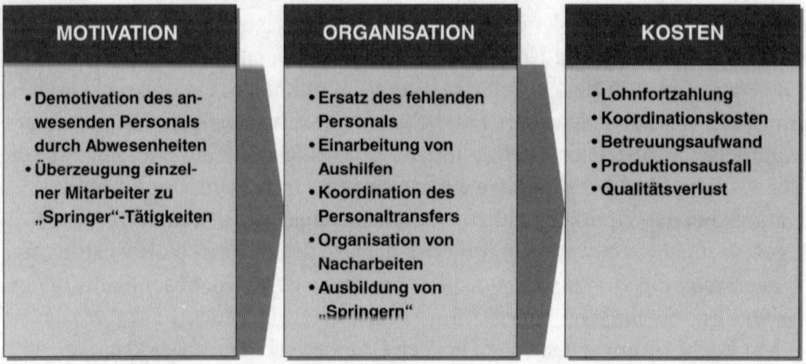

Abbildung 9: Folgen der Abwesenheit

Generell sind drei grundsätzliche Aspekte dabei zu unterscheiden. Erstens wirken sich Fehlzeiten auf die Motivation der gesamten Belegschaft aus, was wiederum Einflüsse auf den zweiten Faktor, nämlich die Organisation der Arbeitsabläufe hat. Schließlich schlagen sich diese Veränderungen in Motivation und Organisation in den Kosten nieder.

1.4.1. Auswirkungen auf die Motivation

In der Automobilindustrie ist schon in einer Reihe von Fertigungsstandorten die Gruppenarbeit eingeführt. Mit höherer Selbstverantwortung werden dort die Arbeitsabläufe organisiert, um somit einerseits flexibler auf schwankende Produktionsprogramme reagieren zu können und um andererseits die Motivation der Beteiligten zu erhöhen. Nur motivierte Mitarbeiter sind in der Lage, die wettbewerbsentscheidende Qualität zu liefern. Gerade dieser Aspekt ist es, auf den häufige Fehlzeiten negativen Einfluß haben, wie die Abbildung 9 gezeigt hat. Abwesende Gruppenmitglieder bringen bei dieser Form der Arbeitsorganisation besonders starke Unruhe in den betrieblichen Leistungsprozeß, da den am Arbeitsplatz gebliebenen Gruppenmitgliedern zusätzliche Verantwortung für die Abdeckung der liegengebliebenen Arbeit aufgelastet wird. Dies hat zunächst entsprechend negative Auswirkungen auf die Motivation.

Zum einen bedarf es eines hohen Maßes an Solidarität mit dem Abwesenden, um dessen Fehlen zu tolerieren. Dazu ist es beispielsweise nötig, daß der Abwesenheitsgrund für die Kollegen einsichtig und verständlich ist. Sie müssen verstehen, daß zum Beispiel eine bestimmte Krankheit es einfach nicht erlaubt, am Arbeitsplatz zu erscheinen, möglicherweise auch deshalb, um keine anderen Mitarbeiter anzustecken oder zu infizieren. Das leuchtet ein und verstärkt die Bereitschaft, für den Erkrankten einzuspringen. Diese Form der Einsicht ist allerdings bei den Krankheitsfällen weniger gegeben, die in den Augen der Kollegen als nicht so schwer beurteilt werden. Dazu gehören beispielsweise häufige Kurzerkrankungen, besonders dann, wenn diese sich „wochenendgünstig" gestalten.

Mit Recht kommen dann auch bei den Gruppenkollegen Zweifel auf, die sich zuerst in Ärger über die einzelne fehlende Person ausdrücken: „Fehlt der schon wieder, und wir können dann seine Arbeit machen." Wird es für die Mitarbeiter nicht ersichtlich, daß ein solches Abwesenheitsverhalten von den Vorgesetzten in ausreichendem Maße kritisch beobachtet wird, und werden bei besonderer Auffälligkeit nicht entsprechende Aktionen eingeleitet, so kann ein solcher Ärger umschlagen. Dann ist nicht mehr der fehlende Mitarbeiter Zielpunkt der Kritik, sondern der Vorgesetzte selber.

Es wird Unverständnis darüber geäußert, daß er nichts unternimmt und offensichtliches Fehlverhalten sogar noch unterstützt. Dann kann es sein, daß das Fehlen des einzelnen sogar zum anerkannten Handlungsmuster wird: „Toll, wie der das schafft; der drückt sich um jede Arbeit so geschickt, daß es denen da oben nicht auffällt." Dann ist der Bann gebrochen und die Motivation dahin, was auch nicht mehr durch eine veränderte Arbeitsorganisation wie die Gruppenarbeit gerettet werden kann. Offensichtliche ,,Drückeberger" und ,,Simulanten" werden als Vorbilder betrachtet, und die Zahl der Kurzerkrankungen wird rapide steigen.

Einer Studie des Arbeitgeberverbandes zufolge ist jeder fünfte Kranke für maximal drei Tage krank. Dabei lassen sich keine Unterschiede zwischen größeren und kleineren Unternehmen erkennen. Die Mitarbeiter sehen es dann gar nicht mehr ein, daß sie arbeiten müssen, während es anderen ,,ermöglicht" wird, auch mit weitaus geringerem Einsatz sich durch das Arbeitsleben zu mogeln. Die Abwesenheit einzelner hat im beschriebenen Fall enorme Hebelwirkung auf die Fehlzeiten eines gesamten Bereiches.

Demotivation im Zusammenhang mit der Abwesenheit hat auch negative Auswirkungen auf die Flexibilität des jeweiligen Unternehmensbereiches. Sehen Mitarbeiter, daß Abwesenheit vom Arbeitsplatz nicht in ausreichender Form überwacht bzw. in einzelnen Fällen auch verfolgt wird, so sinkt die Bereitschaft, als fehlzeitenbedingte ,,Springer" in den Teilen des Arbeitsprozesses auszuhelfen, wo kurzfristig Bedarf entsteht. Damit der Mitarbeiter nicht nur bereit ist, für einen kürzeren Zeitraum Tätigkeiten zu übernehmen, die mit seiner angestammten Arbeit nicht direkt zu tun haben, sondern auch dort qualitativ akzeptable Ergebnisse zu liefern, ist ein erhöhtes Maß an Motivation erforderlich.

Werden Fehlzeiten nachlässig gehandhabt, ist kein flexibler Einsatz denkbar, der dem Bereich die notwendige Entlastung bringt. Gerade bei Gruppenarbeit in der Fertigung sind die Anforderungen noch zusätzlich dadurch erhöht, daß sich der einzelne nicht nur mit neuen Arbeitsinhalten auseinandersetzen muß, sondern auch mit einer neuen Arbeitsgemeinschaft. Diese hat wegen der höheren Verantwortung des einzelnen ein erheblich engeres Zusammengehörigkeitsgefühl. So wird dem Mitarbeiter, der als ,,Springer" für einen erkrankten Kollegen die Arbeit übernimmt, zusätzlich ein hohes Maß an Sozialkompetenz abverlangt. Dies kann jedoch nur dann erreicht werden, wenn eine grundlegende Bereitschaft und damit auch Motivation vorhanden ist. Demotivation senkt die Flexibilität und die Bereitschaft des einzelnen, fehlzeitenbedingte Lücken im Arbeitsprozeß zu schließen.

1.4.2. Auswirkungen auf die Organisation

Die Organisation der betrieblichen Arbeitsabläufe – zum Beispiel in Form der angesprochenen Gruppenarbeit – wird durch das Fehlen von Mitarbeitern schwerwiegend beeinträchtigt. Als eines der wesentlichsten Probleme wird von den betroffenen Führungskräften immer wieder genannt, daß erhebliche Engpässe entstehen, weil für die abwesenden Mitarbeiter qualitativ gleichwertiger Ersatz gefunden werden muß.

Gemäß dem Deutschen Arbeitgeberverband rangiert beispielsweise die Vertretungsregelung noch vor der Lohnfortzahlung auf Platz eins der Problemliste, die sich aufgrund von Fehlzeiten ergibt. Danach folgt sofort die oben schon erläuterte Demotivation der Mitarbeiter, die die liegengebliebene Arbeit zu erledigen haben. Ein wesentlicher Aspekt bei der Vertretung im Krankheitsfall ist die Personalreserve, die Unternehmen vorzuhalten haben, deren Produkte besonders termin- und fristgerecht geliefert werden müssen. Besonders drastisch fallen dabei die Einschätzungen gerade kleinerer Unternehmen aus, deren Angestelltenanteil relativ gering ist. Hier steht das Problem mit der Organisation von Krankheitsvertretungen besonders deutlich im Vordergrund.

In komplexen Fertigungsprozessen hat der Ausfall von Mitarbeitern zur Folge, daß ganze Produktionsabläufe neu gestaltet werden müssen. Zum einen ist der kritische Erfolgsfaktor die genannte Flexibilität der Mitarbeiter, die – in Abhängigkeit vom jeweiligen Motivationsgrad – in der Lage sind, ihre angestammten Arbeitsplätze zu verlassen, um kurzfristig andere Tätigkeiten auszuführen. Auf der anderen Seite spielt aber auch das jeweilige Qualifikationspotential bei einer solchen Einsatzplanung eine wesentliche Rolle. Mitarbeiter müssen aus diesem Grund gezielt dazu ausgebildet werden, daß sie auch andere Beschäftigungsinhalte übernehmen können.

Die Prinzipien der Gruppenarbeit tragen diesem Umstand in besonderer Weise Rechnung, weil sie die notwendigen organisatorischen Voraussetzungen schaffen, daß einem Mitarbeiter auch im Verlauf des normalen und ungestörten Arbeitsablaufes temporär andere Aufgaben übertragen werden können. Wenn diese Voraussetzungen gegeben sind, so erleichtert es zwar die Erweiterung des Aufgabenbereiches, allerdings ist noch lange nicht gesagt, daß eine solche Entwicklung damit auch geplant verläuft.

Zu diesem Zweck sind gezielte Personalentwicklungsmaßnahmen zu installieren, die nicht nur dieses „job enrichment" generell für alle steuern, sondern auch auf die Kapazitäten und Fähigkeiten des einzelnen zuschneiden. Das verlangt erheblichen Vorbereitungs- und Umsetzungsaufwand, der nur durch enge Zusammenarbeit der zuständigen Personalstellen mit den jeweils betroffenen Bereichen betrieben werden kann. So wird langfristig nicht nur das Volumen, sondern auch die Qualität gesichert, trotz Schwankungen in der Anwesenheit wegen krankheitsbedingter Ursachen.

Werden ungeübte und für „Springer"-Aufgaben wenig qualifizierte Mitarbeiter als Vertretungen an kritischen Operationen im betrieblichen Leistungsprozeß eingesetzt, so entstehen die unterschiedlichsten Arten von Fehlern. Eng verflochtene Fertigungsabläufe neigen dazu, daß anfängliche Probleme an einer Stelle auf den gesamten Prozeß ausgedehnt werden. Die Folge sind umfangreiche Nacharbeiten, die zusätzliches Personal binden. Spannt man den Bogen wieder zum Grundübel Abwesenheit, kann man sagen, daß fehlende Mitarbeiter den Gesamtprozeß so stark stören, daß Zusatzpersonal erforderlich ist.

Ein weiterer Aspekt ist schließlich die Koordination des Personaltransfers. Dies ist aufgrund der sehr kurzfristigen und sehr unterschiedlichen Art der Bedürfnisse der einzelnen Unternehmensbereiche eine äußerst komplexe Angelegenheit. Der Charakter dieser Aufgabe ist der einer „Feuerwehr". Aber auch dafür sind entsprechende Ressourcen bereitzustellen, die einerseits die notwendige Transparenz schaffen und auf der anderen Seite den Einsatz des jeweiligen Personals örtlich und zeitlich planen.

Außerdem kommt es vor, daß Mitarbeiter, die – aus welchen Gründen auch immer – nicht bereit sind, die Vertretung für einen anderen, wegen Krankheit fehlenden Mitarbeiter zu übernehmen, den Betriebsrat einschalten. Dann kann es zu Auseinandersetzungen über die Auswahl von Mitarbeitern und ihren Einsatz in „fremden Bereichen" kommen, die zusätzliche Störungen im Arbeitsablauf und in den Arbeitsbeziehungen verursachen.

1.4.3. Auswirkungen auf die Kosten

Die beschriebenen Auswirkungen der Abwesenheit von Mitarbeitern vom Arbeitsplatz (Motivation und Organisation gemäß der Abbildung 9) münden alle in den Kosten, die dem Unternehmen dadurch entstehen, daß Personal im betrieblichen Leistungsprozeß fehlt. Die Arten der anfallenden Kosten sind sehr vielfältig und können letztlich auch nur grob geschätzt werden. Während sich die Umfänge der Lohnfortzahlungen im Krankheitsfall für das Unternehmen noch eindeutig quantifizieren lassen, können der Produktionsausfall ungefähr geschätzt und die Koordinations- und Betreuungsaufwendungen für den Ersatz des fehlenden Personals nur sehr grob bestimmt werden. Deshalb sind auch Aussagen wie: ,,Ein Prozent Abwesenheit kostet unser Unternehmen x Millionen Mark“ als programmatische Angaben zu verstehen, die eine entsprechende Außenwirkung haben sollen.

Seit 1900 ist die Lohnfortzahlung im BGB festgeschrieben; die erste Änderung im Jahr 1930 brachte für Arbeiter sechs Wochen fünfzigprozentige Lohnfortzahlung und für Angestellte die Zahlung des gesamten Lohnes für die Dauer von ebenfalls sechs Wochen. Heftige Streiks in den Jahren 1956 und 1957 führen zu einer betragsmäßigen Erhöhung der Lohnfortzahlung für Arbeiter von 50 auf 90 Prozent. Gute zehn Jahre später wurden Angestellte und Arbeiter gleichgestellt: 100 Prozent Lohnfortzahlung für die ersten sechs Wochen war die Konsequenz. Und seit letztem Jahr ist diese Regelung im Zuge der Flexibilisierung der Arbeitszeiten auch auf die Teilzeitbeschäftigten ausgedehnt worden.

Täglich kommen ca. 1,5 Millionen Arbeitnehmer in den Genuß der Lohnfortzahlung, und diese Zahl steigt ständig. Solche aus Arbeitnehmersicht komfortablen Regelungen schieben das Risiko von Fehlzeiten eindeutig dem Unternehmen zu; das gilt besonders für die Kurzzeiterkrankungen, die für die Abwesenheitsraten besonders kritisch sind, wie das schon herausgestellt worden ist.

Die Beträge, die das Unternehmen für Lohnfortzahlungen im Krankheitsfalle aufbringen muß, können klar festgestellt werden. Werden sie dann jedoch mit den anderen erwähnten Kostenfaktoren vermischt, die weniger eindeutig zu bestimmen sind, so ergeben sich Werte, die den erwähnten programmatischen Charakter haben. Das *manager magazin* hat kürzlich eine interessante Zusammenstellung veröffentlicht. Verschiedene Unternehmen waren gefragt worden, was sie der Krankenstand pro Jahr kosten würde. Einige Antworten:

Deutsche Post AG	ca. 2.000 Millionen Mark
Deutsche Bundesbahn	ca. 1.700 Millionen Mark
Deutsche Telekom	ca. 1.500 Millionen Mark
Volkswagen AG	ca. 520 Millionen Mark
Adam Opel AG	ca. 213 Millionen Mark
Robert Bosch GmbH	ca. 177 Millionen Mark
BMW AG	ca. 144 Millionen Mark

Auch wenn sich diese Zahlen nur schwer auf die einzelnen Kostenarten aufgliedern lassen, um die spezifischen Auswirkungen der Abwesenheit zu quantifizieren, so verfehlen diese Angaben dann nicht ihr Ziel, wenn sie unternehmensintern auf faß- und begreifbare Größen gebracht werden können. Bringt etwa die Senkung der Abwesenheitsquote um ein Prozent Einsparungen von 50 Millionen Mark, so entspricht das ca. 600 Mitarbeitern mit einem durchschnittlichen Entgelt von 80.000 Mark oder ca. 100 Eigenheimen im Wert von je 500.000 Mark oder 2.000 Mittelklassewagen zu 25.000 Mark pro Stück.

Es wird deutlich, daß sich die exakten Kosten, die sich aus der Abwesenheit von Mitarbeitern ergeben, nicht eindeutig ermitteln lassen. Neben klaren ausgabewirksamen Elementen erscheint ein großer Teil der Kosten als schwer quantifizierbar. Gewisse moderne prozeßorientierte Bewertungsmethoden würden dazu beitragen, ein wenig mehr Licht in dieses Dunkel zu bringen. Abgesehen von der Diskussion über die Zweckmäßigkeit populärer Instrumente, wie der Prozeßkostenrechnung oder auch der Methode der stufenweisen Fixkostendekkung, stellt sich die Frage, ob mit solchen noch detaillierteren Betrachtungen hohen Abwesenheitsraten wirklich wirksamer begegnet werden kann. Es ist jedoch klar, daß mit den bisherigen, eher pauschalen Feststellungen über die Ressourcenverschwendung durch Fehlzeiten nur allgemeine Aussagen getroffen werden können. Deshalb sind hier zukünftig weitere Anstrengungen notwendig, um das „Phänomen Abwesenheit" noch genauer zu quantifizieren.

Zusammenfassend kann festgehalten werden, daß sich Fehlzeiten negativ auf die Motivation der Anwesenden, auf die Organisation der Arbeitsabläufe und schließlich auf die anfallenden Kosten zur Leistungserstellung auswirken. Der enge Zusammenhang zwischen diesen drei Aspekten zeigt, daß sich diese auch gegenseitig bedingen. Maßnahmen zur Reduktion der Abwesenheit können deshalb nicht an einem Faktor ansetzen, ohne die beiden anderen ebenfalls zu erfassen.

So macht es beispielsweise wenig Sinn, lediglich Kostensenkungseffekte anstreben zu wollen, ohne auch Motivations- und Organisationsaspekte mitzubetrachten. Daß die Einflüsse auf die anfallenden Kosten der Abwesenheit – wenn auch in Grenzen – eine mögliche Meßgröße darstellen, zeigt die besondere Rolle dieses Faktors. Allerdings ist nach den vorangegangenen Ausführungen darauf zu achten, daß eine nachvollziehbare und einheitliche Ermittlungsform gewählt wird.

1.5. Arten von Abwesenheiten

Wie aus den bisherigen Ausführungen hervorgegangen ist, gibt es unterschiedliche Gründe, die dem Unternehmen als Rechtfertigung für das Fernbleiben vom Arbeitsplatz genannt werden. Die Abbildung 10 gibt – aufbauend auf den vorherigen Abbildungen – eine systematische Übersicht über die Abwesenheitsarten wieder.

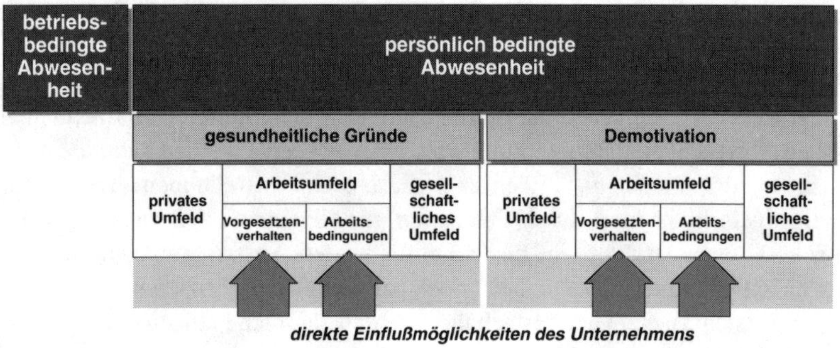

Abbildung 10: Arten von Abwesenheiten

Da sind einmal die gesetzlich geregelten Abwesenheiten, worunter beispielsweise der Tarifurlaub, Wehrdienst, Mutterschaftsurlaub oder sonstige bezahlte Freistellungen fallen – zu denen ist der Arbeitgeber verpflichtet. Wie oben gezeigt wurde, fallen diese Fehlzeiten aus der Berechnung der Soll-Kapazitäten des Mitarbeiters heraus. Betriebsbedingte Abwesenheiten hingegen kann der Arbeitgeber gewähren; sie fallen in die Soll-Arbeitszeit des einzelnen. Beispiele dafür sind Maßnahmen der Aus- und Weiterbildung, Sonderurlaub gemäß den Betriebsvereinbarungen oder Zeiten für dienstliche Reisen. Alle diese Arten des Fernbleibens von der Tätigkeit sind vom Unternehmen direkt steuer- und beeinflußbar. Deshalb soll darauf auch nicht das Augenmerk liegen.

Das „Phänomen Abwesenheit“ verbirgt sich vielmehr hinter der persönlich bedingten Abwesenheit, die nicht vom Arbeitgeber initiiert wird, sondern vom Arbeitnehmer – also dem Betroffenen selbst. Zwei große Gruppen von Gründen können dabei angeführt werden: zum einen medizinische und zum anderen motivationsbedingte. Bei der Systematisierung helfen die Betrachtungen, die im

Rahmen der Herkunft von Abwesenheitsbegründungen angestellt wurden: die Einteilung in privates Umfeld, Arbeitsumfeld und gesellschaftliches Umfeld.

Wie die Abbildung 10 zeigt, können sowohl medizinische Gründe als auch Demotivation sich aus dem privaten und gesellschaftlichen oder dem Arbeitsumfeld ergeben. Krankheiten entstehen nicht nur in privater Umgebung, sondern auch in der betrieblichen; ebenso können negative Auswirkungen auf die Arbeitseinstellungen nicht nur im Unternehmen selbst, sondern auch im Privatbereich begründet sein. Schlechte Ausbildung oder massive familiäre Probleme sind beispielsweise nicht förderlich für den Motivationsgrad am Arbeitsplatz. Aus Sicht der Unternehmung, die Maßnahmen gestalten möchte, damit sich die Fehlzeiten reduzieren, muß man sich deshalb die Frage stellen, wo direkte Einflußmöglichkeiten bestehen, die angesprochenen Ursachen wirksam zu bekämpfen.

Dazu kommt nach den bisherigen Ausführungen in erster Linie das Arbeitsumfeld in Frage. Wenn das Vorgesetztenverhalten und die Arbeitsbedingungen nachhaltig geändert werden können, so hat dies entsprechende Auswirkungen auf die Abwesenheiten in den jeweiligen Unternehmensbereichen. Ziel darf es bei einem solchen Vorgehen allerdings nicht sein, Kranke dazu zu bringen, sich trotz körperlichen Leidens zum Arbeitsplatz zu schleppen und der eigenen Gesundheit damit langfristig zu schaden. Es geht vielmehr darum, diejenigen herauszugreifen, die aus Gründen der Demotivation ihrer Tätigkeit fernbleiben. Das stellt die Abbildung 11 – aufbauend auf Abbildung 10 – in schematischer Form dar.

Unentschuldigte Abwesenheit ist eindeutig zu erfassen und relativ direkt auf Demotivation bei der Beschäftigung zurückzuführen. Dagegen stellt ein ärztliches Attest schon eine weitaus höhere Hürde dar, um die „Simulanten“ zu ermitteln. Wie die nachfolgenden Ausführungen zeigen werden, gibt es auch dafür Methoden, die es dem Unternehmen ermöglichen, zusätzliche Gewißheit zu erlangen, ob ein Mitarbeiter wirklich krank war oder nicht. Allerdings muß es eher das Ziel sein, Einfluß schon auszuüben, bevor es zur – vielleicht auch „simulierten“ – Krankmeldung kommt. Deshalb sind in der Abbildung 11 noch einmal die Faktoren des Arbeitsumfeldes als jene Bereiche dargestellt, in die das Unternehmen direkt, sofort und unmittelbar eingreifen kann. Auf das gesellschaftliche und private Umfeld hat es zwar auch entsprechenden Einfluß, jedoch ist dieser eher mittelbarer Natur.

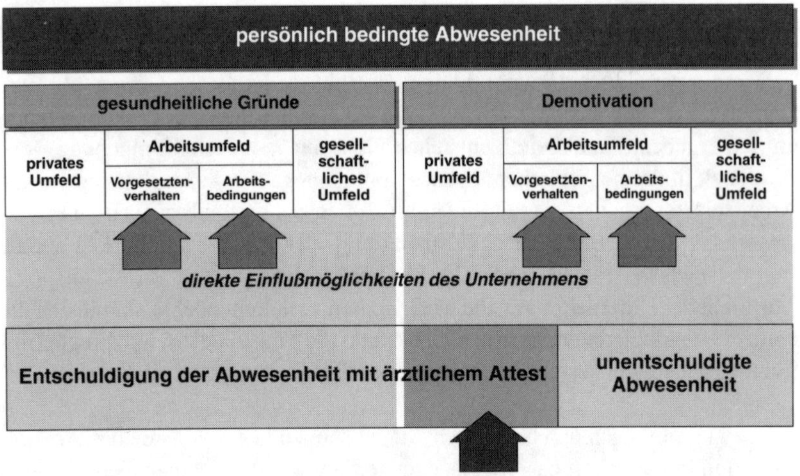

Abbildung 11: Begründung persönlich bedingter Abwesenheiten

1.6. Zusammenfassung des ersten Kapitels

Die vorangegangenen Ausführungen haben die Gründe, die Erfassung und die Folgen des „Phänomens Abwesenheit" dargestellt. Daraus ergibt sich, daß es das Ziel wirksam gestalteter Maßnahmen sein muß, die Fälle von Abwesenheit zu eliminieren, die deshalb zustandekommen, weil sich die jeweiligen Mitarbeiter durch das Arbeitsumfeld demotiviert fühlen.

Nur dann kann die außerordentlich emotional geführte Diskussion um Simulanten und Drückeberger sowohl zwischen Management und Gewerkschaften als auch mit Ärzten, Sozialversicherungspartnern, Berufsverbänden und Behörden vermieden werden, bevor sie entsteht. Unter diesem Blickwinkel wollen wir im folgenden einen Überblick über unterschiedliche Maßnahmen geben, die derzeit ergriffen werden, um dem „Phänomen Abwesenheit" zu Leibe zu rücken.

2. Kapitel

Maßnahmen gegen Abwesenheit

Im vorangegangenen Kapitel wurden die Zusammenhänge von Ursachen, Folgen und Ergebnis der Abwesenheit vom Arbeitsplatz vorgestellt. Anhand dieser grundsätzlichen Struktur sollen mögliche Maßnahmen gezeigt werden, mit denen Unternehmen derzeit versuchen, die Fehlzeiten ihrer Mitarbeiter zu reduzieren. Dabei gibt es Instrumente, die zum einen an den Ursachen und zum anderen an den Folgen der Abwesenheit ansetzen. Die Abbildung 12 präsentiert dazu eine Übersicht.

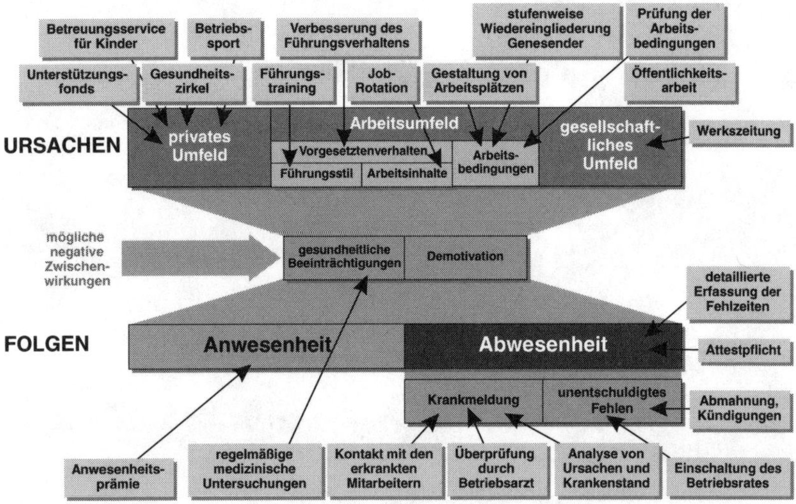

Abbildung 12: Übersicht möglicher Maßnahmen zur Senkung der Abwesenheit

Die Ursachen für Fehlzeiten finden sich in den erläuterten Faktoren des privaten Umfeldes, des Arbeitsumfeldes und gesellschaftlichen Umfeldes. Diese können dazu führen, daß beispielsweise am Arbeitsplatz die Gesundheit des Mitarbeiters beeinträchtigt werden kann. Daneben können die verschiedenen Umweltfaktoren auch dazu führen, daß das Personal demotiviert wird. Diese beiden Aspekte – gesundheitliche Beeinträchtigungen und Demotivation – können zur persönlich bedingten Abwesenheit führen, wie das bereits erläutert worden ist.

Wie die Abbildung zeigt, gibt es eine große Zahl verschiedener Maßnahmen, die alle zum Ziel haben, gesunde und motivierte Mitarbeiter verläßlich in den Arbeitsprozeß zu integrieren. Obwohl jede einzelne Maßnahme eine ganze Reihe von Zielen verfolgt, ist sie jeweils dem Aspekt in der Abbildung zugeordnet, wo sie in der Hauptsache ansetzt. Einige der Maßnahmen sollen im folgenden herausgegriffen und näher erläutert werden.

2.1. Maßnahmen, die an den Abwesenheitsursachen ansetzen

Die Ursachenbekämpfung steht auch beim Umgang mit dem „Phänomen Abwesenheit" im Vordergrund, allerdings eher mit mittel- und längerfristigen Maßnahmen. Neben traditionellen Ansätzen, wie Betriebssport oder auch Unterstützungsfonds für Arbeitnehmer, ist der Betreuungsservice für Kinder eine recht neue und innovative Lösung, Probleme im privaten Umfeld zu entschärfen, die sich letztlich auf die Anwesenheiten im Unternehmen auswirken können. Eine ganze Reihe von Automobilunternehmen bieten dabei ihren Mitarbeitern den Service an, Betreuungspersonal für ihre Kinder zu vermitteln.

Zu diesem Zweck arbeiten diese Unternehmen eng mit Jugend- und Arbeitsämtern der Städte der jeweiligen Standorte zusammen. Arbeitsbeschaffungsmaßnahmen sollen in dem Zusammenhang helfen, die Betreuer für ihre Aufgaben zu qualifizieren und vorzubereiten. Ziel ist es, flexibel zur jeweiligen beruflichen Situation der Mitarbeiter entsprechende Betreuungskräfte anbieten zu können. Werden beispielsweise Sonderschichten gefahren, so soll es den Betroffenen erleichtert werden, qualifizierte Aufsicht für ihre Kinder zu finden. Dieser Service wird in den Unternehmen größtenteils kostenlos angeboten und findet regen Zuspruch.

Regelmäßige Prüfungen der Arbeitsbedingungen haben präventiven Charakter im Hinblick auf die Abwesenheiten. In den meisten Unternehmen gehören Prüfungen der Arbeitsbedingungen und Sicherheitsvorschriften zum Standardrepertoire. Dabei ist es allerdings wichtig, daß solche Maßnahmen über das hinausgehen, was vom Arbeitsschutz verlangt werden muß. Das bedeutet nicht nur, daß die gesetzlichen Bestimmungen nach Möglichkeit übererfüllt sein müssen, sondern es muß jedem einzelnen das Gefühl vermittelt werden, daß gesundheitsgefährdende Einflüsse an seinem Arbeitsplatz soweit wie möglich vermieden werden bzw. die erforderlichen Arbeitsschutzmittel zur Verfügung stehen.

Dazu gehört es, daß die Bedenken jedes einzelnen in bezug auf die Arbeitssituation ernst genommen und dokumentiert werden und daß jeder als Feedback für seine Anregungen über den Stand der Dinge auf dem laufenden gehalten wird. Opel hat zu diesem Zweck beispielsweise sogenannte PKBs (Problem-Kommunikations-Berichte) eingeführt, wo Beeinträchtigungen am Arbeitsplatz festgehalten werden. Dieser Beleg dient zum einen als Aufforderung für die Vorgesetzten, entsprechende Mißstände untersuchen und abstellen zu lassen; zum anderen ist er als Rückmeldung an den Aussteller gedacht, als Signal: „Es wird etwas gegen das von dir erkannte Problem getan." Die Abbildung 13 zeigt Beispiele für solche Verbesserungsnotwendigkeiten im Fertigungsprozeß.

PROBLEMBEREICH: ROSTE	VERBESSERUNGSMASSNAHMEN
REINIGUNG • Kabinen-Roste im Spritzbereich nicht genügend gereinigt (insbesondere beim Klarlack-Spritzen verklebt) • durch Verschmutzung der Roste Rutschgefahr (insbesondere auf der Schräge in der Kabine)	• Reinigungsintervalle der Roste verkürzen • Roste entsprechend den Verschmutzungen reinigen • Roste nach Verschmutzungsanfall wechseln • täglich mindestens die Laufwege in die Kabine reinigen bzw. wechseln
STOLPERGEFAHR • Kabinen-Roste liegen schief • Stolpergefahr durch verbogene Roste	• gleichmäßigere Roste einsetzen (nicht unterschiedliche Dicke/Tragfähigkeit) • Auflagenfläche säubern • Roste mit gleichem Lochraster einsetzen • Roste reparieren/richten • Zuständigkeiten für Reparaturen klären • beschädigte Roste durch neue ersetzen
LAUFFLÄCHE • Roste stellen eine Belastung der Rückenmuskulatur, Bandscheiben, Beine, Beinmuskulatur, Waden, Beingelenke, Knie- und Fußgelenke dar („Man fühlt sich wie ein Huhn in der Legebatterie") • bei Sturz gefährlich (Hautabschürfungen) • erhöhter Verschleiß an Schuhsohlen	• Laufflächen sollten glatt sein • nach Möglichkeit mit Gummimatten abdecken • seitliche Absaugungen anbringen • die Roste auf Gummi oder anderes federndes Material auflegen • Ersatz durch gelochte Blende mit rutschfester Gummiauflage ähnlich wie beim Schiebedach-Schleifplatz

Abbildung 13: Notwendigkeiten zur Verbesserung der Arbeitsbedingungen am Beispiel des Bereiches Lackiererei der Adam Opel AG

In Automobilunternehmen sind es gerade Fertigungsbereiche wie Lackiereréien, in denen die Gesundheit der Mitarbeiter Gefährdungen ausgesetzt ist, wenn nicht regelmäßige Überprüfungen stattfinden. Dabei spielt der einzelne eine zentrale Rolle, denn in vielen Fällen kann nur er das Ausmaß möglicher Gefahren einschätzen, die auch von scheinbaren Kleinigkeiten ausgehen können. Das zeigt das angeführte Beispiel der Roste in der Lackiererei der Adam Opel AG.

Durch strukturierte Mitarbeiterbefragung kann man die Problembereiche identifizieren, die sich unter dem Blickwinkel der Arbeitssicherheit ergeben. Dadurch läßt sich nicht nur in objektiver, sondern auch in subjektiver Hinsicht die Gesundheitsgefährdung der Mitarbeiter reduzieren: Jedem einzelnen wird durch ein solches Vorgehen deutlich, daß sich das Unternehmen um sichere Arbeitsplätze bemüht. Dadurch wird die Grundvoraussetzung für eine motivierte Belegschaft geschaffen, die zudem noch weniger aus gesundheitlichen Gründen fehlt.

Mit Maßnahmen solcher Art hängt auch die stufenweise Wiedereingliederung Genesender eng zusammen. Mitarbeiter, die nach einer schweren Krankheit und unter Umständen mit bleibenden Arbeitseinschränkungen an ihren Arbeitsplatz zurückkommen, können nicht von einem Tag auf den anderen gleich wieder die Tätigkeit aufnehmen, die sie vor ihrer Abwesenheit ausgeführt haben. Deshalb ist es gerade bei Aufgaben mit erheblichen körperlichen Belastungen wichtig, nach der Rückkehr aus der Krankheit einen fließenden Übergang zu den ursprünglichen Anforderungen vorzunehmen.

Werden gerade Genesende sofort wieder „wie üblich eingespannt“, kann die Wirkung der Erholungszeit auf einen Schlag dahin sein. In enger Zusammenarbeit mit ihren werksärztlichen Diensten haben beispielsweise fast alle deutschen Automobilhersteller eigene Abteilungen eingerichtet, in denen produktives Personal losgelöst von den engen Vorgaben der Standardzeiten der Bänder Fertigungsaufgaben übernehmen können. Dabei wird für jeden einzelnen nach den Vorgaben der Werksärzte der Aufgabenumfang und die Länge des Verbleibens in solchen „Genesenden-“ oder „Wiederherstellungsabteilungen“ geplant und überwacht.

Für Rückkehrende mit weniger schweren Leiden, gibt es auch die Möglichkeit – in Abhängigkeit von den Anforderungen ihrer früheren Tätigkeiten – wieder in ihren angestammten Bereichen zu arbeiten. Dort haben sie dann allerdings sogenannte „Schonarbeitsplätze“ inne. Auch das ermöglicht eine stufenweise Wiedereingliederung in den Arbeitsprozeß.

Parallel zu solchen Maßnahmen ist auch die Eingliederung Genesender entsprechend zu organisieren. Zum Beispiel werden gerade bei Automobilherstellern die so ausgewiesenen Arbeitsplätze regelmäßig besichtigt. Die besichtigenden Personen können der Werksarzt oder auch Vertrauensleute sein, die von den Schwerbehinderten und diesen Gleichgestellten gewählt werden. Auch für diese Maßnahmen gilt: Die richtige Integration Zurückkehrender vermindert die Wahrscheinlichkeit, daß die Betroffenen erneut abwesend sein werden.

Die Krankenkasse hilft beispielsweise mit einem speziellen Verfahren, die stufenweise Wiedereingliederung in das Berufsleben für Arbeitnehmer zu ermöglichen. Es wendet sich speziell an diejenigen, für die die Ärzte der Meinung sind, daß eine solche Form der schrittweisen Arbeitsaufnahme erfolgversprechend sein wird. Mit Einverständnis des Betroffenen attestiert der behandelnde Arzt konkret einen Eingliederungsvorschlag, den dieser an die Krankenkasse zurückschickt. Diese setzt sich dann mit der Personalabteilung und dem Betriebsrat des jeweiligen Unternehmens zusammen, um ein adäquates Vorgehen zu beschließen, wie der Mitarbeiter wieder in den Arbeitsprozeß integriert werden kann.

Dabei sind die Arbeitsinhalte und auch die Beschäftigungsart (Voll- oder Teilzeitbeschäftigung) in Betracht zu ziehen. So arbeiten Vollzeitkräfte bis zu vier Stunden an fünf Tagen, während die Krankenkasse den vollen Satz Krankengeld zahlt. Wird die Arbeitszeit auf fünf und mehr Stunden gesteigert, so bekommt der Arbeitnehmer Lohn oder Gehalt vom Arbeitgeber ausgezahlt und von der Krankenkasse die jeweilige Differenz zum Betrag des Krankgeldes vergütet – das sogenannte Teilkrankengeld. Bei Teilzeitkräften gibt es bis zur Hälfte der mit dem Arbeitgeber vereinbarten Arbeitszeit Krankengeld (bis maximal vier Stunden am Tag) und darüber hinaus das Teilkrankengeld als Ausgleich zum jeweils gezahlten Arbeitsentgelt.

Ist die Eingliederungsphase abgeschlossen, so erhält der Arbeitnehmer wieder seine Vergütungen wie üblich vom Arbeitgeber. Diese Form der Wiedereingliederung ist auch unter dem Begriff „Hamburger Modell“ bekannt und wird schon bei einer ganzen Reihe von Unternehmen aus Dienstleistung und Industrie eingesetzt. Erfahrungen mit dieser Maßnahme haben gezeigt, daß die Rückfälle deutlich gesenkt werden konnten, was sich auch positiv in den Abwesenheitsraten niedergeschlagen hat.

Neben den Arbeitsbedingungen spielt das Verhalten der betrieblichen Vorgesetzten eine wesentliche Rolle für das Arbeitsumfeld, wie das die Abbildung 12 deutlich macht. Die vorangegangenen Ausführungen haben gezeigt, daß das Führungsverhalten erheblich dazu beiträgt, ob sich Mitarbeiter entscheiden, wie gewohnt zur Arbeit zu gehen oder sich krank zu melden; Fehlzeiten sind auch ein Maßstab für die Qualität des Managements. Demotivation kann dabei aufgrund unterschiedlicher Führungsdefizite entstehen. Die Abbildung 14 zeigt eine Rangfolge demotivierender Faktoren.

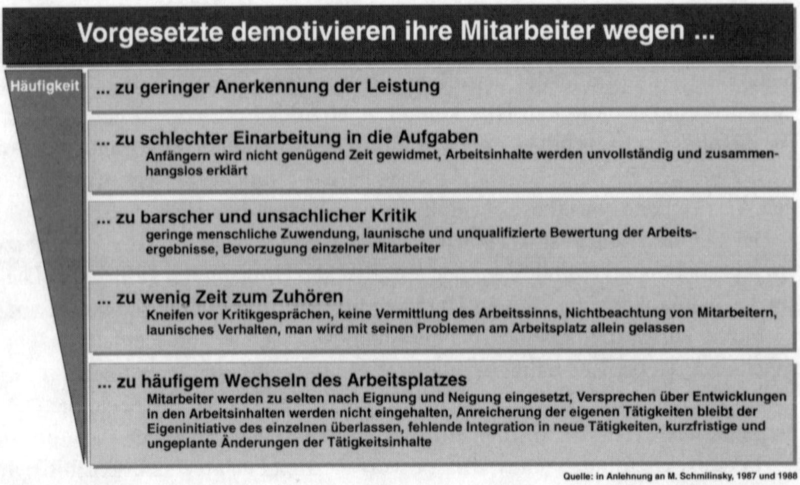

Abbildung 14: Demotivation der Mitarbeiter durch das Verhalten ihrer Vorgesetzten

Zu geringe Anerkennung der geleisteten Arbeit wird mit Abstand als Hauptkritikpunkt am Führungsverhalten der Vorgesetzten angeführt. Betrachtet man die im folgenden genannten Aspekte, so wird auch deutlich warum: Vorgesetzte finden für den einzelnen keine Zeit, hören nicht zu, können keinen Sinn in den Arbeitsinhalten vermitteln, kümmern sich zuwenig um die Tätigkeit ihrer Untergebenen und so weiter.

Die Folge ist, daß sie ihre Mitarbeiter nicht ausreichend genug unterstützen können, besonders in der Einarbeitung in die an sie gestellten Anforderungen. Und deshalb sind Führungskräfte schließlich nicht in der Lage, mit ausreichender Sachlichkeit und Objektivität die geleistete Arbeit zu bewerten. Konstruktive Kritik bleibt aus; das Resultat sind pauschale Beurteilungen, Ungerechtigkeiten und die Bevorzugung einzelner.

Die beschriebene Gesamtsituation führt dazu, daß das Vorgesetztenverhalten aus der Perspektive des unverstandenen Mitarbeiters abgelehnt und verurteilt wird. (Daß auch der Vorgesetzte selber überfordert ist, wird dabei oft verkannt.) Ist der Mitarbeiter bei seiner Arbeit demotiviert, ist der Schritt in die Fehlzeit eine naheliegende Alternative, wodurch der Arbeitgeber für Ersatz am entsprechenden Arbeitsplatz suchen muß.

Wie schon erläutert worden ist, verlangt das dann dem einspringenden Kollegen erhöhte Leistungsbereitschaft ab. Er muß entsprechend auf die neuen Tätigkeiten vorbereitet und anforderungsgerecht eingearbeitet werden. Unterbleibt das, so empfindet der Betroffene einen solchen Einsatz als Schikane, was ihn wiederum demotiviert. Hier kommt nicht zuletzt der Aspekt des häufigen Arbeitsplatzwechsels hinzu, der ebenfalls in der Abbildung 14 genannt worden ist. So entsteht ein Teufelskreis: Abwesenheiten verursachen Demotivation bei den Anwesenden, was diese ebenfalls in die Abwesenheit treibt.

Der Schlüssel dazu ist das entsprechende Führungsverhalten der Vorgesetzten – besonders im Hinblick auf den spezifischen Umgang mit Fehlzeiten. Dieses Verhalten wird von einigen Unternehmen schon gezielt geschult. Der betriebliche Vorgesetzte spielt bei der gesamten Abwesenheitsproblematik die entscheidende Rolle. Er verfügt beispielsweise über individuelle Fehlzeiteninformationen, mit deren Hilfe er einschätzen kann, welcher Art die persönlich bedingte Abwesenheit ist: gesundheitlicher oder motivationsgeprägter Natur.

Das setzt allerdings voraus, daß die Vorgesetzten entsprechend sensibilisiert werden, worauf die bereits erwähnten Schulungen abzielen. Dabei wird analog den vorgestellten Ursachen-/Wirkungszusammenhängen das „Phänomen Abwesenheit" transparent gemacht. Ziel soll es dabei sein, der Führungskraft zu vermitteln, daß Abwesenheit ein Problem ist, das größtenteils der engen Wechselbeziehung von Führungsdefiziten und Demotivation entspringt. Wenn die Vorgesetzten das erkannt haben, bedarf es in einem nächsten Schritt der Schulung im genauen Beobachten des Abwesenheitsverhaltens der Mitarbeiter. Die Abbildung 15 zeigt Anhaltspunkte dafür, daß sich hinter krankheitsbedingten Abwesenheiten möglicherweise entsprechender Mißbrauch verbergen kann.

Die Aussagen in dieser Abbildung bestätigen das, was eingangs schon zur Herkunft der Abwesenheitsgründe gesagt wurde. Deshalb werden Führungskräfte in ihrem Verhalten dahingehend geschult, daß sie solche Entwicklungen nicht nur in ihren Folgen, sondern auch ihren Ursachen zu bewerten lernen. Daraus müssen einerseits Konsequenzen für das eigene Führungsverhalten abgeleitet werden, was als präventive Maßnahme gegen hohe Fehlzeiten gilt. Als Anhaltspunkte können die angeführten Aspekte gesehen werden, die von Mitarbeitern als Gründe genannt wurden, weshalb sie in ihrem Arbeitsprozeß demotiviert sind.

Andererseits ist es das Ziel, daß Vorgesetzte die ihnen zur Verfügung stehenden kollektiven und besonders die individuellen Fehlzeitendaten konsequent auswerten, um das Abwesenheitsverhalten in ihrem Bereich qualifiziert einschätzen zu können: „Wenn meine Leute fehlen, sind sie dann wirklich krank

„Welche Anhaltspunkte weisen darauf hin, daß mit einer krankheitsbedingten Fehlzeit vermutlich Mißbrauch getrieben wird?“

- Kurzerkrankungen
- Erkrankung vor Kündigung bzw. Trennung
- Montag/Freitag
- es sind bestimmte Mitarbeiter, die mehrmals jährlich krank sind
- Azubis nehmen ein verlängertes Wochenende
- Schwarzarbeit bei Kfz-Mechanikern
- Informationen von Kollegen
- wechselnde Ärzte; häufige Kurzerkrankungen
- Montag/Freitag; kurzfristig vor/nach Urlaub
- Erkrankung, nachdem Urlaub abgelehnt worden ist; Nebenbeschäftigungen
- häufiger Arztwechsel
- Aussagen von Kollegen
- in periodischen Abständen „krankheitsbedingtes Fehlen“
- eigene Beobachtungen; zu schnelles Krankschreiben
- krank am Montag und Freitag
- Privatarbeit im Haus; Zusatzurlaub
- Krankenstand zum Wochenende sehr hoch
- Krankheit bei vorher angedeuteten familiären Problemen
- Arbeitsfähigkeit nach Besuch des Vertrauensarztes
- krank in Verbindung mit Wochenenden; es ist Mode, einmal im Jahr seine Grippe zu nehmen; Mitarbeiter, welche vor Ablauf der Krankmeldung ihre Arbeit aufnehmen, werden oft als „Solidaritätsbrecher“ behandelt
- in Verbindung mit Wochenende
- regelmäßige Kurzerkrankungen bei bestimmten Mitarbeitern; als „Doc Holiday“ bekannter Arzt
- Kenntnis der Einzelpersonen ...
- zu leichte Krankschreibung durch den Arzt
- verspätete Krankmeldung; Kontrollanrufe; konkrete Hinweise seitens anderer Mitarbeiter
- periodisches Auftreten (z. B. montags); wechselnde Ärzte
- häufige Kurzerkrankungen einzelner Mitarbeiter, oft an sogenannten Brückentagen
- einzelne Krankentage wiederholt ohne Attest (z. B. Montag/Freitag)
- Erhöhung vor Feiertag, Wochenende
- nach ausgesprochener Kündigung sofort krank
- Erkrankung im Urlaub; Krankschreibung nur aufgrund eigener Angaben
- offensichtliche Gegenreaktionen auf betriebliche, personenbezogene Maßnahmen
- bestimmte Ärzte; Ärztewechsel; persönliche Umstände; Erntezeit; Nebenerwerbe usw.
- z. B. Fehlzeiten in Verbindung mit Wochenenden und freien Tagen
- Alkoholmißbrauch
- Hinweise von Mitarbeitern
- Kollegenaussagen; „Urlaubsverlängerung“; konkrete Hinweise

Quelle: Bundesvereinigung Deutscher Arbeitgeberverbände, Ergebnisse der Umfrage: „Betrieblicher Krankenstand, Probleme und Maßnahmen“, 1991

Abbildung 15: Anhaltspunkte für Mißbrauch krankheitsbedingter Abwesenheiten

oder bleiben sie weg, weil sie keine Lust haben?“ Eine schonungslose Beantwortung dieser Frage hilft nicht nur, den eigenen Führungsstil zu verbessern, sondern auch andere Maßnahme zur Reduktion der Abwesenheit gezielt einzusetzen. Diese Doppelfunktion stellt das Führungsverhalten in den Mittelpunkt der Ursachenbekämpfung, die aus der vorgestellten Gesamtübersicht möglicher Maßnahmen (Abbildung 12) hervorgehen kann.

Aus den privaten, den gesellschaftlichen Rahmenbedingungen und aus dem Arbeitsumfeld gibt es eine große Vielfalt von Einflüssen auf den einzelnen Mitarbeiter, die ihn bei der Ausführung seiner beruflichen Tätigkeit behindern. Wie schon dargestellt, lassen sich dabei die einzelnen Faktoren in den seltensten Fällen eindeutig einer Herkunftsart zuordnen. So ist der Führungsstil des Vorgesetzten nicht nur Ausfluß des existierenden Arbeitsumfeldes, sondern ebenfalls durch private und auch gesellschaftliche Einflüsse geprägt.

Abbildung 12 zeigt auch die negativen Auswirkungen auf die Arbeitssituation: entweder ergeben sich daraus gesundheitliche Beeinträchtigungen am Arbeitsplatz, oder der Mitarbeiter wird bei seiner Tätigkeit demotiviert. Je nachdem, wie der einzelne die Behinderungen in der spezifischen Situation subjektiv wahrnimmt und einschätzt, führt das zum weiteren Verbleiben (Anwesenheit) oder zum Fernbleiben von der Arbeit (Abwesenheit).

Mit Hilfe regelmäßiger medizinischer Untersuchungen soll beispielsweise gesundheitlichen Schäden bei jedem einzelnen Mitarbeiter vorgebeugt werden. War die Prüfung der Arbeitsbedingungen noch rein auf kollektive Verbesserungen des Arbeitsumfeldes ausgerichtet, so zielt der Gesundheitscheck auf die individuelle Konstitution des einzelnen ab.

Neben eher allgemeinen Gesundheitsberatungen bieten viele Unternehmen auch spezifische medizinische Betreuungsmaßnahmen an, die besonders akute gesundheitliche Beeinträchtigungen abwehren. Dazu gehören Grippe-Schutzimpfungen, Blutspenden mit Untersuchungen, Röntgen-Reihenuntersuchungen, Hautkrebswochen, Herzwochen, Rückenschulungen oder auch Gesundheitsgesprächskreise. Besonders bei Neueinstellungen wird darauf geachtet, daß schwerwiegende und dauerhafte Leiden, die die Ausübung der beruflichen Tätigkeiten in erheblichem Maße beeinträchtigen können, schon frühzeitig erkannt werden.

2.2. Maßnahmen, die an den Abwesenheitsfolgen ansetzen

Nachdem einige ausgewählte Maßnahmen vorgestellt wurden, mit denen die Ursachen und mögliche negative Zwischenwirkungen beseitigt werden können, sollen nun exemplarisch Instrumente (vgl. Abbildung 12) gezeigt werden, die dazu beitragen, die Folgen von Abwesenheiten zu lindern.

Eines davon ist beispielsweise die Anzeige- und Nachweispflicht bei Arbeitsunfähigkeit. Alle Arbeitnehmer, die aus gesundheitlichen Gründen an ihrem Arbeitsplatz nicht erscheinen können, haben unverzüglich den Arbeitgeber davon zu unterrichten. Dieser Pflicht kann der Arbeitnehmer formlos nachkommen, zum Beispiel schriftlich, mündlich oder telefonisch auch durch Angehörige oder Kollegen. Wichtig dabei ist, daß diese Mitteilung sofort erfolgt, ohne daß der Betroffene diese schuldhaft verzögert. Neben der Mitteilung ist ebenfalls die voraussichtliche Länge des Fehlens anzugeben, so daß sich die Vorgesetzten entsprechend darauf einstellen und die schon eingangs erwähnten „Springer“ als Ersatz für den jeweiligen Mitarbeiter einsetzen können.

Zusätzlich zu dieser Mitteilung hat der Arbeitnehmer bei einer Arbeitsunfähigkeit, die länger als drei Kalendertage dauert, spätestens am darauffolgenden Arbeitstag eine ärztliche Bescheinigung über das Bestehen der Arbeitsunfähigkeit und deren voraussichtliche Dauer vorzulegen. Damit wurde kürzlich im „Gesetz über die Zahlung des Arbeitsentgelts an Feiertagen und Krankheit" eine Gleichbehandlung von Arbeitern und Angestellten in dieser Frage vorgenommen. Allerdings ist der Arbeitgeber berechtigt, die Vorlage der Bescheinigung früher zu verlangen. Dies wird in der Regel immer dann der Fall sein, wenn Arbeitnehmer häufiger bis zu drei Tage „arbeitsunfähig" sind. Einzelheiten dazu sollen – um eine Gleichbehandlung aller im Unternehmen Beschäftigten zu gewährleisten – sinnvollerweise zwischen den Betriebsparteien vereinbart werden.

Dem Arbeitgeber wird dann im konkreten Fall eine Arbeitsunfähigkeitsbescheinigung zugestellt, die hinlänglich auch unter dem Namen „gelber Schein" bekannt geworden ist. Neben den persönlichen Angaben wird dort nur mitgeteilt, ob es sich um eine Erst- oder Folgebescheinigung handelt, und gegebenenfalls, ob der Arbeitsausfall durch einen Arbeitsunfall, Arbeitsunfallfolgen oder eine Berufskrankheit begründet ist. Daneben wird – als eine der wichtigsten Angaben – die voraussichtliche Dauer der Arbeitsunfähigkeit durch den Arzt bescheinigt.

Trotz einer solchen Bescheinigung ist damit noch nicht gesagt, daß der Arbeitnehmer wirklich krank ist; das ist das grundsätzliche Problem des erläuterten „Phänomens Abwesenheit". Im Konfliktfall, wenn es um die Entgeltfortzahlung im Krankheitsfall geht, trägt der Arbeitnehmer die Beweislast vor dem Arbeitsgericht. Der Arbeitgeber hat hingegen lediglich seine Zweifel an der Glaubwürdigkeit und Richtigkeit einer solchen Bescheinigung plausibel zu begründen. Solche Verdachtsmomente können sich beispielsweise in der vorangegangenen Liste über die Anhaltspunkte von Mißbrauch krankheitsbedingter Abwesenheiten wiederfinden. Dabei spielt gerade die Häufigkeit, in der der behandelnde Arzt gewechselt wird, oder das Ausmaß, in dem kurzzeitig gefehlt wird, eine besonders wichtige Rolle.

So wie der Arbeitgeber wirklich krankheitsbedingtes Fehlen deshalb akzeptiert, damit der Mitarbeiter seine Arbeitskraft wieder vollständig herstellen kann, so hat sich auch der Betroffene in ähnlich verantwortungsvoller Weise zu verhalten. Er ist aus diesem Grund verpflichtet, während der Dauer seiner Arbeitsunfähigkeit alles zu tun, was zu seiner Genesung beiträgt. Alle Handlungen, die zu weiteren gesundheitlichen Beeinträchtigungen führen und den Genesungsprozeß verlängern können, sind zu unterlassen.

Bei Zuwiderhandlung kann das für den Arbeitnehmer Ersatzansprüche im Rahmen seiner Lohnfortzahlung bedeuten. Kann der Betroffene allerdings seine Tätigkeit früher wieder aufnehmen, als es die Arbeitsunfähigkeitsbescheinigung des Arztes vorsieht, so kann er dies tun, ohne Einschränkungen oder Benachteiligungen befürchten zu müssen. Das hat auch aus versicherungstechnischer Sicht keine Konsequenzen, da der Mitarbeiter durch seine Handlung deutlich macht, daß er sich wieder dazu imstande fühlt, in den Arbeitsprozeß integriert zu werden.

Für den entgegengesetzten Fall ist dem Arbeitgeber unverzüglich mitzuteilen, wenn der Mitarbeiter mit seiner Abwesenheitsdauer die Zeit überschreitet, die auf dem „gelben Schein" angegeben ist. Im Gegensatz zur ersten Arbeitsunfähigkeitsbescheinigung hat der Arbeitnehmer binnen Tagesfrist ein neues Attest dieser Art vorzulegen. Gerade wenn solche Fristen nicht eingehalten werden, schwächen die Betroffenen dadurch ihre rechtliche Position. Deshalb ist es zwingend erforderlich, sich zum Selbstschutz an solche Termine zu halten.

Mit dieser klaren und strikten Regelungen der Begründung krankheitsbedingter Abwesenheiten über die „gelben Scheine" werden diese Fälle in einem einheitlichen Prozeß behandelt und eindeutig dokumentiert. Das erschwert es den Mitarbeitern, aus spontanen und vornehmlich motivationsbedingten Gründen ihrer Tätigkeit fernzubleiben. „Simulanten" sind deshalb gezwungen, sich diesem Vorgehen ebenfalls zu unterwerfen; das erfordert geplante und damit vorsätzliche Täuschungsmanöver, was mit entsprechend höherem Aufwand verbunden ist. Mit Hilfe der Attestpflicht läßt sich hauptsächlich die Abwesenheit dann bekämpfen, wenn sie angefallen ist: Wer der Arbeit fernbleibt, muß glaubhaft versichern können, daß er einen triftigen Grund hatte, was nur mit Hilfe eines ärztlichen Attests geschehen kann.

Die Kontaktaufnahme mit dem aus Krankheitsgründen Abwesenden während dessen Fehlens kann zwei Effekte haben. Einerseits kann damit die wirkliche Sorge des Arbeitgebers zum Ausdruck gebracht werden, die dieser um die Genesung seines Mitarbeiters hat. Auf der anderen Seite ist es dadurch möglich zu überprüfen, ob der Erkrankte sich beispielsweise auch wirklich zu Hause aufhält und nicht etwa einer anderen Beschäftigung nachgeht.

Die eingesetzten Mittel reichen dabei vom per Post zugestellten Schreiben – was die geringste Wirkung haben dürfte – über telefonische Erkundigungen bis hin zum persönlichen Besuch des Chefs, von Mitarbeitern der Personalabteilung oder von Krankenstandsbeauftragten. Gerade durch den direkten Kontakt mit dem Abwesenden läßt sich die Gesamtsituation der entstandenen Fehlzeit am besten einschätzen. Das bedeutet allerdings einen erhöhten personellen Einsatz.

Deshalb sollten solche Besuche eher als „letztes“ Instrument zur Kontaktaufnahmen mit dem Erkrankten verwendet werden. Ziel dieser Maßnahmen ist es, eindeutige Signale an diejenigen zu senden, die versuchen, die krankheitsbedingten Abwesenheiten auszunutzen. Ihnen muß deutlich werden, daß ihr Verhalten aufmerksam beobachtet wird. Den Mitarbeitern, die wirklich aus gesundheitlichen Gründen vom Arbeitsplatz fernbleiben, soll dagegen das Interesse des Arbeitgebers an der Genesung deutlich gemacht werden.

Diese „Zweischneidigkeit“ zeigt, daß bei der Art, wie dem Kranken gegenüber aufzutreten ist, großes Fingerspitzengefühl gerade in der Formulierung erforderlich ist. Um Vorgesetzte bei solchen Schritten nicht allein zu lassen, sind gerade Personalabteilungen aufgefordert, sich gemeinsam mit ihnen um die erkrankten Mitarbeiter zu kümmern. Das hilft auch, eine einheitliche Vorgehensweise des Unternehmens in einer solchen Situation sicherzustellen.

Ähnlich schwierig ist auch der Umgang mit Ärzten, die durch häufiges Krankschreiben auffallen. Allerdings fehlen dem Arbeitgeber die notwendigen Grundlagen, um zu beurteilen, ob eine grundlose Krankschreibung vorliegt oder nicht. Zum einen ist nicht das ausreichende fachliche Know-how vorhanden, das besonders bei spezifischen Erkrankungen nötig ist. Denn gerade bei solchen Spezialfällen kann auch der Betriebsarzt nur an einen Fachkollegen verweisen.

Zum anderen schützt die Schweigepflicht das Arzt-Patienten-Verhältnis, was Außenstehenden die Beurteilung zusätzlich erschwert. Aus diesen Gründen kann das Unternehmen ebenfalls nur zu Mitteln greifen, aus denen auch vordergründig nicht das Mißtrauen spricht. Trifft man mit Verdächtigungen nämlich die falschen, so kann das verheerende Folgen haben, die das Gegenteil des gewünschten Effekts bewirken und besonders das Vertrauen des Mitarbeiters zum Arbeitgeber nachhaltig beeinträchtigen können.

Zu diesem Zweck setzen beispielsweise einige größere Unternehmen auf ihre Betriebsärzte, die zu ihren freipraktizierenden Kollegen auf der Basis der Standeszugehörigkeit einen engeren Kontakt finden können. Dabei ist es möglich, Bedenken des Unternehmens auf eher informellem Wege mitzuteilen. Das kann beispielsweise Betriebsbesichtigungen ebenso einschließen wie Diskussionen mit Vorgesetzten über die Folgen der Abwesenheiten für die Arbeitsabläufe. Ein solches Vorgehen vermeidet offizielle Hinweise der Betriebe an diejenigen Ärzte, die im Zusammenhang mit einer häufigen Vergabe von „gelben Scheinen“ besonders auffallen.

Indem auch Ärzte in die betriebliche Abwesenheitsproblematik einbezogen werden, wird diesen deutlich, daß ihren Handlungen im Unternehmen ebenfalls eine entsprechende Aufmerksamkeit zuteil wird. Auf diese Weise werden ihnen die Folgen ihrer medizinischen Urteile umfassend deutlich gemacht. Obwohl mit einem solchen Vorgehen nicht an den wirklichen Ursachen des „Phänomens Abwesenheit" angesetzt wird, so werden doch einer wesentlichen Gruppe der Beteiligten – nämlich den Ärzten – die Abwesenheitsfolgen klar. Das trägt auch in präventiver Form dazu bei, daß die Ärzte die Notwendigkeit des Fernbleibens vom Arbeitsplatz differenzierter bewerten.

Im Zusammenhang mit Abwesenheit wird häufig auch das Wort von der „krankheitsbedingten Kündigung" in den Mund genommen. Durch Krankheit genießt der Mitarbeiter weder besonderen Schutz vor ordentlicher oder außerordentlicher Kündigung, noch ist dadurch ohne weiteres die Auflösung des Arbeitsverhältnisses zu rechtfertigen. In dieser Hinsicht werden kranke und gesunde Mitarbeiter gleich behandelt, mit allen strengen Anforderungen, die an eine soziale Rechtfertigung bei einer Kündigung gestellt werden.

Dazu gibt es eine Reihe von Kriterien, die durch die Arbeitsgerichte angelegt werden, um die Rechtmäßigkeit einer krankheitsbedingten Kündigung zu überprüfen. So muß es sich um gesundheitliche Beeinträchtigungen handeln, die sich entweder über einen längeren Zeitraum erstrecken oder sich in häufigen Kurzerkrankungen hintereinander zeigen. Des weiteren muß eine Prognose der derzeitigen Belastungen, die sich aus dem Fehlen des Mitarbeiters für den Arbeitsplatz ergeben, deutlich machen, daß sich in Zukunft für den Betrieb unzumutbare und nachhaltige Beeinträchtigungen einstellen werden und die Kündigung die einzige Maßnahme ist, diese Nachteile abzuwenden.

Bei einer solchen Beurteilung ist zwischen der Dauererkrankung einerseits und den häufigen Kurzerkrankungen andererseits zu unterscheiden. Beim ersten Fall hat die gesundheitlich bedingte Abwesenheit vom Arbeitsplatz anzuhalten und auch noch fortzudauern. Die untersten Fristen liegen hier bei zwei bis drei Monaten. Da es sich hierbei um Ermessensentscheide handelt, sind eine ganze Reihe anderer Faktoren einzubeziehen. Dazu gehören besonders die Dauer der Betriebszugehörigkeit, die Krankheitsart und -ursache sowie mögliche Zusammenhänge zwischen beruflicher Tätigkeit und Erkrankung.

Bei häufigen Kurzerkrankungen müssen auch für die Zukunft merkliche Fehlzeiten zu prognostizieren sein. Wenn man diese aufsummiert, haben sich Abwesenheitsquoten zu ergeben, die sich für den betrieblichen Leistungsprozeß als unzumutbar herausstellen müssen. Auch hierbei sind eine Reihe von Aspekten zu berücksichtigen, weshalb es nur grobe Anhaltspunkte der Arbeitsgerichte gibt. Eine Abwesenheitsrate von 14 Prozent für einen Zeitraum von ungefähr drei Jahren kann beispielsweise schon ausreichend für eine Auflösung des Arbeitsverhältnisses sein.

Für den Arbeitgeber gibt es bei krankheitsbedingten Kündigungen eine Reihe von massiven Problemen, weshalb diese Maßnahme grundsätzlich nur als ,,Ultima ratio" verwendet wird. Für die negative Prognose über das künftige Krankheitsverhalten des Mitarbeiters trägt der Arbeitgeber die volle Beweislast. Im Vordergrund stehen dabei die gesundheitlichen Aspekte. Diese können nur vom Arzt des Arbeitnehmers beurteilt werden, da dieser sich damit am intensivsten auseinandergesetzt hat.

Ebenfalls hat der Arbeitgeber nachzuweisen, daß sich durch die Abwesenheit nachhaltige Störungen des betrieblichen Ablaufes ergeben. Hier kommen gerade größere Unternehmen in Probleme. Wegen der großen Vielfalt der vorhandenen Arbeitsplätze gibt es dort Tätigkeiten mit unterschiedlicher Sensibilität auf Fehlzeiten. Nicht bei jedem Mitarbeiter führt ein Fehlen sofort zu wirtschaftlichen Beeinträchtigungen des Gesamtunternehmens. Daneben steht auch ein größeres Personalvolumen zur Verfügung, mit dem man Lücken ausgleichen kann – das umfaßt beispielsweise den geplanten Einsatz von ,,Springern".

Werden vor Gericht die unterschiedlichen Interessen von Arbeitnehmer und Arbeitgeber abgewogen, so stehen Arbeitnehmer meist als die Schwächeren den Unternehmen gegenüber, da sich die wirtschaftlichen Belastungen durch Lohnfortzahlungen erst über einen sehr langen Zeitraum als wirklich beinträchtigend auswirken werden. Der Arbeitnehmer hingegen verliert durch die Kündigung seinen Arbeitsplatz, wodurch seine Existenz erheblich nachhaltiger betroffen ist.

Die genannten Aspekte zeigen, daß es einer sorgfältigen Vorbereitung dieser Situation bedarf, was beispielsweise durch aufmerksame Beobachtung des Mitarbeiterverhaltens durch die betrieblichen Vorgesetzten geschehen kann. Verstößt der Arbeitnehmer zum Beispiel während seiner krankheitsbedingten Abwesenheit massiv gegen ärztliche Anweisungen, so ist dann eine Kündigung gerechtfertigt, wenn der Genesungsprozeß dadurch erheblich beeinträchtigt und verlängert wird. Hier zeigen sich enge Verbindungen auch zur ,,Kontaktaufnahme mit dem erkrankten Mitarbeiter", wo auf das situationsgerechte und auch faire Vorgehen gegenüber dem Mitarbeiter hingewiesen wurde.

Erfahrungen bei solchen Beobachtungen haben gezeigt, daß auffälliges Abwesenheitsverhalten häufig mit sonstigem Fehlverhalten einhergeht, wie der

Verletzung von Nachweis- und Anzeigepflichten der Krankheit, unentschuldigtem Fernbleiben vom Arbeitsplatz, nachträglich beantragtem Urlaub oder auch nachlässigem Verhalten während der Arbeitsunfähigkeit. Diese Aspekte fallen allerdings nicht in die krankheitsbedingte, sondern unter die verhaltensbedingte Kündigung. Auch hier kommt der Kündigungsschutz ins Spiel, allerdings werden bei der Abwägung der Interessen nicht so strenge Maßstäbe wie bei der Krankheit angelegt, da die soziale Schutzbedürftigkeit des Mitarbeiters in diesen selbst verschuldeten Situationen eher geringer bewertet wird.

Im Gegensatz dazu ist jedoch eine offizielle Abmahnung seitens des Arbeitgebers erforderlich, so daß offensichtlich ist, daß das Fehlverhalten, das als Kündigungsgrund angegeben wird, auch wirklich ein nachhaltiges ist. Die Erfahrung zeigt, daß mit Hilfe der verhaltensbedingten Kündigung auch Arbeitnehmer erfaßt werden können, für die das Prozeßrisiko des Arbeitgebers bei einer krankheitsbedingten Kündigung zu hoch ist. Für die Anwendung einer solchen Strategie sollte allerdings sicher sein, daß keine andere Lösung dieses individuellen Problems in Aussicht steht. Die Abbildung 16 auf Seite 59 und 60 gibt eine grobe Checkliste wieder, nach der die Zulässigkeit einer möglichen krankheitsbedingten Kündigung überprüft werden kann.

Kurzfristig läßt sich mit krankheitsbedingten Kündigungen die Abwesenheit reduzieren, indem die betroffenen Mitarbeiter aus dem betrieblichen Leistungsprozeß ausgeschlossen werden. Die Komplexität des ,,Phänomens Abwesenheit" zeigt allerdings, daß sich damit nicht die eigentlichen Ursachen – insbesondere motivationsbedingte – bekämpfen lassen.

Als letzte der betrachteten Maßnahmen zur Reduktion der Abwesenheit am Arbeitsplatz, die an den Abwesenheitsfolgen ansetzen, sollen Anwesenheitsprämien betrachtet werden. Anstatt negatives Verhalten zu sanktionieren, soll positives belohnt werden. Dies wird häufig in der Form gewährt, daß Unternehmen Sonderzahlungen leisten, die um die jeweiligen Abwesenheiten gekürzt werden können. Basis dafür müssen Betriebsvereinbarungen mit dem Betriebsrat sein.

In einer jüngsten Entscheidung des Bundesarbeitsgerichtes wurde festgehalten, daß bei abwesenheitsbedingten Abzügen von freiwillig geleisteten Sonderzahlungen auch die Fehlzeiten in Ansatz gebracht werden können, die innerhalb der sechs Wochen liegen, für die der Arbeitnehmer Lohnfortzahlungsansprüche geltend machen kann. Im vorliegenden Fall – BAG Urteil vom 26. 10. 1994/ 10AZR 482/93 – geht es um folgenden Sachverhalt:

Der Kläger ist seit dem 23. August 1972 bei der Beklagten beschäftigt. Im

CHECKLISTE FÜR KRANKHEITSBEDINGTE KÜNDIGUNGEN

Voraussetzungen	Kriterien	JA	NEIN
Ausreichend langer Beurteilungszeitraum in der Vergangenheit?	a) langandauernde Krankheit: je nach Betriebszugehörigkeit (mindestens fünf bis sechs Monate) b) häufige Kurzerkrankungen: je nach Betriebszugehörigkeit (mindestens drei bis vier Jahre)	❍	
Fehlzeiten von mehr als 15 Prozent der Arbeitstage in diesem Zeitraum?	15 Prozent entsprechen dem gesetzlichen Lohnfortzahlungsanspruch von 42 Tagen und werden für den Arbeitgeber als zumutbar erachtet Eine Quote von 30 Prozent wird i. d. R. als ausreichend erachtet.	❍	
Fehlzeiten erheblich über dem betrieblichen Durchschnitt?	Ist die Quote bei Kollegen an vergleichbaren Arbeitsplätzen ebenfalls hoch, kann nur eine erheblich höhere Ausfallquote die Kündigung rechtfertigen.	❍	
Prognose gerechtfertigt, daß der Arbeitnehmer aufgrund der Häufigkeit und Dauer der Fehlzeiten gesundheitlich nachhaltig beeinträchtigt ist?	Häufige Erkrankungen mit zunehmender Tendenz in der Vergangenheit können für ein entsprechendes Erscheinungsbild in der Zukunft sprechen (Indizwirkung), wobei auch die Art und Dauer der Erkrankungen von Bedeutung sind. Es genügt dem Arbeitnehmer zunächst, die Darlegung des Arbeitgebers zu bestreiten und beispielsweise anzuführen, daß die Krankheit ausgeheilt ist und mit weiteren Fehlzeiten nicht zu rechnen ist (Entbindung des Arztes von der Schweigepflicht).	❍	
Spricht auch die Art der Erkrankung für die negative Zukunftsprognose?	Der Arbeitgeber ist entweder gar nicht oder nur unzureichend über die Ursachen der Arbeitsunfähigkeit unterrichtet (hohes Risiko im Kündigungsschutzprozeß). Negative Prognose scheidet aus bei einmaligen Erkrankungen wie z. B. Beinbruch, Blinddarm- oder Lungenentzündung etc.	❍	
Kann der Arbeitnehmer diese Prognose entkräften?	Ist der Fall, wenn ein Grundleiden laut ärztlichem Gutachten zum Zeitpunkt der Kündigung ausgeheilt ist. Schwer, wenn unterschiedliche Erkrankungen auf eine erhöhte Anfälligkeit schließen lassen, ohne daß ein chronisches Krankheitsbild vorliegt.		❍
Versetzung des Arbeitnehmers auf einen Arbeitsplatz mit geringeren gesundheitlichen Belastungen zur Verminderung von Fehlzeiten in bisherigem Umfang möglich?	Eine Kündigung, gleich aus welchem Grund, ist nur soweit gerechtfertigt, als der Arbeitgeber den Arbeitnehmer nicht anderweitig beschäftigen kann (Bestreiten genügt zunächst). Keine negative Prognose, wenn der Arbeitnehmer auf dem neuen Arbeitsplatz nicht mehr oder nicht mehr auffällig oft erkrankt.		❍
Erhebliche betriebliche Störungen oder außerordentliche wirtschaftliche Belästigungen für den Arbeitgeber bei Fortsetzung der bisherigen Entwicklung?	Hinweis des Arbeitgebers auf eine bestimmte, auch noch so hohe Krankheitsquote genügt nicht. Unzumutbare Betriebsbeeinträchtigungen (z. B. wesentliche Störungen im Betriebsablauf, Produktionsausfall) oder unzumutbare wirtschaftliche Belastungen (z. B. außerordentliche hohe Lohnfortzahlungskosten) müssen in allen Einzelheiten dargelegt werden.	❍	

Geltendmachung betrieblicher Störungen: Können diese konkret dargelegt werden?	Genaue Zahlenangaben z. B. von: Mehrarbeitsstunden, Anlernzeit von Aushilfskräften, Nacharbeit, Produktionsausfall. Darstellung muß so detailliert wie möglich sein, damit der Arbeitnehmer in die Lage versetzt wird, den Vortrag des Arbeitgebers im einzelnen bestreiten zu können.	❍	
Vermeidung dieser Störungen durch Versetzung auf einen anderen Arbeitsplatz, wo der Arbeitsausfall nicht so nachhaltig wirkt, möglich?	Es genügt zunächst, daß der Arbeitgeber das Vorhandensein eines solchen Arbeitsplatz bestreitet. Der Arbeitnehmer muß darlegen, wie er sich seine weitere Beschäftigung vorstellt. Der Arbeitgeber ist zur Vermeidung einer Kündigung nur zur Zuweisung eines freien Arbeibsplatzes verpflichtet.		❍
Geltendmachung unzumutbarer wirtschaftlicher Belastungen: Lohnfortzahlungsbeträge erheblich über der Sechs-Wochen-Vergütung nach §1 LFZG?	BAG: Lohnfortzahlungskosten von mehr als DM 30.000,– über einen Zeitraum von vier Jahren sind für die Kündigung ausreichend. LAG Hamm: bei Fehlzeiten von mehr als 40 Prozent ist das Verhältnis von Leistung und Gegenleistung unzumutbar gestört.	❍	
Hält die Kündigung einer abschließenden Interessenabwägung stand?	Bei einer Interessenabwägung werden berücksichtigt: • Lebensalter des Arbeitnehmers, • Dauer der Betriebszugehörigkeit, • Unterhaltspflichten, • Stellung im Betrieb, • Dauer des ungestörten Bestandes des Arbeitsverhältnisses, • betriebliche Krankheitsursachen, • wirtschaftliche Lage des Unternehmens, • Situation auf dem Arbeitsmarkt.	❍	
Beachtung eines eventuell besonderen Kündigungsschutzes (Mutterschutz, Schwerbehindertengesetz, §15 KSchG)?	Schwerbehinderte: Kündigung ohne vorherige Zustimmung der Hauptfürsorgestelle ist unwirksam. Arbeitnehmerinnen im Mutterschutz dürfen während der Schwangerschaft und bis zum Ablauf von vier Monaten nach der Entbindung nicht gekündigt werden. Auch im Mutterschaftsurlaub und bis zwei Monate nach dessen Ablauf darf einer Arbeitnehmerin nicht gekündigt werden.	❍	
Ordnungsgemäße Anhörung des Betriebsrates?	Der Betriebsrat ist wie bei jeder anderen Kündigung vor Aussprache derselben umfassend zu informieren. Die Darlegung konkreter Tatsachen, wie z. B. bisherige krankheitsbedingte Fehlzeiten, negative Zukunftsprognosen, betriebliche Auswirkungen, Interessenabwägung, ist erforderlich.	❍	

Abbildung 16: Checkliste für krankheitsbedingte Kündigungen

Kalenderjahr 1991 war er an 16 Arbeitstagen arbeitsunfähig krank. Am 29. Januar 1992 schloß die Beklagte mit dem Betriebsrat eine Betriebsvereinbarung: „Prämienregelung für das Kalenderjahr 1991“. Darin ist eine Kürzungsregelung für Krankheitstage enthalten: Für jeden Krankheitstag sollte die Jahresabschlußprämie um ein Dreißigstel gekürzt werden. Die Beklagte kürzte die Jahresprämie des Klägers – und die anderer Arbeitnehmer – im Hinblick auf die

16 Tage bezahlter Arbeitsunfähigkeit um 16 Dreißigstel. Der Kläger hielt die Kürzung der Jahresprämie aus Rechtsgründen für unwirksam.

Das Bundesarbeitsgericht hat in diesem Zusammenhang sowohl die Zulässigkeit einer solchen Anwesenheitsprämie als auch die Höhe als gerechtfertigt anerkannt. Allerdings ist die Höhe des Abzuges einvernehmlich zwischen den Betriebsparteien zu entscheiden, wobei einerseits die Abwesenheitskosten und andererseits die Motivationskosten zum Anreiz für höhere Anwesenheit abgewogen werden müssen.

Das Bundesarbeitsgericht kritisiert in dem geschilderten Fall allerdings die Gültigkeit der geschlossenen Betriebsvereinbarung, da sie erst nach Ablauf des Jahres 1991 geschlossen wurde. Den Mitarbeitern wurde dadurch nicht von vornherein mitgeteilt, welche „Spielregeln" existieren, um am Jahresende die volle Prämie zu erhalten. Im nachhinein festzulegen, welche Auswirkungen die angefallenen Fehltage auf die Auszahlungen haben, ist demnach unzulässig.

Das Unternehmen hätte schon Anfang 1991 deutlich machen müssen, daß Abwesenheiten zu Prämienabzügen führen werden. Das BAG: „Die Betriebsvereinbarung vom 29. Januar 1992 ist daher auch insoweit unwirksam, als sie die Höhe des Anspruches auf die Jahresprämie von der Anzahl Fehltage im Jahre 1991 abhängig macht."

Dieses aktuelle Urteil macht deutlich, daß beim Einsatz einer Anwesenheitsprämie der arbeitsrechtliche Gleichbehandlungsgrundsatz streng eingehalten werden muß. Verärgerungen der Unternehmensleitungen am Jahresende über hohe Abwesenheitsraten führen dann zu solchen Handlungen, wie es der geschilderte Fall gezeigt hat: Kurzfristig sollen noch die Verursacher dieser schlechten Zahlen bestraft werden, wofür sich freiwillige Sonderzahlungen wie beispielsweise Prämien anbieten. Daß damit gegen geltendes Arbeitsrecht verstoßen wird, wird dabei oft verkannt.

Deshalb gilt für Anwesenheitsprämien das gleiche wie auch für die anderen, bereits erläuterten Instrumente: Planung und gezielter Einsatz sind notwendig. Wird den Mitarbeitern am Jahresanfang deutlich gesagt, daß eine mögliche Prämie am Jahresschluß von der Anwesenheit am Arbeitsplatz abhängt, so sind die entsprechenden sachlichen Voraussetzungen geschaffen. Bei einer Reihe von Automobilunternehmen werden auf diese Weise Sondervergütungen, Erfolgsbeteiligungen und Weihnachtsgelder an die Abwesenheitsraten gekoppelt.

2.3. Das Rückkehrgespräch

Ein Instrument zur Bekämpfung des „Phänomens Abwesenheit" wurde noch nicht erwähnt: das Rückkehrgespräch. Der direkte betriebliche Vorgesetzte soll mit dem Mitarbeiter, der von seinem Arbeitsplatz krankheitsbedingt oder unentschuldigt abwesend war, bei dessen Rückkehr ein Gespräch führen.

Ziel ist es, das Gespräch so anzulegen, daß sich die zukünftigen Fehlzeiten reduzieren lassen. Inhaltlich kann es sich dabei um das betriebliche Arbeitsumfeld oder auch um private Ursachen für das Fernbleiben vom Arbeitsplatz drehen. Der umfassende Charakter dieses Instrumentes zeigt sich daran, daß es im Gegensatz zu den oben dargestellten Maßnahmen sowohl bei den Ursachen (dem Umfeld des Mitarbeiters) als auch bei den Folgen (die krankheitsbedingte oder unentschuldigte Abwesenheit) ansetzt (vgl. Abbildung 17).

Ähnlich wie auch bei der Gestaltung der Kontaktaufnahmen mit dem Mitarbeiter während seiner Abwesenheit kommt es auch hier darauf an, die Gesprächsinhalte sorgfältig und situationsadäquat auszuwählen und zu formulieren. Damit sich die Abwesenheitsraten reduzieren, muß im Rahmen des Rückkehrgesprächs zum einen festgestellt werden, wer wirklich krank gewesen ist und wer lediglich simuliert und wegen motivationsbedingter Unlust gefehlt hat. Eine Reihe von Automobilunternehmen haben dieses Instrument unter Namen wie beispielsweise „Mitarbeitergespräch", „Fehlzeitengespräch", „Personalgespräch" oder eben auch explizit „Rückkehrgespräch" schon eingesetzt.

Dabei wird der zurückkehrende Mitarbeiter gleich an den ersten Arbeitstagen nach seinem Befinden gefragt. Auch über Ursachen des Fehlens sollte sich der Vorgesetzte erkundigen, um herauszufinden, ob betriebliche Gründe vorlagen. Bei bleibenden Arbeitseinschränkungen sollte gemeinsam mit den Personalvertretungen nach einem angemessenen Arbeitsplatz für den zukünftigen Einsatz gesucht werden. Abhängig von der Einschätzung des Vorgesetzten, ob es sich um eine wirklich ernsthafte Krankheit oder lediglich um vorgeschobene Gründe gehandelt hat, ist der weitere Verlauf des Gespräches zu gestalten.

Ist die Glaubwürdigkeit der krankheitsbedingten Abwesenheit offensichtlich, so sollte in jedem Fall dem Mitarbeiter deutlich gesagt werden, wie sehr er im Arbeitsprozeß gefehlt hat und wie wertvoll seine bisherigen Leistungen gewesen sind. Ihm muß deutlich werden, daß sein Einsatz wesentlich für das Unternehmen ist, wodurch ein solches Gespräch eine zusätzliche motivierende Komponente erhält. Daneben sollten ihm mögliche Hilfen angeboten werden, die es ihm erleichtern sollen, sich in seine Tätigkeit wieder einzuarbeiten. Er muß verstehen: ,,Das Unternehmen braucht mich und sorgt deshalb für mich."

Für den Fall, daß der Vorgesetzte berechtigt annehmen muß, daß die Krankheit nur als Vorwand für ein Fehlen am Arbeitsplatz vorgeschoben wurde, sollte mit aller Deutlichkeit zum Ausdruck kommen, daß man sich über die Motivation und die Leistungsergebnisse des betreffenden Mitarbeiters ernste Sorgen macht. In diesem Zusammenhang bietet es sich an, vorzuschlagen, den Werksarzt oder einen Spezialarzt aufzusuchen und Gesuche solcher Mitarbeiter für Nachtschichten und Überstunden unter dem Aspekt des Gesundheitszustandes des Mitarbeiters besonders kritisch zu prüfen. Der Vorgesetzte ist dann auch angehalten, genau weitere Unregelmäßigkeiten des Mitarbeiters zu beobachten und die Eignungen für die Anforderungen am Arbeitsplatz zu untersuchen. Nur so können – auf der Basis des Rückkehrgespräches – Wiederholungstäter ermittelt und entsprechende Maßnahmen gezielt gesetzt werden.

Relativ häufig werden diese Gespräche allerdings nicht geführt. Neben der Hektik des Tagesgeschäftes, das wenig Zeit für solche Maßnahmen läßt, und einer gewissen Unsicherheit, wie dieses Instrument angewendet werden kann, sind es gerade sehr menschliche Gründe, die dabei eine wesentliche Rolle spielen. Flachere Hierarchien haben den Druck gerade auf die mittleren Führungsebenen erheblich verstärkt. Das kann sich beispielsweise in relativ großer Unsicherheit dieser Vorgesetzten gegenüber ihren Untergebenen zeigen.

Deshalb neigen viele dazu, Konflikte zu vermeiden, besonders aus Gründen der Abwesenheit. Der Mitarbeiter ist ja wieder da, und die täglichen Probleme drängen zu schnellen Lösungen, weshalb es für die Bewältigung der kurzfristig anfallenden Arbeit einfacher ist, den Zurückkehrenden nicht durch unangenehme Fragen zu vergrätzen; besser ist es, ihn gleich in den Arbeitsprozeß wieder zu integrieren. Daß sich dadurch mittelfristig nichts an der Abwesenheitsrate ändern wird, interessiert gerade im Tagesgeschäft verhaftete Führungskräfte wenig.

Solche Führungsschwächen könnten sich auch in den Gesprächen zeigen, wenn alters- oder erfahrungsmäßig unterlegene Vorgesetzte es mit wortgewandten Mitarbeitern zu tun haben, die sie in solchen Rückkehrgesprächen an die Wand ,,drücken" würden. Aus Angst, vor den Augen einzelner Mitarbeiter zu versagen, wird diese Art von Gesprächen auch nicht geführt.

Schließlich spielt auch häufig Resignation und Unterschätzung der Wirksamkeit von Rückkehrgesprächen eine Rolle. ,,Nur Reden bringt nichts, den ‚gelben Schein' gibt es ja sowieso" oder: ,,Dem fällt doch immer was ein, was die Ärzte dann glauben, da ist nichts dagegen zu machen", heißt es dann.

Solche Führungskräfte haben sich nicht ausreichend mit dem Instrument des Gespräches auseinandergesetzt, was zum einen auf ungenügende Information durch das Management zurückzuführen ist. Zum anderen zeigt es aber auch das Desinteresse an der Fehlzeitenproblematik; würde Abwesenheit ein wirklich drängendes Problem sein, so würde jeder Personalverantwortliche alle erdenklichen Maßnahmen treffen, um diesem Mißstand zu begegnen. Das hat sowohl Ursachen in der Motivation der einzelnen Führungskraft selbst als auch wiederum beim Management, das top-down der Abwesenheit zu wenig Bedeutung beimißt. Auf diese Aspekte wird im folgenden noch detaillierter eingegangen, wenn es darum geht, den Anwesenheitsverbesserungsprozeß von Opel vorzustellen, der auf den Prinzipien des Rückkehrgespräches aufbaut.

Werden solche Rückkehrgespräche nicht geführt, so werden dadurch Simulanten in ihrer Handlungsweise bestätigt. Die Schlupflöcher der betrieblichen Aufsicht werden offensichtlich und auch für andere transparent. Da es sowieso keiner merkt, ob man nur aus einem vorgeschobenen Grund fehlt oder nicht, werden Simulanten nicht nur zu Wiederholungstätern, sondern sie stiften auch noch andere an, sich ebenfalls so zu verhalten. Im Zusammenhang mit den Auswirkungen der Abwesenheit einzelner auf die Motivation der übrigen Belegschaft wurde in früheren Abschnitten schon auf die Hebelwirkung von Fehlzeiten hingewiesen. Mitarbeiter, die wirklich krank gewesen sind, fühlen sich bei Ausbleiben solcher Gespräche nicht richtig behandelt. Ihnen wird durch dieses Verhalten des Vorgesetzten eine gewisse Gleichgültigkeit entgegengebracht. Dadurch wird signalisiert: „Es ist uns egal, warum und weshalb du gefehlt hast, und wir gehen davon aus, daß wir es schon merken werden, wenn du wieder da bist.“ Mögliche Zusammenhänge zwischen Krankheit und Arbeitsumfeld bleiben bei einem solchen Verhalten dem Vorgesetzten damit verborgen.

Wenn andere Mitarbeiter aus den gleichen Gründen nicht zur Arbeit erscheinen, so kann der Vorgesetzte noch nicht einmal die näheren Ursachen erforschen. Das ist besonders kritisch, wenn es bei der Frage nach dem Grund der Abwesenheit um das Verhalten seiner eigenen Person, also beispielsweise um seinen Führungsstil, geht. Mitarbeiter, die nach wirklicher Krankheit genesen zurückkehren und mit solcher mangelnden Fürsorge im Unternehmen wieder aufgenommen werden, werden naturgemäß auch empfänglicher für vorgeschobene Abwesenheitsgründe. Denn dann liegt die logische Schlußfolgerung nahe: „Wer sich nicht für mich interessiert, für den interessiere ich mich auch nicht.“ Und damit erhöht sich – aus Sicht des Vorgesetzten – wieder die Zahl der Simulanten. Das ist der Kern des „Phänomens Abwesenheit“.

Schließlich können mit Hilfe von Gesprächen Gerüchte vermieden werden, weshalb ein Mitarbeiter gefehlt hat. So können Vermutungen des Vorgesetzten oder von Kollegen über echte oder unechte Krankheiten bestätigt oder widerlegt werden. Werden diese Gespräche allerdings unterlassen, so bleiben die fraglichen Abwesenheiten weiterhin im dunkeln, und die bloßen Vermutungen können beispielsweise zu Verurteilungen wirklich Kranker führen. In jedem Fall unterstützt die Bildung solcher Legenden ("Der fehlt immer, und keiner merkt's") die Nachahmung, was mit dem beschriebenen Hebeleffekt die Abwesenheitsraten in die Höhe treibt.

Wesentlich beim Rückkehrgespräch ist allerdings auch, wer es mit dem jeweiligen Mitarbeiter führt. Es wurde schon auf eine Reihe von Faktoren hingewiesen, die dafür verantwortlich sind, daß dieses Gespräch nicht immer vom betrieblichen Vorgesetzten geführt wird. Dieser ist durch die gesamte Situation manchmal einfach überfordert. Deshalb wird es in einigen Unternehmen auch praktiziert, daß Rückkehrgespräche von Personalleitern oder geschultem Personal der Personalabteilung geführt werden.

Spricht die Neutralität dieser Bereiche und die spezielle Qualifikation der involvierten Mitarbeiter für eine solche Lösung, so steht dem – gerade bei großen Unternehmen – die Entbindung von Führungsverantwortung und damit die Entmündigung der betrieblichen Vorgesetzten entgegen. Eingangs wurde gezeigt, daß Rückkehrgespräche auch als Führungsinstrument eingesetzt werden können; werden sie den Linienführungskräften genommen, so kann ihre Führung nur „zahnlos" werden. Delegierte Führung ist in diesem Fall keine Führung.

Deshalb gibt es auch die Lösung, daß die Mitarbeiter der Personalbereiche bei solchen Gesprächssituationen lediglich unterstützend eingreifen, so zum Beispiel als Moderatoren. Das hängt allerdings stark vom Ansehen und der Akzeptanz einer solchen Person sowohl bei den Mitarbeitern als auch bei den Vorgesetzten ab. Die Beteiligung eines Dritten darf dabei von beiden Parteien keinesfalls als Spionage oder Störung des Vertrauensverhältnisses gewertet werden.

Wie diese erste Vorstellung des Instruments „Rückkehrgespräch" gezeigt hat, ist die Vorbereitung, Gestaltung, konsequente Durchführung und die Wahl des geeigneten Gesprächsführers für den Erfolg entscheidend. Nur dann ist gewährleistet, daß sich die Fehlzeiten gezielt reduzieren lassen; anderenfalls gilt auch für diese Maßnahme, daß eine falsche Anwendung eher das Gegenteil des gewünschten Effekts bewirken wird.

2.4. Einsatz der Maßnahmen gegen Abwesenheit

Nachdem eine Auswahl wesentlicher Maßnahmen vorgestellt worden ist, mit denen sich das „Phänomen Abwesenheit" bekämpfen läßt, soll abschließend anhand zweier Untersuchungen gezeigt werden, welche Instrumente derzeit bei Unternehmen zum Einsatz kommen. Auf der einen Seite hat das Institut der deutschen Wirtschaft in Köln aus einer Umfrage bei 380 Unternehmen mit insgesamt 3,6 Millionen Beschäftigten den Einsatz der in Abbildung 17 dargestellten Maßnahmen feststellen können.

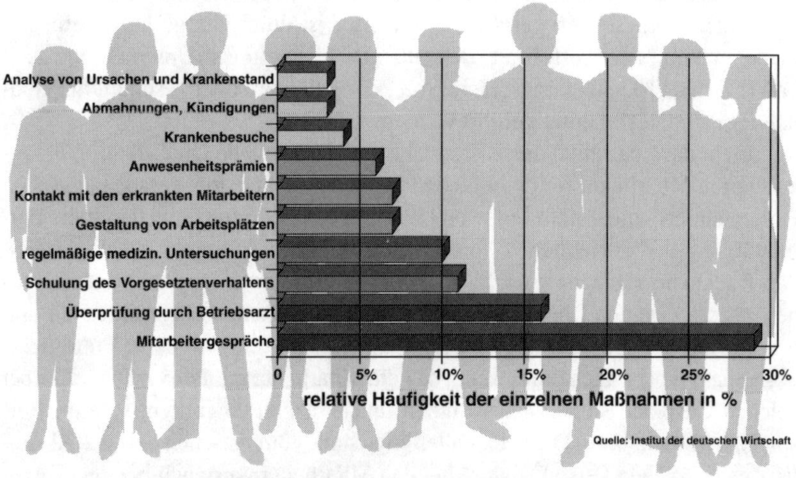

Abbildung 17: Häufigkeit eingesetzter Maßnahmen

Mit Abstand am häufigsten werden Mitarbeitergespräche durchgeführt, um die Fehlzeiten zu reduzieren. Während auch eine Reihe von Maßnahmen aufgeführt werden, mit denen sich die Ursachen der Abwesenheiten bekämpfen lassen (Schulung des Vorgesetztenverhaltens und Gestaltung der Arbeitsplätze), rangieren allerdings jene Instrumente auf den vorderen Rängen, die lediglich bei den Abwesenheitsfolgen ansetzen.

Das gilt besonders für die Überprüfungen durch den Betriebsarzt. Gerade wenn solche Maßnahmen im Zusammenhang mit einem Mitarbeitergesprächen durchgeführt werden, muß klar geregelt sein, wann der Gesundheitszustand durch das Unternehmen nachkontrolliert wird und wann nicht. Je weniger allerdings die Sensibilität für das Thema Abwesenheit in den Unternehmen vorhanden ist, desto größer ist die Gefahr, daß solche Regelungen nicht eindeutig genug getroffen worden sind.

Auch das Instrument der Anwesenheitsprämie taucht in der Untersuchung auf. Es gibt demnach eine Reihe von Betrieben, in denen hundertprozentige Anwesenheit als etwas Besonderes gilt, das belohnt werden muß; die übrigen Unternehmen sehen im Erscheinen des Mitarbeiters am Arbeitsplatz eine Selbstverständlichkeit, weshalb sie sagen: Für 100 Prozent Arbeit gibt es auch den für 100 Prozent tariflich festgelegten Lohn. Abgesehen von den erwähnten Aspekten bei der Verabredung und Gewährung der Anwesenheitsprämie sprechen aus diesen beiden Ansätzen nicht unvereinbare Positionen. Unternehmen können demzufolge Abwesenheit verfolgen (beispielsweise durch Mitarbeitergesprä-

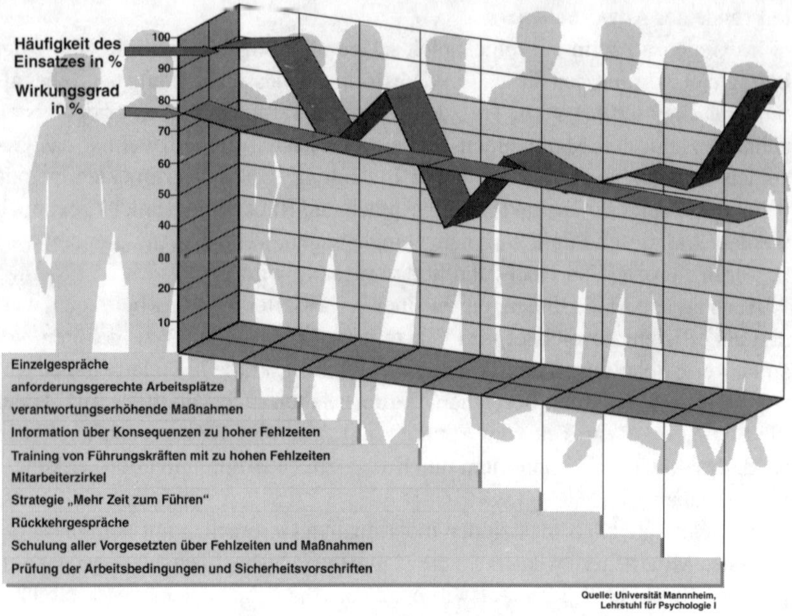

Abbildung 18: Die zehn effizientesten Maßnahmen zur Reduktion der Abwesenheit

che) und parallel Anwesenheit belohnen. Häufig wird versucht, aus der Kontrolle solcher Personaldaten einen motivationserhöhenden Effekt zu erzielen.

In einer Untersuchung des Lehrstuhls für Psychologie I der Universität Mannheim wurden Unternehmen nach den effizientesten Maßnahmen gefragt, um die Abwesenheit zu reduzieren. Die Abbildung 18 zeigt die zehn Instrumente, die nach Meinung der rund 40 befragten Unternehmen die höchste Wirkung bei der Senkung von Fehlzeiten haben.

An der Spitze steht eindeutig das Einzelgespräch. Darunter wird in der Untersuchung das Gespräch verstanden, das der betriebliche Vorgesetzte mit dem Mitarbeiter führt, dessen Fehlen als besonders auffällig gilt. Dabei soll nach den Gründen der Abwesenheit gefragt werden, um die Rolle des Arbeitsumfeldes genauer zu erkunden. Andererseits soll dem Betroffenen auch deutlich werden, daß Fehlzeiten überwacht und verfolgt werden. Als relativ neues Instrument ist in diesem Zusammenhang das Rückkehrgespräch zu sehen, das in dieser Untersuchung genauso verstanden wurde, wie es oben beschrieben worden ist: Direkt nach Rückkehr an den Arbeitsplatz erkundigt sich der Vorgesetzte über die Hintergründe der Abwesenheit.

Im Gegensatz zum Einzelgespräch setzen allerdings erst gut die Hälfte der befragten Unternehmen diese Gesprächsform ein, dessen Wirkung auch eher als moderat eingeschätzt wird. Trotzdem zeigt die Tatsache, daß unter den ersten zehn effizientesten Maßnahmen gegen Abwesenheit gleich zweimal das Gespräch genannt wird, die besondere Bedeutung dieses Instrumentes, gerade wenn diese beiden Aspekte (Einzelgespräch und Rückkehrgespräch) gekoppelt werden. Auf diesen Punkt wird näher eingegangen, wenn der Anwesenheitsverbesserungsprozeß von Opel detailliert vorgestellt wird.

Auch andere Maßnahmen, die zu einer verbesserten Führung beitragen, werden als effizient bezeichnet, um Fehlzeiten zu reduzieren. Dazu gehören beispielsweise Schulungen und Trainings für Führungskräfte mit relativ hohen Abwesenheitsraten in ihren Bereichen. Darunter fallen auch Mitarbeiterzirkel oder die Strategie ,,Mehr Zeit zum Führen", mit denen im Tagesgeschäft versucht wird, das Abwesenheitsproblem durch zusätzliche Kommunikation wirkungsvoll zu bekämpfen.

Im Gegensatz allerdings zu den individuellen Gesprächen mit den direkt betroffenen Mitarbeitern werden solche Maßnahmen bisher noch relativ wenig umgesetzt, obwohl über deren Auswirkungen auf die Fehlzeiten kaum Zweifel bestehen. Falsche Prioritäten und mittelfristige Erfolgsaussichten angesichts kurzfristiger Tagesprobleme sind häufig Ursachen für ein solch widersprüchliches

Verhalten. Das Ergebnis sind fehlende Strategien und planloses Vorgehen gegen das „Phänomen Abwesenheit", das von allen Seiten bekämpft werden muß.

Ein wesentlicher Punkt ist auch die Gestaltung des individuellen Arbeitsplatzes. Es ist sicherzustellen, daß die Arbeitsbedingungen regelmäßig geprüft und die relevanten Sicherheitsvorschriften eingehalten werden. Solche formellen Anforderungen werden in den meisten Unternehmen umgesetzt, wobei die Wirkung auf die Abwesenheit eher durchschnittlich eingeschätzt wird. Es handelt sich dabei um Maßnahmen, die für jedes Unternehmen mehr oder weniger unumgänglich sind, weshalb sich daraus weniger spezielles Reduktionspotential für die Fehlzeiten ergibt.

Auf der anderen Seite werden zwei Instrumente genannt, die auf einen Aspekt hinweisen, der eingangs schon angesprochen worden ist: die Gestaltung der Arbeitsinhalte. Zum einen handelt es sich um verantwortungserhöhende Maßnahmen, worunter beispielsweise die eigenständige Kontrolle der gefertigten Qualität oder auch umfassende Dispositions- und Koordinationstätigkeiten im eigenen Tätigkeitsbereich fallen. Durch eine solche Aufgabenerweiterung soll der Mitarbeiter umfassender in die Leistungsprozesse eingebunden und die wesentlichen Schnittstellen und Zusammenhänge auf diese Weise transparenter werden. Dem einzelnen wird so die Notwendigkeit seines Beitrages für das gesamte Unternehmen deutlich, was ihn motivieren soll, weniger zu fehlen. Gut die Hälfte der Befragten gaben an, damit die Fehlzeiten reduzieren zu können.

Zum anderen ist es für die Motivation des einzelnen ebenfalls erforderlich, einen anforderungsgerechten Arbeitsplatz zu haben. Sowohl Unter- als auch Überforderung kann zu Streß führen, was demotiviert und sogar Krankheiten hervorruft. Die meisten Unternehmen setzen deshalb darauf, die Anforderungen an die bestimmte Tätigkeit möglichst genau zu definieren; das umfaßt beispielsweise neben fachlicher auch soziale Kompetenz und Qualifikation.

Es muß aber auch durch sinnvolle und aussagekräftige Beurteilungen gewährleistet sein, daß die Eignungen, Neigungen und Potentiale der einzelnen Mitarbeiter klar erfaßt werden. Das setzt Übung und Einfühlungsvermögen der Vorgesetzten voraus. Nur so kann eine Beurteilung entstehen, mit der sich Tätigkeitsanforderungen und Mitarbeiterqualifikation gegenüberstellen lassen.

Mit Hilfe ständiger Überwachung ist sicherzustellen, daß sich trotz Änderungen in den Tätigkeiten und Verbesserung der Qualifikationen ein Gleichgewicht einstellt. Dann kann der Arbeitsplatz auch als anforderungsgerecht bezeichnet werden. Dem Mitarbeiter wird dadurch gezeigt, daß das Unternehmen an seiner Weiterentwicklung interessiert ist, indem es für ihn entsprechende Tätigkeiten anbietet. Das schafft eine Motivationsgrundlage, die die beste Voraussetzung für niedrige Abwesenheitsraten ist.

2.5. Zusammenfassung des zweiten Kapitels

In diesem Kapitel wurde eine Reihe von Maßnahmen vorgestellt, mit denen sich die Abwesenheit reduzieren läßt – sei es, indem die Ursachen oder auch lediglich die Folgen hoher Fehlzeiten bekämpft werden. Unter allen diesen Instrumenten sticht besonders die gezielte Gesprächsführung von Vorgesetzten mit betroffenen Mitarbeitern heraus. Mit dieser Maßnahme lassen sich nämlich in besonders umfänglicher Form Ursachen und Folgen der Abwesenheiten erfassen und konzentriert beeinflussen.

Erfahrungen zeigen, daß solche Gespräche zwar relativ häufig durchgeführt werden, es allerdings eine Vielzahl unterschiedlicher Möglichkeiten der Praxisumsetzung gibt. Und hier gehen die Einschätzungen und Urteile ziemlich auseinander. So ist beispielsweise das Rückkehrgespräch zwar als effizient bekannt, wird dafür aber noch relativ selten eingesetzt. Das weist darauf hin, daß diesem Instrument erheblich mehr Beachtung geschenkt werden muß, um Abwesenheiten gezielt und damit nachhaltig reduzieren zu können.

Ziel der folgenden Kapitel ist es deshalb, die Ausgestaltung, Einführung und konsequente Anwendung von Rückkehrgesprächen detailliert zu untersuchen und die jeweiligen Erfolgsfaktoren festzuhalten. Dazu wird im folgenden die Entwicklung und Implementierung des Anwesenheitsverbesserungsprozesses (AVP) von Opel näher betrachtet.

3. Kapitel

■■■

Erfahrungen von Opel mit der Reduktion der Abwesenheit

■■■

Schon seit längerem ist Abwesenheit bei der Adam Opel AG ein Thema. Allerdings erst die jüngsten Strukturänderungen in der Automobilindustrie und Zweifel an der Wirksamkeit bisher eingesetzter Instrumente haben das Unternehmen veranlaßt, diesen Problembereich ganz nach oben auf die Tagesordnung zu setzen und entsprechend gezielte Maßnahmen zu entwickeln.

In diesem Kapitel sollen deshalb die Erfahrungen vorgestellt werden, die Opel ab Anfang der achtziger Jahre bis heute bei der Reduktion der Abwesenheit gesammelt hat.

Die Abbildung 19 zeigt die verschiedenen Aktivitäten parallel zum Verlauf der Abwesenheitsraten von Lohnempfängern, die wir schon im 1. Kapitel vorgestellt haben. Dabei sind hier nur die Maßnahmen berücksichtigt, die bis 1994 eingeleitet wurden.

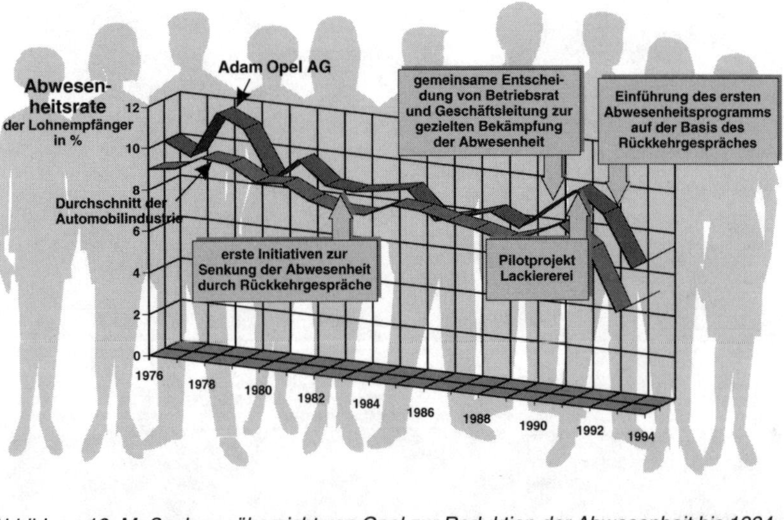

Abbildung 19: Maßnahmenübersicht von Opel zur Reduktion der Abwesenheit bis 1994

Die folgenden Abschnitte werden die einzelnen Maßnahmen vorstellen und die Erfahrungen erläutern, die bei deren Umsetzung gesammelt wurden. Auf diesen baut der danach im Jahr 1995 konzipierte Anwesenheitsverbesserungsprozeß (AVP) auf, der in den nachfolgenden Kapiteln näher betrachtet werden soll.

3.1. Umgesetzte Maßnahmen in den achtziger Jahren

Schon im März 1982, wo die Abwesenheit der Lohnempfänger im Durchschnitt mit knappen zehn Prozent relativ hoch lag, wurde die Notwendigkeit erkannt, sich dem Abwesenheitsthema zu widmen. Die Geschäftsleitung – vertreten durch den verantwortlichen Personalvorstand – und der Gesamtbetriebsrat haben deshalb schon zu diesem Zeitpunkt festgehalten:

„In allen Abteilungen werden Gespräche mit Mitarbeitern nach Rückkehr von der Abwesenheit durch die betrieblichen Vorgesetzten geführt. Diese Gespräche werden in fairer, sachlicher und offener Weise mit dem Ziel stattfinden, motivierend und nicht disziplinierend zu wirken. Die Gespräche sollen sich auch darauf beziehen, ob der Mitarbeiter richtig, das heißt seinem augenblicklichen Gesundheitszustand und seinen Fähigkeiten entsprechend, eingesetzt ist. Mit Mitarbeitern, die häufige Fehlzeiten aufweisen, werden Gespräche mit den Betriebs- bzw. Abteilungsleitern ebenfalls in fairer, sachlicher und offener Weise geführt. Das zuständige Mitglied des Betriebsrates kann an den vorgenannten Gesprächen teilnehmen. Diese Gespräche finden keinen Niederschlag in den Personalakten und sind keine Disziplinarmaßnahmen."

Obwohl Rückkehrgespräche heutzutage als relatives Novum von Personalexperten dargestellt werden, zeigen diese ersten Übereinkünfte der beiden Tarifvertragspartner, daß die Einsicht über die Wirksamkeit solcher Gespräche schon relativ früh entstanden ist. Allerdings hat es eine ganze Weile gebraucht, bis aus dieser Überzeugung über den richtigen Weg auch ein handhabbares Instrumentarium entstanden ist.

So wurde bei Opel 1983 – also ein Jahr später – im Rahmen einer Information an die Führungskräfte ein Leitfaden vorgestellt, nach dem Rückkehrgespräche mit den Abwesenden geführt werden sollten. Allerdings blieb es damals bei relativ allgemeinen Aussagen. So wird zur Führung der Gespräche darauf hingewiesen:

„Da die Gespräche motivierend und nicht disziplinierend zu wirken haben, ist darauf zu achten, daß das Gespräch im freundlichen Ton gehalten ist. Natürlich muß auch die vorausgegangene Abwesenheit erwähnt werden, was am besten dadurch geschieht, daß man mit Befriedigung und Freude zum Ausdruck bringt, daß der Mitarbeiter wieder anwesend ist. [...] Das bei jeder Rückkehr von Abwesenheit zu führende Gespräch bedarf grundsätzlich keiner Vorbereitung. Es ergibt sich daraus, daß der unmittelbare Vorgesetzte, das heißt im Falle von Lohnempfängern der Meister und bei Angestellten der Gruppenführer, zur Kenntnis nimmt, daß sein vorher abwesender Mitarbeiter jetzt wieder anwesend ist, und der Befriedigung darüber Ausdruck gibt, daß der Mitarbeiter wieder zur Verfügung steht. Dieses Gespräch darf in keinem Fall unterbleiben."

Die recht allgemeine Form, in der die Gesprächsführung umschrieben ist, hat es den angesprochenen Führungskräften bestimmt nicht erleichtert, die nicht einfachen Rückkehrgespräche mit ihren Mitarbeitern zu führen. Gerade diejenigen, die nicht unbedingt durch entsprechende Schulungen auf solche Situationen vorbereitet worden sind, waren wahrscheinlich durch diese Form von Gesprächen schlicht überfordert.

Es fehlten konkrete Vorlagen und Handlungshinweise; mit generellen Aussagen kann keiner angeleitet werden, der den Hauptteil seiner beruflichen Tätigkeit mit Tagesgeschäft zubringt. Der Hinweis schließlich, daß das Rückkehrgespräch keiner besonderen Vorbereitung bedarf, wirkt nicht hilfreich, sondern eher verunsichernd. Dadurch wird dem Gespräch automatisch eine unbedeutende Stellung beigemessen, was auch durch die Anmerkung, daß die Gespräche unbedingt durchzuführen sind, nicht beseitigt wird.

Aus dieser Situationsbeschreibung wird deutlich, daß man sich zu dem Zeitpunkt über die Umsetzung und die Wirkungsweise der Rückkehrgespräche noch zu wenig Vorstellungen gemacht hat. Das lag nicht zuletzt auch an der fehlenden Erfahrung, die auch von anderen, vergleichbaren Unternehmen damals noch nicht in dem Umfang gemacht worden waren.

Deshalb entschlossen sich Unternehmensleitung und Gesamtbetriebsrat der Adam Opel AG dazu, in jeweils fünf Abteilungen pro Werk detailliert die Zusammenhänge des „Phänomens Abwesenheit" zu untersuchen, um daraus entsprechende Maßnahmen abzuleiten; im Vordergrund stand dabei auch, die Durchführung der Rückkehrgespräche zu optimieren. Die so gewonnenen Erfahrungen flossen in den folgenden Monaten in die Praxis der Rückkehrgespräche ein und trugen daneben zu verbesserten Arbeitsbedingungen bei.

In den darauffolgenden Jahren stabilisierte sich zwar die Abwesenheitsrate auf einem relativ hohen Niveau, sie sank aber mit acht bis neun Prozent deutlich unter die Zehn-Prozent-Marke. Im Vergleich zu andern Automobilunternehmen entsprachen diese Zahlen einer fast durchschnittlichen Abwesenheit. Mit Hilfe der beschriebenen Maßnahmen hatte es Opel damit erreicht, im Vergleich zur Konkurrenz nicht mehr aus dem Rahmen zu fallen.

Umwerfend waren die erzielten Ergebnisse aber keinesfalls. Nicht zuletzt aufgrund der besseren Konjunktur in der Automobilbranche im Verlauf der achtziger Jahre wurde es daraufhin still um das Problem Abwesenheit, weil anderen Themen mehr Bedeutung beigemessen wurde. Und Probleme, die nicht mehr eine höhere Priorität genießen, werden recht bald in den Hintergrund gedrängt.

3.2. Umgesetzte Maßnahmen in den neunziger Jahren

Erst Anfang der neunziger Jahre stiegen die Abwesenheitsraten wieder deutlich an. Das galt sowohl für Opel als auch für die Mitbewerber; im Gegensatz allerdings zu diesen war der Anstieg bei Opel erheblich stärker. Bald schon war die „magische" Zehn-Prozent-Marke erreicht, was das Unternehmen veranlaßte, an die alten Aktivitäten anzuknüpfen und das Abwesenheitsproblem wieder obenan zu stellen. Im Oktober 1990 sprachen die Tarifvertragsparteien zu diesem Zweck folgendes ab:

„Geschäftsleitung und Gesamtbetriebsrat der Adam Opel AG stimmen darin überein, daß die Anwesenheit bei der Adam Opel AG verbessert werden muß. Dazu sind gemeinsame Anstrengungen auf allen Ebenen des Unternehmens erforderlich, um die Ursachen der Abwesenheit zu erkennen und abzuschaffen und dadurch eine bessere Anwesenheit zu erzielen. Um dieses Ziel zu erreichen, wird zur Konkretisierung einzelner Schritte und Maßnahmen auf Unternehmensebene ein gemeinsames Steuerungskomitee mit Vertretern der Geschäftsleitung und des Gesamtbetriebsrates gebildet. Auf Werksebene werden entsprechende Ausschüsse eingerichtet."

Diese grundsätzliche Übereinstimmung über das Vorgehen gegen die Abwesenheit ist die Basis aller weiteren Schritte, einschließlich der jüngsten im Rahmen des AVP im Jahr 1995. Für eine enge Zusammenarbeit zwischen Geschäftsleitung und Betriebsrat bedarf es einer formellen Übereinstimmung, die als Leitlinie für alle Beteiligten gilt und auf die sich diejenigen berufen können, die an der Ausgestaltung konkreter Maßnahmen arbeiten. Eine konsequente Implementierung, die sich daran anschließen muß, kann nur sichergestellt werden, wenn alle von vornherein in den Entscheidungs- und Gestaltungsprozeß eingebunden sind.

So wurde der „Lenkungsausschuß Abwesenheit" von der Geschäftsleitung durch vier Vorstandsmitglieder besetzt, die um ebenso viele Mitglieder des Gesamtbetriebsrates bzw. der Werksbetriebsräte ergänzt wurden. Auf dieser Basis konnten ab Anfang 1991 die Arbeitsgruppen gebildet werden.

Im Werk Rüsselsheim, das nachfolgend als größter Standort der Adam Opel AG im Mittelpunkt des Interesses stehen wird, standen dabei drei Maßnahmen im Vordergrund, mit denen die Abwesenheit gezielt bekämpft werden sollte. Die Abbildung 20 zeigt im vorher entwickelten Gesamtrahmen des „Phänomens Abwesenheit" (Abbildung 12), wo diese Instrumente ansetzen, um die Fehlzeiten der Mitarbeiter zu reduzieren.

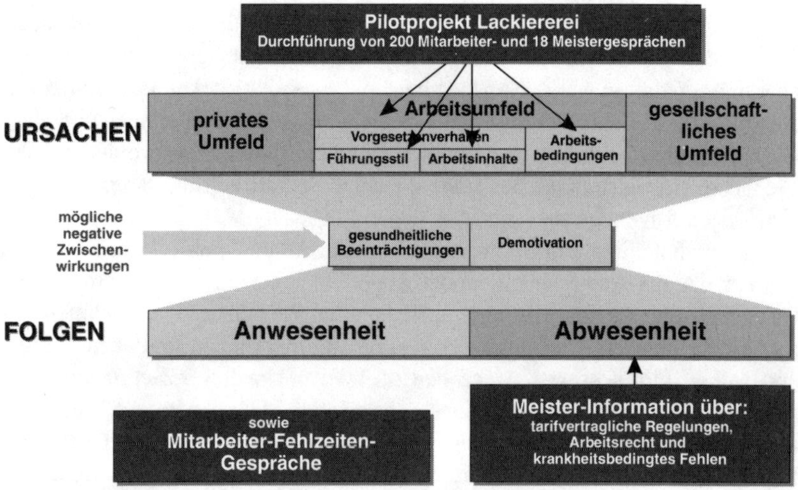

Abbildung 20: Maßnahmen von Opel zur Reduktion der Abwesenheit im Werk Rüsselsheim ab 1991

Die Arbeitsgruppe, die sich aus Mitarbeitern der Personalabteilung und des Betriebsrates des Werkes Rüsselsheim zusammensetzt, hatten sich drei Schwerpunkte gesetzt, um die Abwesenheit nachhaltig zu reduzieren.

3.2.1. Mitarbeiter-Fehlzeitengespräche und Meister-Information

Zur Folgenbekämpfung wurden die betroffenen Meister erstens verstärkt über tarifvertragliche Regelungen und über das Arbeitsrecht im Zusammenhang mit krankheitsbedingtem Fehlen informiert. Es hatte sich nämlich herausgestellt, daß bei einem Großteil der Führungskräfte Mißverständnisse und in erheblichem Maße Unwissenheit über die rechtliche Situation bei Fehlzeiten der Mitarbeiter bestand. Obwohl sich mit solchen Informationen die Abwesenheit nur begrenzt bekämpfen ließ, schafften sie dennoch eine gesichertere Basis für Diskussionen zwischen dem Mitarbeiter und seinem Vorgesetzten. Auch wurde dadurch der Verbreitung von Gerüchten und falschen Grundvoraussetzungen vorgebaut, die die Unsicherheit über die rechtliche Situation bei Abwesenheit verursachte.

Zweitens forcierte die Arbeitsgruppe das Führen der Mitarbeiter-Fehlzeitengespräche weiter, wie sie ja schon Anfang der achtziger Jahre angeregt worden waren. Allerdings war dazu bisher noch wenig an der Art dieser Rückkehrgespräche geändert worden; Basis waren immer noch die ursprünglich entwickelten Hinweise zur Gesprächsführung mit ihrem sehr allgemeinen Charakter.

Zu diesem Zeitpunkt wurde auch noch nichts unternommen, um exaktere Hinweise für die Durchführung der Rückkehrgespräche zu liefern, die es den betroffenen Führungskräften erleichtern könnten, diese in der täglichen Praxis umzusetzen. Der Grund, daß in dieser Richtung noch keine Änderungen vorgenommen wurden, lag auch darin, daß sich die Arbeitsgruppe entschlossen hatte – und damit sind wir beim dritten Schwerpunkt –, zuerst das Pilotprojekt Lackiererei durchzuführen, das im folgenden beschrieben wird.

3.2.2. Verbesserung der Mitarbeiterbetreuung im Pilotbereich Lackiererei

Unter dem Arbeitstitel „Verbesserung der Mitarbeiterbetreuung“ wurde im Pilotbereich Lackiererei des Werkes Rüsselsheim ein Anwesenheitsprogramm eingeführt, mit dem die Ursachen der Abwesenheit näher untersucht werden sollten, um entsprechende Maßnahmen gezielt setzen zu können. Zu Beginn wurde die Abwesenheitssituation in der Lackiererei detailliert analysiert. Die Abbildung 21 zeigt nicht nur die Daten, die zu diesem Zweck ausgewertet worden sind. Sie macht auch die Einflußfaktoren auf das Abwesenheitsverhalten der Mitarbeiter deutlich, die sich aus der Untersuchung des vorhandenen Datenmaterials ergaben.

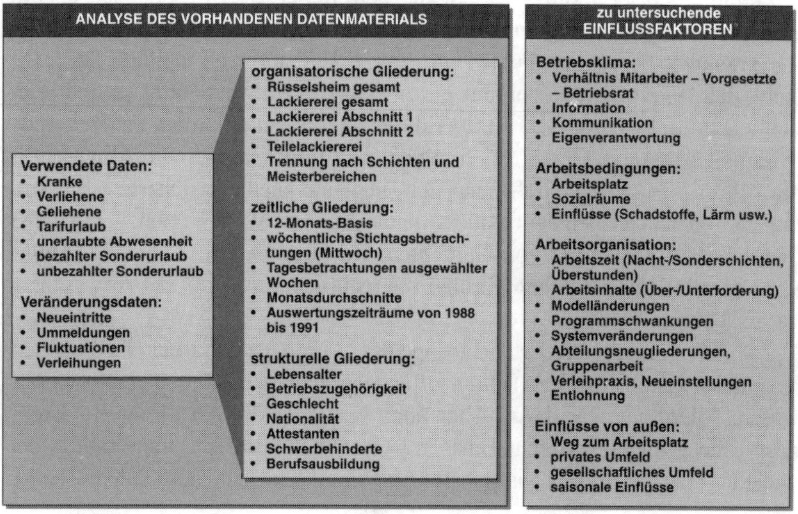

Abbildung 21: Analyse der Abwesenheitssituation im Pilotbereich Lackiererei des Werkes Rüsselsheim 1991

Die Einflußfaktoren, die bei dieser Analyse ermittelt werden konnten, entsprechen im wesentlichen jenen, die schon in vorangegangenen Abschnitten dieses Buches sichtbar gemacht wurden. Für den Pilotbereich Lackiererei stand besonders das Arbeitsumfeld im Vordergrund.

Das bezieht sich zum einen auf sachliche Probleme, wie die Gestaltung des Arbeitsplatzes, die Bereitstellung entsprechender Sozialräume oder auch der Umgang mit anderen störenden Einflußfaktoren wie Lärm und Schadstoffen. Auf der anderen Seite identifizierte die Arbeitsgruppe auch Führungsprobleme, die sich negativ auf die Fehlzeitenentwicklung auswirken können. Dazu gehören aufgrund der Untersuchungsergebnisse Faktoren wie die Arbeitszeitgestaltung, die Verleihpraxis und die Vermittlung anforderungs- und neigungsgerechter Arbeitsinhalte.

Auf dieser Basis entwickelte die Arbeitsgruppe einen Fragenkatalog, nach dem die Mitarbeiter der Lackiererei interviewt werden sollten. Zu diesem

Zweck wurden Interviewer trainiert, in diesen Gesprächen zunächst auf die langfristigen Ziele der Firma Opel hinzuweisen, nämlich auf eine bessere Anwesenheit am Arbeitsplatz durch bessere Betreuung der Mitarbeiter. Um dieses Ziel allerdings auch zu erreichen, sei es notwendig herauszufinden, welche Ursachen zu Fehlzeiten führen würden. Dieser Problematik solle in den Gesprächen intensiv nachgegangen werden. Des weiteren mußte der Gesprächsteilnehmer darauf hingewiesen werden, daß seine Aussagen absolut anonym und vertraulich behandelt würden.

Im Gegenzug wurde auf einen offenen und ehrlichen Dialog Wert gelegt, um Beschönigungen und Beschwichtigungen zu vermeiden, die bisher immer einen tieferen Einblick in die Gesamtzusammenhänge verstellt hatten. Schließlich mußte dem Mitarbeiter erklärt werden, daß die Daten zunächst gesammelt und dann durch die paritätisch besetzte Arbeitsgruppe ausgewertet würden; der Berichtsweg ging schließlich an das Steuerungskomitee und damit direkt an die Geschäftsleitung. Das unterstrich einerseits die Wichtigkeit der Abwesenheitsproblematik für das Unternehmen, andererseits zeigte es dem einzelnen, daß seine Anregungen und Probleme im Zusammenhang mit den Fehlzeiten ernstgenommen werden.

Im März 1991 wurde die grundsätzliche Vorgehensweise festgelegt, indem beispielsweise die Einflußgrößen auf die Abwesenheit und die grundsätzlichen Ursachen ermittelt wurden. Daraufhin wurde die Lackiererei als Pilotbereich ausgewählt, und entsprechende Abstimmungen mit Betriebsrat und Geschäftsleitung wurden durchgeführt. Nachdem Vorgesetzte, Vertrauensleute und Mitarbeiter über den Zweck und die Inhalte dieses Programmes informiert worden waren, konnten in der Zeit vom Mai bis September 1991 die Mitarbeitergespräche beginnen.

Grundsätzlich wurden die Gespräche aufgrund freiwilliger Meldungen geführt; in einer ersten Stufe fanden diese außerhalb der Arbeitszeit statt, in einer zweiten während der Arbeitszeit, indem Ablösungen durch Springer bzw. durch andere Mitarbeiter des Arbeitsbereiches stattfanden. Im Juli wurde in einem ersten Reviewgespräch mit ca. 100 Mitarbeitern die Vorgehensweise bewertet und in einigen Details verbessert, ohne allerdings den grundsätzlichen Charakter des Programmes zu ändern.

Bis Ende September konnten auf diese Weise mit rund 200 Mitarbeitern und 18 Meistern Gespräche nach dem entwickelten Interviewleitfaden geführt werden. Die Abbildung 22 faßt die Ergebnisse dieses Programmes zusammen.

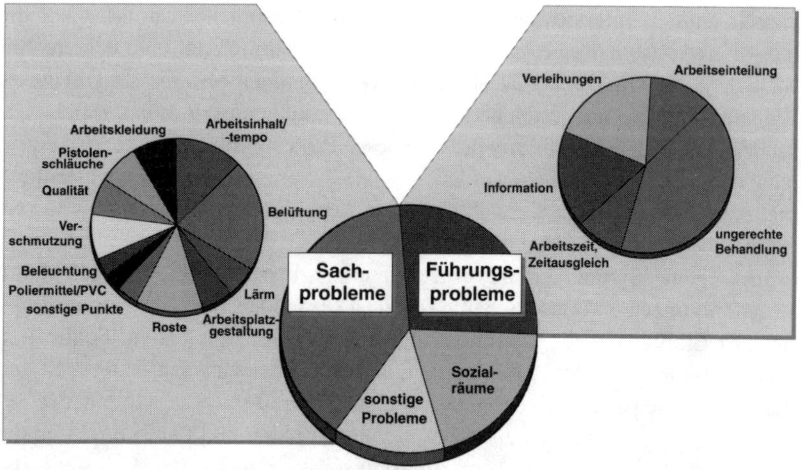

Abbildung 22: Pilotprojekt Lackiererei – Ergebnisse der Mitarbeiterbefragung

Im wesentlichen wurden Sach- und Führungsprobleme angesprochen; sie machen knappe drei Viertel der verbesserungswürdigen Punkte aus. Unter sachbezogene Probleme fallen die Aspekte, die im weitesten Sinn mit den Arbeitsbedingungen zu tun haben. Weiter oben wurde zu diesem Zweck schon eine Auswahl der detaillierten Angaben aus dieser Mitarbeiterbefragung vorgestellt (vgl. Abbildung 13).

In diesem Zusammenhang wurden besonders Problembereiche wie ungenügende Belüftung, Hitze, Luftfeuchtigkeit, Verschmutzung der Roste in den Arbeitsbereichen oder auch das Arbeitstempo genannt. Zu jedem der aufgezeigten Mißstände wurde gemeinsam mit den interviewten Mitarbeitern auch über mögliche Lösungsansätze gesprochen. Die genannten Probleme waren überwiegend schon länger bekannt und teilweise den Vorgesetzten und den Betriebsräten bzw. Vertrauensleuten gemeldet worden, ohne daß sich allerdings eine nachhaltige Verbesserung der Situation eingestellt hätte.

Einen relativ großen Anteil machen auch Führungsprobleme aus, bei denen die Person des jeweiligen Vorgesetzten im Vordergrund steht. Ungerechte Behandlung war dabei das Thema, das die Mitarbeiter hauptsächlich bewegte. Als Ursache wurde dazu häufig das mangelhafte Führungsverhalten einzelner Vorgesetzter genannt, das nach Meinung der Mitarbeiter nur durch Einzelgespräche mit den Betroffenen oder durch gezielte Schulungsmaßnahmen verbessert werden kann.

Auch die Informationspolitik war ein Kritikpunkt; unzureichend informierte Führungskräfte tragen dazu bei, daß Gerüchte und Mundpropaganda den Arbeitsprozeß behindern und unternehmensinterne Kommunikation erheblich erschweren. Nur offene, frühzeitige und umfassende Information aller Beteiligten kann hier Abhilfe schaffen – ein von den Befragten oft bemängelter Punkt. Schließlich wurde häufig die Verleihpraxis angesprochen, die in vielen Fällen ungeplant und damit ungerecht abläuft. Hier wird das deutlich, was eingangs über die „Springer" gesagt wurde und was Folge hoher Abwesenheitsraten ist.

Insgesamt konnte bei allen diesen Gesprächen festgestellt werden, daß Mitarbeiter derartige oder ähnliche Gespräche in der Vergangenheit vergeblich gesucht haben. Den Interviewern ist übereinstimmend aufgefallen, daß der größte Teil der Gesprächsinhalte auch durch den betrieblichen Vorgesetzten hätten abgewickelt werden können. Bestimmte Gesprächsinhalte sind aber offensichtlich für die Mitarbeiter so wichtig oder problematisch, daß darüber mit einer unbeteiligten und neutralen Stelle ein Gespräch gesucht wird.

Die positive Grundstimmung, die diese Interviews bei den Mitarbeitern geschaffen hatten, führte gleich ab Einsetzen dieses Programmes zu einer Senkung der Abwesenheit in der Lackiererei im Vergleich zum gesamten Werk Rüsselsheim um 0,9 Prozent.

Das muß besonders vor dem Hintergrund der sowieso recht hoch liegenden Abwesenheiten im Bereich Lackiererei gesehen werden (vgl. Abbildung 6). Doch schon während der Durchführung dieses Programmes – im Sommer 1991 – wurde der verantwortlichen Arbeitsgruppe klar, daß sich dieser Effekt dann verstärken wird, wenn die Anregungen der Mitarbeiter aus den Gesprächen umgesetzt werden.

Falls keine Umsetzung dieser Ergebnisse erfolgt wäre, hätte man befürchtet, daß sich der erzielte Effekt sehr schnell verlieren würde und sich sogar ins Gegenteil umkehren könnte. Mitarbeiterbelange, die zwar ermittelt, dann aber nicht ernst genommen und umgesetzt werden, führen zu Demotivation und damit zu umfangreicheren Fehlzeiten.

Aus diesem Grund wurde schon ab August 1991 angefangen, die genannten Mißstände zu beseitigen, so daß erste Ergebnisse den Mitarbeitern schon Ende Oktober/Anfang November mitgeteilt werden konnten. Für die Thematisierung, die Weiterleitung an die verantwortlichen Fachbereiche und das Follow-up war die Arbeitsgruppe – bestehend aus Personalabteilung und Betriebsrat – direkt verantwortlich; nur so war die Lösung der genannten sachorientierten Probleme sicherzustellen.

Die Veränderungen der Abwesenheitsrate von 1991 bis 1992 zeigen, daß es der Arbeitsgruppe gelungen war, die aufgezeigten Probleme nachhaltig zu lösen, was auch positive Einflüsse auf die anderen Fertigungsbereiche des Werkes hatte. Diese Erkenntnis beweist das, was auch schon in vorangegangenen Abschnitten über das ,,Phänomen Abwesenheit" festgehalten wurde, nämlich daß ungeeignete Arbeitsbedingungen eine wesentliche Ursache für hohe Abwesenheitsraten darstellen.

Für die Lösung der Führungsprobleme wurde ein Schulungsprogramm entwickelt, das die Vorgesetzten in zwei Stufen im Umgang mit dem Abwesenheitsproblem schulen sollte. Zuerst wurden von Mitte September bis Anfang Oktober 34 Meister und Betriebsleiter in Fragen der Personalbetreuung und im Arbeitsrecht qualifiziert. Dabei standen besonders die rechtliche Situation bei Fehlzeiten und die jeweiligen möglichen Maßnahmen im Vordergrund. Insgesamt wurden vom Personalwesen des Werkes Rüsselsheim vier Veranstaltungen mit jeweils bis zu zehn Teilnehmern durchgeführt. In einem zweiten Schritt wurde dieselbe Zielgruppe von Anfang Februar bis Ende April 1992 in dreitägigen Seminaren in der Führung von Rückkehrgesprächen trainiert.

3.2.3. Das erste Anwesenheitsprogramm

Aus den Erfahrungen, die mit dem Programm ,,Verbesserung der Mitarbeiterbetreuung im Pilotbereich Lackiererei" (insbesondere durch die Schulungen) gesammelt wurden, wurde im Laufe des April 1992 dann das erste Anwesenheitsprogramm entwickelt, mit dem die Abwesenheit gezielt durch Gespräche mit den Betroffenen bekämpft werden sollte. Die Abbildung 23 zeigt die prinzipielle Funktionsweise dieses Instruments.

Das erste Anwesenheitsprogramm sieht grundsätzlich zwei Gesprächsstufen vor. Die erste betrifft das Rückkehrgespräch, das von den direkten Vorgesetzten sofort nachdem der Mitarbeiter seine Arbeit wieder aufgenommen hat zu führen ist. Für Lohnempfänger sind die Meister, für Gehaltsempfänger die Gruppenführer oder Gruppenleiter dafür verantwortlich, daß ein solches Gespräch stattfindet.

Inhaltlich soll eine positive Grundstimmung geschaffen werden, die es dem zurückkehrenden Mitarbeiter erleichtert, sich wieder in den Arbeitsprozeß zu integrieren. Deshalb wird in diesem Programm für diese Form des Gespräches

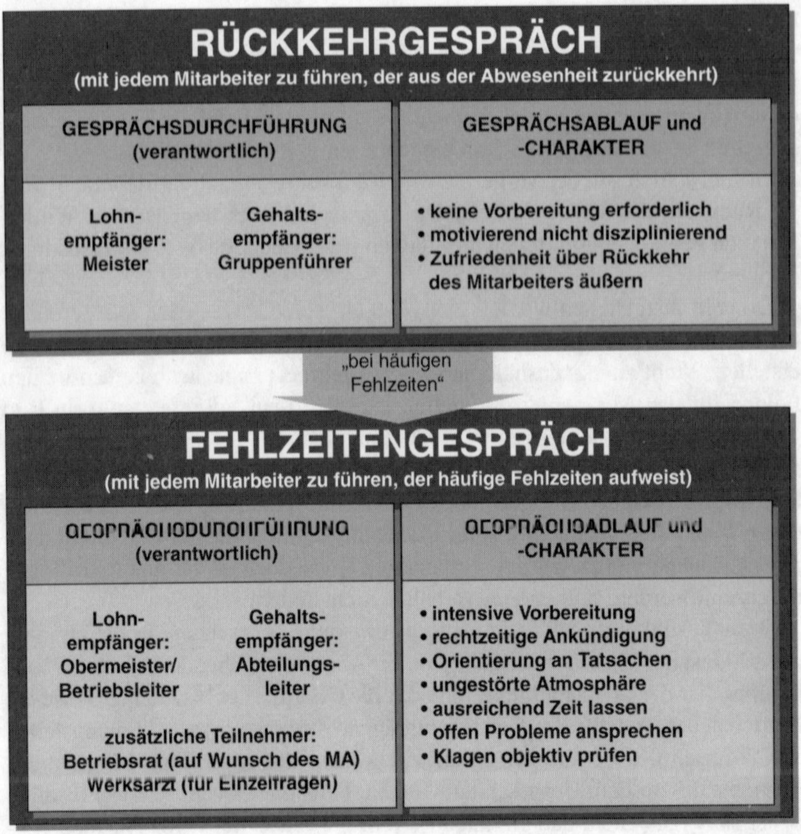

Abbildung 23: Struktur des ersten Anwesenheitsprogrammes des Werkes Rüsselsheim, 1992

keine spezielle Vorbereitung verlangt, sondern es kommt eher darauf an, den Betroffenen motivierend und damit auch ein wenig spontan wieder in das tägliche Geschäft einzubinden. Daher empfiehlt es sich auch, jegliche Disziplinierungsversuche zu unterlassen.

Auf der anderen Seite sollte der Vorgesetzte allerdings bestrebt sein, die tieferen Gründe für die Abwesenheit herauszufinden. Dazu ist die Offenheit und die Bereitschaft des Mitarbeiters zu ehrlichen Aussagen erforderlich; das kann nur durch eine vertrauensvolle Atmosphäre erreicht werden. Werden Rückkehrgespräche zu Verhören, so wird eher das Gegenteil erreicht: der Mitarbeiter wird in Zukunft noch häufiger abwesend sein und – aufgrund des Hebeleffekts – andere zu einem solchen Verhalten ebenfalls animieren. Auf diese Zusammenhänge wurde an anderer Stelle schon hingewiesen.

Grundsätzlich soll der Vorgesetzte im Rückkehrgespräch Zufriedenheit über die Rückkehr des Mitarbeiters an den Arbeitsplatz nach dem Motto: ,,Wir haben dich gebraucht und freuen uns, daß du jetzt wieder da bist“ zum Ausdruck bringen.

Obwohl festgehalten werden muß, daß ein solches Gespräch stattgefunden hat, so sind über den genauen Inhalt und den Verlauf keine Aufzeichnungen zu erstellen. Nicht zuletzt deshalb haben Rückkehrgespräche auch keine direkten Folgen für den Mitarbeiter. Sie helfen lediglich dem Vorgesetzten, sein Bild über das Verhalten des einzelnen gesamthaft abzurunden.

Fällt der Mitarbeiter häufig durch Fehlzeiten auf, so ist mit ihm, auf der zweiten Gesprächsstufe, das sogenannte Fehlzeitengespräch zu führen. Es hat einen deutlich anderen Charakter als das Rückkehrgespräch, da hier nun direkt nach Abwesenheitsgründen gefragt wird und die Konsequenzen für den Betroffenen aufgezeigt werden, falls er sein Verhalten nicht ändern sollte.

Deshalb sind nun auch nicht mehr die direkten Vorgesetzten für die Führung dieser Gespräche verantwortlich, sondern die entsprechende Führungsebene darüber. Für die Lohnempfänger sind das die Obermeister beziehungsweise die Betriebsleiter und für die Gehaltsempfänger die jeweiligen Abteilungsleiter. Auf Wunsch des betroffenen Mitarbeiters kann das zuständige Mitglied des Betriebsrates an dem Gespräch teilnehmen. Falls dieses verhindert sein sollte, so ist sicherzustellen, daß ein anderer Vertreter entsendet wird. Für medizinische Fachfragen kann auch der Werksarzt als Sachverständiger hinzugezogen werden.

Im Gegensatz zum Rückkehrgespräch ist das Fehlzeitengespräch vom jeweils verantwortlichen Vorgesetzten vorzubereiten. Das fängt schon mit der rechtzeitigen Ankündigung an, um alle Beteiligten so zusammenzurufen, daß für das Gespräch ausreichend Zeit bleibt. Daneben hat er sich in den Sachverhalt einzuarbeiten, so daß er sich im Gesprächsverlauf ausschließlich an Tatsachen orientieren kann.

Damit die Probleme, die das Unternehmen mit der häufigen Abwesenheit des betroffenen Mitarbeiters hat, auch in offener und sachlicher Form besprochen werden können, muß der Vorgesetzte möglichst umfangreich über die fragliche

Person informiert sein. Dabei spielen intensive Vorgespräche mit den jeweiligen direkten Vorgesetzten eine wesentliche Rolle, die auch entsprechende Eindrükke aus den davor geführten Rückkehrgesprächen vermitteln müssen. Nur so ist es dem Verantwortlichen für die Fehlzeitengespräche möglich, ein umfassendes Bild der jeweiligen Lage zu bekommen.

Für die Durchführung des Gespräches ist es dann erforderlich, allen Seiten (Mitarbeiter-, Betriebsrats- und Unternehmensseite) ausreichend Redezeit zur Verfügung zu stellen, um auch in der Bewertung der gesamten Situation ein umfassendes Bild zu bekommen. Der Vorgesetzte muß dabei auch in Betracht ziehen, Mißstände, die vom betroffenen Mitarbeiter als Fehlgrund genannt werden, objektiv zu prüfen. Für den Vorgesetzten ist es nämlich nicht einfach, aus einem solchen Gespräch, das aus seiner Sicht in erster Linie dazu dient, dem Mitarbeiter die momentan kritische Situation deutlich zu machen, für sich ebenfalls „Hausaufgaben" mitzunehmen.

Nach dem Fehlzeitengespräch faßt der Vorgesetzte die Gesprächsergebnisse in Abstimmung mit den anderen Teilnehmern zusammen. Schließlich ergeben sich aus diesen Fehlzeitengesprächen keine direkten Folgen, sondern sie helfen, Meldungen, die in Fällen häufiger Fehlzeiten oder unentschuldigter Abwesenheiten von den Vorgesetzten an die Personalabteilung erstattet werden, zu fundieren und damit besser zu begründen.

Das erste Anwesenheitsprogramm mit seinem Rückkehr- und Fehlzeitengespräch, das im Frühjahr 1992 entwickelt wurde, ist deshalb als ergänzendes Instrument zur Meldepflicht von auffälligem Abwesenheitsverhalten von Mitarbeitern zu sehen. Mit Unterstützung des Betriebsrates konnte dieses Programm ab Mitte 1992 offiziell im gesamten Werk Rüsselsheim eingeführt werden.

Mit Hilfe dieser Maßnahme konnte einerseits das gute Ergebnis gehalten werden, das durch die Lösung der Sachprobleme bei der Abwesenheit erreicht worden ist (Reduktion der Abwesenheit um 0,9 Prozent). Andererseits konnte, dem Trend der deutschen Automobilindustrie folgend, die Abwesenheit im Jahr 1993 um durchschnittlich weitere 1,5 bis zwei Prozent reduziert werden.

Insgesamt ist deshalb festzuhalten, daß das erste Anwesenheitsprogramm einen kurzfristigen Erfolg gebracht hat. Das lag zum einen daran, daß an der Entscheidung von 1983 festgehalten wurde, Gespräche als Mittel zur Reduktion der Abwesenheit einzusetzen. Auf der anderen Seite wurde dieses Instrument gegenüber der Ausgestaltung Anfang der achtziger Jahre erheblich detailliert, wodurch die Vorgesetzten bei der Führung der Gespräche erheblich besser unterstützt wurden.

3.3. Probleme mit den bisherigen Maßnahmen

Zwei Umstände trugen allerdings dazu bei, an der langfristigen Wirkungsweise des ersten Anwesenheitsprogrammes zu zweifeln. Einerseits lag auch 1994 die Abwesenheit des Werkes Rüsselsheim noch deutlich über dem Branchendurchschnitt. Dieser Trend, der ununterbrochen seit Mitte der achtziger Jahre anhielt, konnte auch durch dieses Instrument nicht wirkungsvoll durchbrochen werden.

Auf der anderen Seite stieg die Abwesenheit im Jahre 1994 deutlich an, was sich 1995 in besonders drastischer Weise fortsetzte. Obwohl auch andere Automobilhersteller einer ähnlichen Situation gegenüberstanden, war das Programm hier nicht in der Lage, eine nachhaltige Umkehr für die Adam Opel AG zu bewirken.

Die Abwesenheitssituation Anfang 1995 war der Unternehmensleitung klar: weit überdurchschnittliche Abwesenheitsraten mit stark steigender Tendenz. Damit wurde für jeden deutlich, daß das eingesetzte Instrument in Form des ersten Anwesenheitsprogrammes das erkannte Problem nicht lösen konnte. Daraufhin wurde nach Ursachen geforscht – wobei man recht bald fündig wurde. Die Abbildung 24 macht dies anhand einiger ausgewählter Bereiche deutlich.

Die Untersuchungsbereiche Lackiererei, Montage (mit seinen zwei Linien für Omega und Vectra) sowie Chassis umfassen 36 Meisterbereiche. Für das Jahr 1994 wurde diesen Bereichen ein Target für die Abwesenheitsrate von durchschnittlich sieben Prozent vorgegeben. Tatsächlich wiesen sie jedoch eine Rate von 8,5 Prozent aus.

Da gerade diese Bereiche im Vergleich zu den restlichen Werksbereichen eine relativ große Personalstärke aufweisen, wirken sich hohe Abwesenheitsraten hier überproportional auf den gesamten Werksdurchschnitt aus. Deshalb sind diese ausgewählten Werksteile besonders kritisch und die deutliche Abweichung von ca. 1,5 Prozent vom gesetzten Target ein klares Warnsignal.

Weiter wurde für diese Bereiche ermittelt, wie viele Gespräche von den jeweiligen Vorgesetzten hätten geführt werden müssen. Dem wurden die tatsächlich stattgefundenen Gespräche gegenübergestellt, was einem Anteil lediglich von 43 Prozent entsprach. Damit war nicht einmal die Hälfte aller notwendigen Gespräche geführt worden.

Als Grund wurde von den Verantwortlichen hauptsächlich mangelnde Zeit genannt. Einige meinten auch, daß sie die Gespräche informell führen würden.

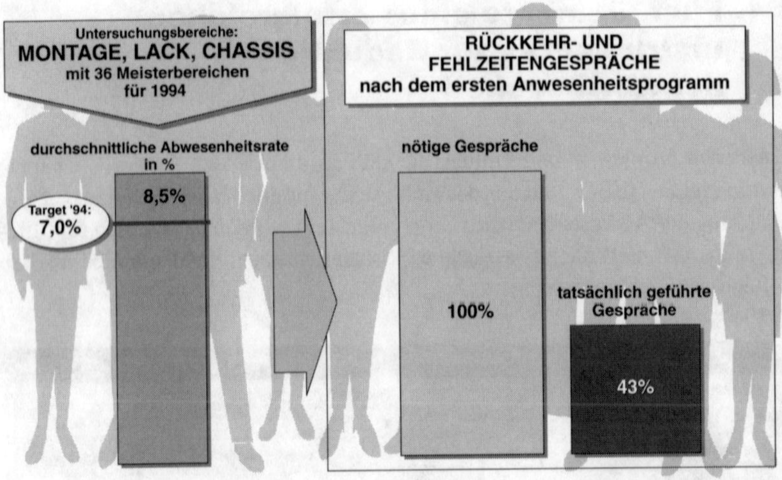

Abbildung 24: Anwendung des ersten Anwesenheitsprogrammes in ausgewählten Bereichen des Werkes Rüsselsheim

Trotz der Detaillierung bei den Hinweisen zur Gesprächsführung war immer noch ein relativ hoher Anteil der Vorgesetzten nicht hinreichend im Bilde über den Ablauf und die Inhalte solcher Gespräche, obwohl die meisten vom Sinn und der Wirksamkeit der Rückkehr- und Fehlzeitengespräche gegen Abwesenheit überzeugt waren.

Das Problem lag also nicht in der grundsätzlichen Entscheidung, daß Gespräche mit den Rückkehrenden geführt werden müssen, um die Abwesenheit nachhaltig zu senken, sondern es lag vielmehr in der Ausgestaltung dieses Instrumentes. Fragen wie die folgenden waren nach wie vor offen:

- Wer führt die Gespräche?
- Wie sehen diese detailliert aus?
- Wann finden diese statt?
- Wie werden sie dokumentiert?
- Wem wird wann davon berichtet?
- Welche Konsequenzen ergeben sich aus diesen Gesprächen für die Mitarbeiter?
- Wer kontrolliert die Umsetzung der Rückkehrgespräche?

3.4. Fünf Elemente eines erfolgreichen Instrumentes zur Reduktion der Abwesenheit

Aus den Problemen und Fragen, die sich aus dem ersten Anwesenheitsprogramm ergeben haben, und aus der Analyse der möglichen Maßnahmen zur Bekämpfung der Abwesenheit (die schon vorgestellt worden ist) wurden fünf Elemente identifiziert, die ein wirksames Instrument gegen Fehlzeiten beinhalten sollten (siehe Abbildung 25).

Abbildung 25: Fünf Elemente eines erfolgreichen Instruments gegen Abwesenheit

3.4.1. Ganzheitlicher Ansatz

Das erste Kapitel hat gezeigt, daß es notwendig ist, ganzheitlich gegen das „Phänomen Abwesenheit" vorzugehen: das bedeutet Ursachen- und Folgenbekämpfung (vgl. auch Abbildung 12).

Einerseits sind die genannten Gründe für die Fehlzeiten aus dem privaten und gesellschaftlichen Umfeld sowie dem Vorgesetztenverhalten und den Arbeitsbedingungen zu erfassen, und Maßnahmen dagegen sind zu ergreifen. Auf der anderen Seite müssen die Instrumente auch an den Abwesenheitsfolgen ansetzen. Das heißt also dann, wenn die Fehlzeiten entstanden sind, sind die jeweiligen Begründungen für das Fernbleiben vom Arbeitsplatz zu untersuchen. Die vorangegangenen Ausführungen haben beispielsweise gezeigt, daß sich mit Hilfe von Rückkehrgesprächen die Abwesenheitsraten ganzheitlich reduzieren lassen. Neben dem prinzipiellen Ansatz für den Umgang mit dem ,,Phänomen Abwesenheit" sind es gerade die folgenden fünf Elemente, die für den Erfolg des eingesetzten Instrumentariums wichtig sind.

3.4.2. Element 1: Transparenz

Zum einen ist dafür zu sorgen, daß das eingesetzte Instrument entsprechend transparent gestaltet ist. Dazu sind die Abwesenheitsdaten in geeigneter Weise aufzubereiten und den verantwortlichen Vorgesetzten ständig zur Verfügung zu stellen. In aggregierter Form sind die Daten über Fehlzeiten der einzelnen Bereiche auch allen Mitarbeitern zugänglich zu machen, denn das ,,Phänomen Abwesenheit", das sich hinter diesen Zahlen verbirgt, ist in erster Linie auch ein öffentliches Anliegen des ganzen Unternehmens.

Transparenz ist allerdings auch dann gefordert, wenn es darum geht, über den aktuellen Stand der duchgeführten Maßnahmen zu berichten. Entschließt man sich beispielsweise dazu, Rückkehrgespräche durchzuführen, so ist es in diesem Zusammenhang unumgänglich, permanent festzuhalten, wieviel Gespräche von wem durchgeführt worden sind. Dadurch wird ein effizientes Berichtswesen sichergestellt; weiter wird dadurch deutlich gemacht, daß den eingesetzten Maßnahmen ständig die nötige Aufmerksamkeit geschenkt wird.

3.4.3. Element 2: Standardisierung

Damit die ausgewählten Instrumente zur Senkung der Abwesenheit im gesamten Unternehmen auch einheitlich eingesetzt werden, sind klare Standards festzulegen. Das betrifft die eingesetzten Bestandteile der jeweiligen Maßnahmen. Für den Fall der Rückkehrgespräche bedeutet das, daß beispielsweise relativ genau definiert ist, worüber mit dem Mitarbeiter gesprochen wird. Dabei reichen allerdings allgemeine Hinweise nicht aus.

Eine klare Bestimmung der einzelnen Gesprächsinhalte und des -ablaufes stellt sicher, daß die Rückkehrgespräche im großen und ganzen in ähnlicher Form durchgeführt werden. Zwischenmenschliche Faktoren, die durch beide Gesprächsteilnehmer beeinflußt werden, lassen sich zwar nicht ausschalten, allerdings ist gesichert, daß die Gespräche dieselbe inhaltliche Basis haben.

In gleicher Weise ist auch deutlich festzulegen, wann welche der ausgewählten Instrumente zum Einsatz kommen. Auch hierbei sind Standards erforderlich, die genau sagen, welche Situation vorliegen muß, um eine bestimmte Maßnahme zu ergreifen. Für das Rückkehrgespräch wäre ein solcher Standard die Festlegung, daß grundsätzlich nach jeder Abwesenheit ein Gespräch zu führen ist.

Hat man sich dazu entschlossen, unterschiedliche Arten von Gesprächen für unterschiedliches Fehlzeitenverhalten anzuwenden, so ist vorzugeben, nach welchen Kriterien welches Gespräch zu führen ist. Solche Festlegungen können beispielsweise lauten: Wenn innerhalb einer Frist von sechs Monaten zum zweiten Mal gefehlt wurde, so ist nicht mehr wie sonst „Rückkehrgespräch I" zu führen, sondern „Rückkehrgespräch II", in dem massiver auf die Abwesenheitsproblematik hingewiesen wird.

Solche eindeutigen Regeln schaffen unter den Beteiligten klare Verhältnisse. Das schützt zum einen den betroffenen Mitarbeiter, er wird dadurch im gesamten Unternehmen gleich behandelt; zum anderen verschafft es auch dem Vorgesetzten eine sichere Position, da eindeutig von der Unternehmensleitung bestimmt wurde, wann welches Gespräch zu führen ist. Rückfragen oder Angriffe aus Unsicherheit und Unwissenheit werden auf diese Weise weitgehend ausgeschlossen. Standardisierung der eingesetzten Instrumente schafft eine einheitliche Basis für alle Beteiligten und erhöht dadurch die Akzeptanz im gesamten Unternehmen.

3.4.4. Element 3: Kontrolle

Das Wort Kontrolle hat immer einen „negativen Beigeschmack"; das gilt auch für den Umgang mit einem System, das die Abwesenheit reduzieren soll. Um allerdings eine lückenlose Implementierung im gesamten Unternehmen sicherzustellen, muß gewährleistet sein, daß die eingeleiteten Maßnahmen angemessen überprüft werden.

Für das angesprochene Beispiel der Rückkehrgespräche bedeutet dies, daß nicht nur im Rahmen der Datenschutzbestimmungen klar dokumentiert wird, welche Gespräche mit welchem Ergebnis wann durchgeführt worden sind. Es kommt nämlich außerdem darauf an, daß sofort und für jedermann erkennbar festgestellt werden kann, ob alle nötigen Gespräche geführt wurden. Dazu ist es erforderlich, die notwendigen Rückkehrgespräche den tatsächlich stattgefundenen in eindeutiger Weise gegenüberzustellen.

Natürlich vereinfacht das auch höhergestellten Vorgesetzten die Kontrolle (im wahrsten Sinne des Wortes) über die Durchführung der Maßnahmen zur Reduktion der Abwesenheit. Es lassen sich dadurch aber auch Schwachstellen erkennen, so daß verantwortliche Vorgesetzte auf Mißstände aufmerksam gemacht werden können, um diese wirksam abzustellen.

Ähnlich wie die Elemente Transparenz und Standardisierung zeigen klar festgelegte Kontrollprozesse auch allen Mitarbeitern, daß sich die Geschäftsleitung nicht nur einmalig und vorübergehend mit der Abwesenheitsproblematik auseinandergesetzt hat, sondern es geht das eindeutige Signal aus, daß permanent ein Auge auf das „Phänomen Abwesenheit" geworfen wird. Das schafft zusätzliches Vertrauen in die Ernsthaftigkeit, mit der diese Problematik angegangen wird.

Die unmittelbaren Vorgesetzten wissen durch diese klaren Kontrollabläufe, nach welchen Kriterien ihre Aktivitäten gemessen werden. Mißverständnisse und Ungerechtigkeiten lassen sich dadurch zu einem großen Teil vermeiden und ausschließen. Das trägt ebenfalls dazu bei, daß sich die Akzeptanz eines solchen Instrumentes nicht nur bei den Mitarbeitern, sondern auch bei den entsprechenden Vorgesetzten erhöht.

Dem oberen Management muß dabei allerdings klar sein, daß solche Kontrollen nur dann wirksam sind, wenn sie dauerhaft erfolgen. Deshalb ist die Geschäftsleitung auch aufgerufen, ständig solche Überprüfungen durchzuführen. Parallel dazu sind die angewendeten Maßnahmen fortwährend auf ihre Wirksamkeit hin zu testen; diese Art der Kontrolle sollte allerdings eher mittel- bis längerfristigen Charakter haben.

Dabei kommt es darauf an, festzustellen, ob die eingesetzten Instrumente so gestaltet sind, daß sie auch im gesamten Unternehmen realisiert werden können. Stellt es sich beispielsweise heraus, daß sich die durchgeführten Rückkehrgespräche nur unzureichend überprüfen lassen, so sind die jeweiligen Überwachungsabläufe zu untersuchen und entsprechend zu verbessern.

Schließlich sollte die Wirkungsweise des gesamten eingesetzten Instrumentariums laufend hinterfragt werden. Dazu ist es allerdings erforderlich, abzuwarten, bis sich diese erst einmal im Unternehmen etabliert haben. Erst wenn die Kinderkrankheiten und Anlaufprobleme der ergriffenen Maßnahmen behoben sind, kann der grundsätzliche Ansatz des Instrumentariums bewertet werden.

Hat man sich beispielsweise dazu entschlossen, krankheitsbedingte Abwesenheiten generell durch den Betriebsarzt überprüfen zu lassen, so setzt man bei den Abwesenheitsfolgen an: Der Mitarbeiter fehlt, weil er krank ist – nun muß geklärt werden, ob er wirklich krank ist.

Stellt sich bei Anwendung dieser Maßnahme heraus, daß sich die Abwesenheit nicht nachhaltig senkt, so muß man sich fragen, ob es vielleicht am grundsätzlichen Ansatz des Instruments „Überprüfung krankheitsbedingter Abwesenheit durch den Betriebsarzt“ liegt. Eine mögliche Lösung wäre, einen ganzheitlichen Ansatz zu wählen, der sowohl Abwesenheitsfolgen (Ist er wirklich krank?) als auch Abwesenheitsursachen (Warum ist er krank?) berücksichtigt. Die Wahl könnte dabei auf die Einführung der erwähnten Rückkehrgespräche fallen.

Das Beispiel zeigt, daß auch ein solches Hinterfragen eingesetzter Instrumente als eine Art „Meta“-Kontrolle nötig ist, um nicht mit stumpfen Waffen gegen das „Phänomen Abwesenheit“ zu kämpfen.

3.4.5. Element 4: Situationsanpassung

Ein weiterer Faktor ist die adäquate Anpassung der entwickelten Maßnahmen an die augenblickliche Abwesenheitssituation. Dabei geht es um die Frage, wann das jeweilige Instrument überhaupt eingesetzt werden soll. Je nach Abwesenheitsrate kann man sich beispielsweise dazu entschließen, eine andere Art von Maßnahmen zu ergreifen.

Stellt sich beispielsweise heraus, daß eine bestimmte Art von angegebenen Krankheiten als Grund für Fehlzeiten relativ häufig genannt wird, so kann man sich dazu entscheiden, zusätzlich eine Überprüfung durch den Betriebsarzt vornehmen zu lassen. Vertcilen sich die genannten Krankheiten relativ gleichmäßig, so kann es beispielsweise ausreichen, lediglich Rückkehrgespräche zu führen. Das zeigt, daß das Unternehmen mögliche Maßnahmen nicht nur situationsadäquat entwickelt, sondern auch entsprechend einsetzt.

Das trifft auch auf die Frage zu, wie das Instrument auf den jeweils vorliegenden Einzelfall angewendet wird. Auch hier ist eindeutig festzulegen, welche Ausnahmen ein System vorsehen muß, um der individuellen Situation des Mitarbeiters Rechnung zu tragen.

Ist beispielsweise ohne Einschränkung festgelegt, daß nach jeder Rückkehr aus Abwesenheit ein Rückkehrgespräch zu führen ist, so berücksichtigt diese Regelung zum Beispiel nicht, daß die abschließende Behandlung einer Krankheit oftmals nicht im Laufe einer einzigen Fehlzeit durchzuführen ist. Für diesen Fall sind Sonderregelungen zu treffen, die günstigerweise ausschließen, daß ein

Mitarbeiter, der wegen Folgebehandlungen mehrfach hintereinander fehlt, jedesmal ein Rückkehrgespräch führen muß.

Dieses Beispiel zeigt allerdings auch, daß solche Ausnahmen von Rückkehrgesprächen, zum Beispiel wegen Folgebehandlungen, klar definiert sein müssen. Nur mit Hilfe solcher Festlegungen können Mitarbeiter gerecht und angemessen von einem Instrument erfaßt werden. Deshalb ist es notwendig, daß auch diese Ausnahmen von der Regel eindeutig bestimmt, umschrieben und transparent gemacht sind. Nur wenn jeder die Konditionen von Anfang an kennt, ist Akzeptanz unter den Betroffenen sichergestellt und eine Umsetzung gewährleistet.

3.4.6. Element 5: Zielvereinbarung

Der letzte Aspekt ist eine eindeutige Zielvereinbarung mit den jeweiligen Vorgesetzten. Dazu ist für jeden Bereich klar festzulegen, welche Abwesenheitsraten erwartet werden. Pauschale Vorgaben reichen hier nicht aus, sondern es sind realistische und erreichbare Ziele gemeinsam mit den betroffenen Führungskräften zu vereinbaren. Auch das macht jedermann deutlich, daß das „Phänomen Abwesenheit" ernst genommen und ständig beobachtet wird. Ohne eindeutiges Ziel weiß auch keiner, weshalb überhaupt ein unter Umständen komplexes Instrument zur Senkung der Abwesenheit notwendig ist. Wenn keiner weiß, wohin es gehen soll, so kann er nicht einsehen, daß entsprechende Bemühungen und Anstrengungen erforderlich sind, um die gegenwärtige Situation zu verbessern. Das Resultat ist die häufige Einstellung: „Warum müssen wir etwas ändern, uns geht es doch gut."

Daneben muß für jeden auch klar sein, daß es sich dabei nicht um kollektive Ziele handelt. Hat man nämlich nur gemeinsam etwas zu erreichen und zählt bei den Abwesenheitsraten nur ein gemittelter Durchschnitt, so entsteht kollektive und damit geteilte Verantwortung für die Fehlzeiten; und geteilte Verantwortung ist höchstens nur halbe Verantwortung.

Kurz: Fehlen individuelle Ziele, so wird sich keiner unmittelbar zuständig fühlen und am Jahresende entsprechende Begründungen parat haben, weshalb durch das Fehlverhalten der anderen das gemeinsame Ziel nicht erreicht werden konnte. Deshalb sind auch bei den Abwesenheitsraten für möglichst kleine Bereiche die zu erreichenden Targets vorzugeben. Dadurch wird für jeden Vorgesetzten deutlich, ob er sein Abwesenheitsziel erreichen kann und welche Maßnahmen dazu erforderlich sind.

3.5. Erfolgsfaktoren für die Umsetzung von Maßnahmen zur Reduktion der Abwesenheit

Die vorgestellten fünf Elemente zeigen, wie ein Instrument gestaltet werden sollte, mit dem die Abwesenheit nachhaltig reduziert werden kann. Ist genau festgelegt, wie es aussehen soll, so kommt es in einem nächsten Schritt darauf an, es auch umzusetzen. Auch hier gibt es eine Reihe von Erfolgsfaktoren, die dabei zu beachten sind und die sich aus den Erläuterungen der vorangegangenen Abschnitte ergeben.

Erfolgsfaktoren für die Einführung von Maßnahmen zur Reduktion der Abwesenheit

- **permanente Kontrolle**
- **konsequente Durchführung**
- **Unterstützung durch beide Betriebspartner**
- **Integration der Führungskräfte**
- **klare Zielvereinbarung**
- **Einbindung anderer personalpolitischer Maßnahmen**
- **Kommunikation im gesamten Unternehmen**
- **transparente Basis der Abwesenheitsdaten**

Abbildung 26: Erfolgsfaktoren für die Umsetzung von Maßnahmen zur Reduktion der Abwesenheit

Sind die entsprechenden Kontrollprozesse in dem Instrument eingebaut, so ist es für die Einführung und langfristige Installierung im Unternehmen dringend erforderlich, daß sie auch angewendet werden. Deshalb gehört permanente Kontrolle der eingesetzten Maßnahmen zu einem der wesentlichen Erfolgsfaktoren für den Einsatz effektiver Instrumente zur Senkung der Abwesenheit.

Ebenso wichtig ist es, daß die entwickelten Instrumente wirklich eingesetzt werden. Es bringt wenig, entsprechende Maßnahmen zu gestalten und vielleicht auch vorzustellen, wenn es dann nur heißt, daß diese bei Bedarf zum Einsatz kommen können. In diesem Fall muß man so konsequent sein und sofort zur Implementierung schreiten. Anderenfalls bleiben alle Vorüberlegungen zur Bekämpfung der Abwesenheit gegenstandslos.

Zusätzlich verspielt man auf diese Art zukünftigen Kredit, weil bei der Planung kommender Aktivitäten gegen Fehlzeiten ebenfalls davon ausgegangen werden wird, daß sie in der Konzeption steckenbleiben werden. Das bringt diese Initiativen zur Strecke, noch bevor sie begonnen haben. Deshalb müssen Maßnahmen, die entwickelt worden sind, konsequent durchgeführt werden.

Dazu bedarf es aber der Unterstützung beider Betriebsparteien. Das bedeutet beispielsweise für die Unternehmensleitung eine frühzeitige Einbindung des Betriebsrates, am besten schon zum Zeitpunkt, wo es um die konzeptionelle Richtung geht. Sind die Arbeitnehmervertreter schon zu Anfang in die Gestaltung der jeweiligen Maßnahmen eingebunden, so erspart das im folgenden Abstimmungsaufwand und mögliche Korrekturschleifen, um Nachbesserungen einzubauen. Beiden Partnern muß im Laufe dieser Kooperation klar werden, daß sie nur gemeinsam gegen das „Phänomen Abwesenheit" vorgehen können.

Liegt das Instrument in groben Zügen vor, so sind auch die entsprechenden Führungskräfte beizuziehen, die für dessen Einsatz letztlich verantwortlich sind; dabei geht es ebenfalls um die Einbindung und Aufforderung zur Mitgestaltung. Das hilft nicht nur, Mißverständnisse schon im Vorfeld aufzuklären, sondern erhöht die Akzeptanz, indem die Meinung der Arbeitsebene berücksichtigt wird. Gerade wenn es, wie im Falle der Rückkehrgespräche, darum geht, Vorgaben für den Gesprächsablauf zu gestalten, ist die Erfahrung der direkten Vorgesetzten, die diese Gespräche hinterher führen müssen, äußerst wertvoll und deshalb gefragt.

Gemeinsam mit ihnen ist herauszuarbeiten, welcher Ton in welchen Situationen gefunden werden muß und welche Gesprächsinhalte welche Auswirkungen haben werden. Werden die Führungskräfte auf diese Weise in den Gestaltungsprozeß integriert, so wird aus „einer Maßnahme" gegen Abwesenheit „unsere Maßnahme" gegen Abwesenheit.

Das vereinfacht schließlich auch den Zielvereinbarungsprozeß. Die Vorgaben, die dem Unternehmensbereich gesamthaft gemacht werden, sind von der Unternehmensleitung auf die einzelnen Bereiche zu verteilen. Gemeinsam mit den verantwortlichen Führungskräften werden in diesem vorgegebenen Rahmen Ziele vereinbart, die jeweils erreichbar sein müssen.

In diesem Zusammenhang ist festzulegen, was passiert, wenn es nicht gelingen sollte, die angestrebten Abwesenheitsraten zu erreichen – das muß von Anfang an klar festgelegt sein, um mit den jeweiligen Verantwortlichen eindeutige Regelungen zu treffen.

Dieser Prozeß wird allerdings dann mißachtet, wenn es im nachhinein Änderungen gibt. Werden die Ziele durch eine Entscheidung beispielsweise im Laufe eines Jahres deutlich erhöht, so daß anstelle von sechs Prozent Abwesenheitsrate für Lohnempfänger nun fünf Prozent erbracht werden müssen, so besteht die Gefahr, daß sämtliche Zielsetzungen der Zukunft in Frage gestellt werden. Der Vorgesetzte ist dann nicht mehr in der Lage, den Maßnahmeneinsatz konsequent zu planen. Deshalb ist der Prozeß einer kooperativen Zielvereinbarung wesentlich für den Erfolg von Maßnahmen zur Reduktion der Abwesenheit.

Auch sind andere personalpolititsche Maßnahmen in die Instrumente zur Senkung der Fehlzeiten zu integrieren. Ist beispielsweise vorgesehen, das Vorgesetztenverhalten der Führungskräfte zu ändern, um das Abwesenheitsverhalten bei den eigenen Mitarbeitern zu verbessern, so sind solche Trainingsmaßnahmen in die gesamte Führungskräfteweiterbildung einzubinden.

Nur wenn diese Maßnahmen mit existierenden und etablierten personalpolitischen Aktivitäten verbunden werden, wird deutlich gezeigt, daß es sich bei der Bekämpfung der Abwesenheit nicht um isolierte Anstrengungen handelt. Das nimmt ihnen den Charakter der „Einmaligkeit" und hilft die Einstellung „Abwarten, das wird schon irgendwie vorübergehen" zu vermeiden. Denn: Abwesenheitsbekämpfung ist ein Kernstück der Personalpolitik.

Auf diese Art lassen sich die Maßnahmen gegen Abwesenheit im Unternehmen auch besser kommunizieren, was ein weiterer wesentlicher Erfolgsfaktor ist. Einfach und klar muß für alle Mitarbeiter dargestellt werden, warum Abwesenheit ein Problem ist und weshalb es bekämpft werden muß. Dabei ist zum einen zu zeigen, daß das entwickelte Instrument Abhilfe schaffen kann. Des weiteren ist die Funktionsweise vorzustellen, wobei ebenfalls auf die Ausnahmen einzugehen ist. Nur so ist gewährleistet, daß alle denselben Informationsstand haben und von Anfang an über die Spielregeln unterrichtet sind. Dabei sind besonders die Vorgesetzten im Umgang mit diesem Instrument im laufenden Tagesgeschäft zu schulen.

Hier macht sich die vorhin angesprochene frühzeitige Einbindung in den Gestaltungsprozeß bezahlt. Für die Rückkehrgespräche bietet es sich beispielsweise an, auf die Gesprächsinhalte näher einzugehen und die jeweiligen Abläufe und möglichen Situationen durchzuspielen.

Praxisorientierte Kommunikation und permanenter Dialog sollten gerade in der Anfangsphase bei der Einführung eines solchen Instrumentes im Vordergrund stehen. Wesentliches Element der Kommunikation ist auch die Transparenz der Abwesenheitsdaten. Entsprechend nach Bereichen aufbereitet, sind kollektive Abwesenheitsdaten Informationen, die jeden im Unternehmen angehen und nicht nur die Führungskräfte.

Deshalb bietet sich beispielsweise ein regelmäßiges Follow-up in der Betriebszeitung an. So signalisiert die Unternehmensleitung nach den Aktivitäten zur Einführung des Abwesenheitsinstrumentes permanente Dialogbereitschaft über das „Phänomen Abwesenheit".

3.6. Zusammenfassung des dritten Kapitels

Das erste Anwesenheitsprogramm, das im Werk Rüsselsheim im Jahre 1992 eingeführt worden ist und das eingangs in seinen Stärken und Schwächen schon vorgestellt wurde, hat die genannten fünf Elemente eines wirksamen Instruments zur Reduktion der Abwesenheit nur zu einem geringen Teil erfüllt (siehe Abbildung 27 auf der folgenden Seite).

Daraus wird deutlich, daß das hauptsächliche Manko bei der Gestaltung der Rückkehrgespräche im Werk Rüsselsheim bisher darin lag, daß die Gespräche zu wenig standardisiert waren und zu wenig kontrolliert wurden.

Lediglich mit Hilfe grober Vorgaben für die Gesprächsführung lassen sich nicht vergleichbare Situationen schaffen. Auch war von vornherein nicht klar, wann genau die Fehlzeitengespräche nun letztlich zu führen sind. Hier waren keine Standards vorgegeben, was ungleiche Behandlungen einerseits und Unsicherheit der Vorgesetzten bei der Gesprächsführung andererseits zur Folge hatte.

Das Top-Management hatte es auch vernachlässigt, genau zu prüfen, ob die Gespräche auch wirklich durchgeführt wurden oder nicht. Ein wesentlicher Grund für diesen Mißstand war sicherlich die Unzulänglichkeit des gesamten Instruments, das es nicht ermöglichte, entsprechende wirksame Kontrollpunkte vorzugeben. Das hängt auch eng mit der fehlenden Transparenz zusammen. Wird nicht eindeutig dokumentiert, welche Gespräche erfolgt sind, so kann nicht nachvollzogen werden, daß diese stattgefunden haben. Wird den geführten Gesprächen nicht die Zahl jener gegenübergestellt, die stattfinden hätten müssen, so läßt sich keine wirksame Kontrolle durchführen.

Abbildung 27: Erfüllung der fünf Elemente für ein wirksames Instrument gegen Abwesenheit durch das erste Anwesenheitsprogramm im Werk Rüsselsheim

Schließlich waren die Vorgesetzten durch die unpräzisen Vorgaben verunsichert und teilweise überfordert, wenn es darum ging, mit einzelnen Sondersituationen klarzukommen. Im ersten Anwesenheitsprogramm wurde es nämlich weitestgehend unterlassen, klare Ausnahmen von den Rückkehr- bzw. Fehlzeitengesprächen festzulegen. Eine situationsadäquate Anpassung war deshalb nur unter erschwerten Bedingungen möglich, was gerade bei den Verantwortlichen zu Unsicherheiten führte.

Das Ergebnis war, daß die Gespräche immer seltener durchgeführt wurden. Fast keine Kontrollen, unklare Gesprächsvorgaben und mangelnde Dokumentation haben dazu beigetragen, daß das erste Anwesenheitsprogramm nur kurzfristig zu einem Rückgang der Abwesenheit beigetragen hat. Ab 1994 verzeichneten die Abwesenheitsraten daher einen deutlichen Anstieg, der sich bis Anfang 1995 dramatisch verstärkte.

Aufgrund der Mängel bei diesem Programm hat sich die Geschäftsleitung und der Betriebsrat deshalb im Frühjahr 1995 entschlossen, ein neues Instrument zu entwickeln. Es trägt den Namen Anwesenheitsverbesserungsprozeß (AVP) und soll im folgenden vorgestellt werden.

4. Kapitel:

Der Anwesenheitsverbesserungsprozeß (AVP)

4.1. AVP: Motivieren statt disziplinieren*

4.1.1. Ausgangssituation

In den Jahren 1991 bis 1994 schwankte die durchschnittliche Abwesenheitsrate am Standort Rüsselsheim der Adam Opel AG zwischen acht und zwölf Prozent. Dies bedeutete, daß bei Lohnempfängern, und dort wiederum in einzelnen Schwerpunktbereichen, der Prozentsatz noch höher lag. Die Adam Opel AG bewegte sich damit über dem Durchschnitt der Branche.

In den letzten Jahren gab es einige Anstrengungen des Managements, mit dem Betriebsrat Regelungen und Maßnahmen zur Senkung der Abwesenheit zu vereinbaren. Den Versuch der Geschäftsleitung, die Zahlung des Weihnachtsgeldes an das individuelle Anwesenheitsverhalten zu knüpfen, konnten wir immer erfolgreich abwehren. Alternativ dazu schlossen der Gesamtbetriebsrat und die Geschäftsleitung 1982 eine Betriebsvereinbarung mit dem Ziel ab, „die Ursachen der Abwesenheitsrate zu erkennen und die Abwesenheitsrate zu senken".

In der Vereinbarung von 1982 heißt es weiters: „In allen Abteilungen werden Gespräche mit Mitarbeitern nach Rückkehr von Abwesenheit durch die betrieblichen Vorgesetzten geführt. Diese Gespräche werden in fairer, sachlicher und offener Weise stattfinden, mit dem Ziel, motivierend und nicht disziplinierend zu wirken. Diese Gespräche sollen sich auch darauf beziehen, ob der Mitarbeiter richtig, das heißt seinem augenblicklichen Gesundheitszustand und seinen Fähigkeiten entsprechend eingesetzt ist."

Diese auszugsweise zitierte Vereinbarung war damals nach dem Verständnis des Betriebsrats – angesichts der Tatsachen, daß Abwesenheitsraten immer Tabuthemen waren, denen sich keiner so recht stellen wollte – ein sehr weitgehendes Zugeständnis. In Zeiten einer wachstumsorientierten Absatzpolitik und von Zuwächsen war Abwesenheit auch nie ein dominierendes Thema zwischen Geschäftsleitung und Betriebsrat. So blieb auch diese Vereinbarung ohne nachhaltigem Ergebnis. Die Betrachtung der internen Kostenstruktur war gegenüber Themen wie Sonderschichten, Kurzarbeit, Einstellungen oder Personalabbau eine untergeordnete Fragestellung.

---

* Von Klaus Franz, stellvertretender Gesamtbetriebsratsvorsitzender und Mitglied des Aufsichtsrates der Adam Opel AG; er war für den Betriebsrat in der gemeinsamen Arbeitsgruppe für die Entwicklung des AVPs verantwortlich.

Durch die Internationalisierung der Adam Opel AG und Kostenvergleichen rückte gerade in der Krise 1993/94 diese interne Kostenstruktur ins Zentrum der Betrachtung. Die zentrale Frage des Betriebsrates war und ist es: Wie kann die Arbeitnehmerseite durch aktive Gestaltungspolitik im Unternehmen zur Sicherung und zum Erhalt von Arbeitsplätzen beitragen und die Geschäftsleitung zwingen, sich ernsthaft mit den Vorschlägen der Interessenvertretung auseinanderzusetzen?

Diese Form von Co-Management des Betriebsrats führte zu kontroversen Positionen innerhalb der einzelnen Betriebsräte. In dieser Zeit waren Betriebsratsgremien in anderen Unternehmen gezwungen, zum Beispiel Arbeitszeitverkürzungen ohne vollen Lohnausgleich, Lohnkürzungen, Streichungen von Weihnachtsgratifikationen usw. zu vereinbaren. Wir beantworteten diese Absichten des Managements mit der Betriebsvereinbarung 210 „Standortsicherung" und sicherten damit 3400 Arbeitsplätze AG-weit ab, die von der Fremdvergabe bedroht waren.

Diese Vereinbarung, mit einer Laufzeit bis 1997, hat drei wesentliche Schwerpunkte:

1. Bei Tariferhöhungen über zwei Prozent werden von dem überschießenden Betrag nur zwei Drittel weitergegeben.
2. Eine einmalige Kostenreduzierung von 75 Millionen DM AG-weit.
3. Erreichen einer Abwesenheitsrate von sieben Prozent für 1994, 6,5 Prozent für 1995 und sechs Prozent für 1996. Dafür bis 1997 ein ungekürztes 13. Monatsgehalt als Weihnachtsgeld.

Im Zuge der Diskussion über Abwesenheit war der Grundkonsens aller Betriebsräte, daß keine Arbeitnehmervertretung ein Interesse an hohen Abwesenheitsraten haben kann. Denn entweder liegen Probleme bei den Arbeitsbedingungen und der Arbeitsplatzumgebung oder bei der Motivation der Beschäftigten vor. In beiden Situationen sahen wir uns als Betriebsrat gefordert, gestaltend mit einzugreifen. In Zahlen ausgedrückt bedeutete zum damaligen Zeitpunkt die Verbesserung der Anwesenheit um einen Prozentpunkt eine Einsparung von 28 Millionen DM.

In der Betriebsvereinbarung 210 „Standortsicherung" heißt es an dieser Stelle:

„Maßnahmen zur Verbesserung der Anwesenheit:

1. Geschäftsleitung und Betriebsrat haben das gemeinsame Ziel, hohe krankheitsbedingte Abwesenheitsraten in Zukunft zu vermeiden.

Beide Parteien sind sich bewußt, daß sie bei der Reduzierung der Abwesenheit eine entscheidende Rolle spielen. Geschäftsleitung und Gesamtbetriebsrat wollen dabei eine Atmosphäre aufbauen, die die Bedeutung einer reduzierten Abwesenheit für die Zukunft des Unternehmens unterstreicht. [...] Dabei gehen die Betriebsparteien davon aus, daß bis spätestens zum Jahre 1996 der europäische Standard erreicht werden soll (sechs Prozent).

2. Um die Erreichung dieses Ziels sicherzustellen, wird mit sofortiger Wirkung eine gemeinsame Arbeitsgruppe auf Standortebene eingesetzt, die bis zum 31. 1. 1994 konkrete Maßnahmen vorschlagen wird. Als Basis soll hierbei insbesondere von folgenden – zum Teil bereits praktizierten – Maßnahmen ausgegangen werden:

- Umsetzung vorhandener Programme,
- regelmäßige Durchführung von Arbeitsplatzbegehungen zur Sicherstellung des attestgerechten Arbeitseinsatzes von Mitarbeiter/innen mit Arbeitseinschränkungen,
- weitere Verbesserung der Arbeitsplätze im Hinblick auf ergonomische Gestaltung, Lärm, Schadstoffeinwirkung usw.,
- konsequente Beachtung der Betriebsvereinbarung Nr. 164 (Hilfestellung bei Suchterkrankungen),
- verbindliche Vereinheitlichung der Datenerhebung zur kontrollierbaren Abwesenheit, mit dem Ziel der Verbesserung der Vergleichbarkeit auf europäischer Ebene,
- Möglichkeiten der visuellen Darstellung von krankheitsbedingter Abwesenheit.“

Die gemeinsame Arbeitsgruppe, bestehend aus Personalabteilung, repräsentativen Produktions-, Verwaltungs- und Entwicklungsbereichen, Schwerbehindertenvertretung, Betriebsrat und Arbeitsmedizin, nahm umgehend ihre Arbeit auf. Ein erster Schritt war die Vereinheitlichung des Berichtswesens innerhalb des Standortes Rüsselsheim. Dann formulierten wir in Verbindung mit der Betriebskrankenkasse der Adam Opel AG eine Informationsbroschüre für Vorgesetzte und betroffene Langzeiterkrankte, um ihnen ihre Möglichkeiten aufzuzeigen und den Vorgesetzten eine Hilfestellung zu geben, diese Menschen im Alltag nicht aus dem Blickfeld zu verlieren. Viel Zeit und kontroverse Diskussionen brauchte es, bis wir einen Konsens in der Visualisierung der Abwesenheitsrate erreicht hatten.

Das Ergebnis: Krankheitsbedingte Abwesenheitsraten dürfen anonym pro Abteilung, diese darf nicht kleiner als fünf Personen sein, auf Monatsbasis und im Vergleich mit der jeweils nächstgrößeren Verrechnungseinheit gezeigt werden.

Ein weiterer Schwerpunkt der Arbeitsgruppe war die Analyse des anonymen Gesundheitsberichts, den wir von der Betriebskrankenkasse erstellen ließen. Das Ergebnis war, daß es in einigen Abteilungen höhere Morbiditätsraten gab als in anderen, die Unterschiede in der Summe der Diagnosen jedoch nicht unmittelbar im Zusammenhang mit der allgemeinen Abwesenheit in anderen Abteilungen stand.

Durch intensive Befragungen und Analyse der Abteilungen mit niedrigen Abwesenheitsraten stellten wir fest, daß ein unmittelbarer Zusammenhang von Abwesenheit und Motivation, Mitarbeiterbeteiligung und Vorgesetztenverhalten besteht.

4.1.2. Die Entwicklung des Anwesenheitsverbesserungsprozesses (AVP)

In dieser Diskussion über die Motivation der Beschäftigten stellten wir eine weiter Besonderheit fest: den direkten Zusammenhang zwischen geführten Rückkehrgesprächen, zufriedenerer Belegschaft und besserer Anwesenheit. Drei wesentliche Faktoren sind auch nach Auffassung des Betriebsrats entscheidend für geringe Abwesenheitsraten:

1. Kommunikation als zentrale Führungsaufgabe auf allen Ebenen des Unternehmens.
2. Hilfestellung der Vorgesetzten gegenüber der Belegschaft.
3. Motivieren statt disziplinieren.

Der Betriebsrat legte besonderen Wert darauf, daß die „Ärmsten der Armen" besonders auch in diesem Prozeß geschützt sein müssen. Deshalb wurde vereinbart, daß kein Gespräch der nächsthöheren Stufe geführt werden muß, wenn der/die Betroffene nach einer Fehlzeit aus folgenden Gründen zurückkehrt:

- genehmigte Kur,
- Krankheit während der Schwangerschaft,
- Krankheit nach einem Arbeitsunfall,
- abgebrochener Arbeitsversuch noch vor Ablauf der Arbeitsunfähigkeit,
- Nach- und Folgebehandlungen von attestierten Krankheiten,
- ein Tag Krankheit im Zeitraum von mehr als neun Monaten seit dem ersten Gespräch.

Zum anderen wird mit Hilfe von AVP gezielt ein konstruktiver Zusammenhang von Arbeitsplatzumgebung und Arbeitsplatzgestaltung hergestellt. Im Verlauf dieser Gespräche wird der Mitarbeiter/die Mitarbeiterin explizit gefragt und aufgefordert, für die Beseitigung von Mängeln an seinem Arbeitsplatz, die für die Fehlzeiten mitverantwortlich sein können, Problemkommunikationsberichte (PKB) auszufüllen. Diese müssen nach einer Frist von vier Wochen bearbeitet und den verantwortlichen Bereichen zur weiteren Veranlassung zugeleitet worden sein. Auch dafür gibt es klar geregelte und für jeden nachvollziehbare Abläufe. Schließlich erhält der Mitarbeiter, der diesen Vorgang ausgelöst hat, entsprechende Rückmeldungen, bis das Problem als adäquat gelöst gilt.

Der in diesem Buch an anderer Stelle inhaltlich beschriebene Prozeß ist also nichts anderes, als das, was in jedem Betrieb völlig normal sein sollte: offen und ehrlich mit dem Mitarbeiter Fragen des Arbeitsplatzes oder seiner persönlichen Situation zu bereden.

AVP zeichnet sich dadurch aus, daß zuerst der Motivationsaspekt im Vordergrund des gesamten Prozesses steht und damit ein hohes Maß an sozialer Kompetenz von dem Vorgesetzten gefordert ist. Dieses Verfahren ist nur dann erfolgreich, wenn beide Gesprächsteilnehmer eng und offen zusammenarbeiten; die Gespräche sind keine Verhöre, sondern Dialoge.

Mit entsprechenden Instrumenten ist es gelungen, AVP transparent und damit für alle erklärbar zu machen. Klare Regelungen von Ausnahmen und eine einheitliche Verfolgung der durchgeführten Gespräche im gesamten Werk Rüsselsheim helfen, Ungerechtigkeiten zu vermeiden und Gleichbehandlung sicherzustellen. Gerade bei so vielen unterschiedlichen Mitarbeitergruppen und Nationalitäten kann Diskriminierung nur durch Transparenz vermieden werden.

4.1.3. Ausblick

AVP als „Forum für Kommunikation“ muß sich entwickeln, indem überkommene Vorgesetztenstrukturen einer offenen, demokratischen Unternehmenskultur weichen. Das ist keine geradlinige, abgeschlossene Entwicklung und fordert von allen Beteiligten ein hohes Maß an Prozeßverantwortung und der Möglichkeit der Veränderung.

So begreifen Lohnempfängerinnen und Lohnempfänger AVP in der Regel als demokratische Vorgehensweise im Gegensatz zu den Willkürmaßnahmen der Vorgesetzten in der Vergangenheit. Angestellte haben manchmal kein Verständnis für AVP, da sie der Auffassung sind, daß bei einer durchschnittlichen krankheitsbedingten Abwesenheitsrate von zwei bis drei Prozent das alles keine Frage ist. Trotz vereinzelter Kritik tritt der Betriebsrat vor allem für die Gleichbehandlung aller Mitarbeitergruppen ein.

Wir als Betriebsräte stellen fest, daß bei Abweichungen und/oder Entgleisungen von Vorgesetzten die Interessenvertretung sofort und verbindlich einschreiten muß. Es darf nicht sein, daß ein paar „Hardliner" einen im Grunde richtigen und notwendigen Prozeß diskreditieren. Wir stellen weiter fest, daß die „durch Fehlzeiten begründeten Kündigungsabsichten" der Personalabteilung mit AVP um 50 Prozent reduziert wurden. Wenn diese formalisierten Gespräche und deren Aufzeichnung, die in einer Atmosphäre der Offenheit und Motivation geführt werden, zur Selbstverständlichkeit geworden sind, dann wird AVP irgendwann auch nicht mehr notwendig sein. Denn dann herrscht ein Klima und eine Unternehmenskultur, in der nicht übereinander, sondern miteinander geredet wird.

4.2. Bestandsaufnahme 1995

Als Geschäftsleitung und Betriebsrat Ende 1994 die Abwesenheitssituation analysierten, stellten sie fest, daß sich die Abwesenheiten im Vergleich zum Vorjahreszeitraum erheblich erhöht hatten. Das wird besonders deutlich, wenn man diese Situation in detaillierter Form beispielsweise bei den Lohnempfängern betrachtet (siehe Abbildung 28 auf der folgenden Seite).

Auf Monatsbasis wird klar, daß sich ab Frühjahr 1994 die Abwesenheitsraten deutlich über denen des Vorjahres bewegt haben. Diese Differenz hat zum Jahresende noch erheblich zugenommen, so daß der Jahresdurchschnitt für 1994 1,5 Prozent über dem von 1993 liegt. Weil sich diese Entwicklung über den gesamten jahreszeitlichen Vergleich erstreckt, sind saisonale Gründe als Erklärung für diesen signifikanten Unterschied ausgeschlossen. Auch branchenstrukturelle Faktoren können nicht angeführt werden, da sich der Branchendurchschnitt in diesem Zeitraum nicht merklich verändert hat.

Gerade der Anstieg der Abwesenheitsraten im September, Oktober und November machte die Adam Opel AG stutzig. Diese Monate gelten – wie schon im ersten Kapitel gezeigt wurde – als besonders kritisch für den Anfall von Fehlzeiten. Auch 1993 war eine solche Zunahme beobachtet worden, die sich jedoch erheblich schwächer ausgeprägt hatte als im darauffolgenden Jahr. Der Rück-

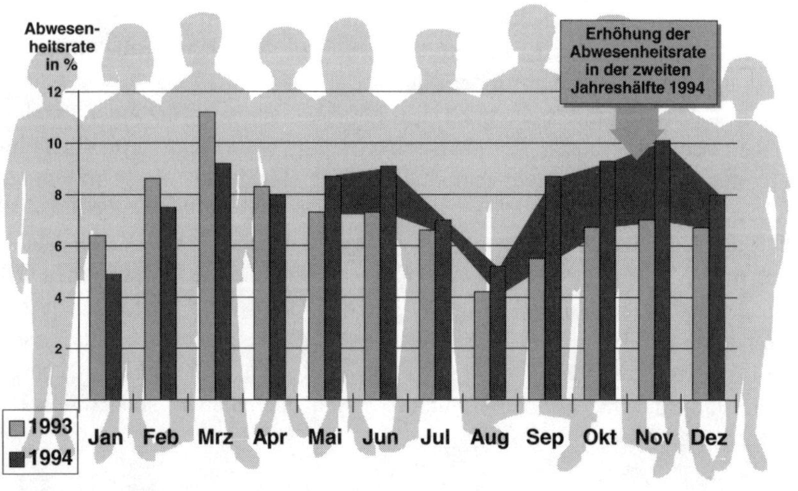

Abbildung 28: Vergleich der Krankheitsraten der Lohnempfänger im Werk Rüsselsheim 1993/94

gang im Dezember 1994 wurde als ähnliche technische Reaktion gesehen, wie sie auch im Vorjahreszeitraum erfolgt war.

Diese Entwicklung legte die Vermutung nahe, daß grundsätzliche Änderungen im Mitarbeiterverhalten stattgefunden haben müssen, was den Umgang mit Fehlzeiten betrifft. Aus diesem Grund wurde zu einer solchen generellen Analyse der Abwesenheitssituation eine bereichsspezifische Auswertung für das gesamte Werk erstellt, um auch dort die Gegenüberstellungen zum Vorjahreszeitraum vornehmen zu können. Das Ergebnis zeigt die Abbildung 29.

Diese Analyse wurde Anfang 1995 aufgrund der vorliegenden aktuellsten Daten durchgeführt. Zu diesem Zweck wurden die Abwesenheitsraten der Lohnempfänger von Januar 1994 mit denen von Januar 1995 in den einzelnen Bereichen des Werkes Rüsselsheim verglichen. Schon im ersten Kapitel wurde diese Darstellung verwendet, dort allerdings ohne den Vergleich zum Vorjahr. Gerade dieser zeigt die eindeutige Tendenz zu drastisch gestiegenen Fehlzeiten für das Jahr 1995. Zum Teil haben sich die angefallenen Fehlzeiten um bis zu 200 Prozent erhöht, was auch in einem Fall sogar eine zweistellige Abwesenheitsrate zur Folge hatte.

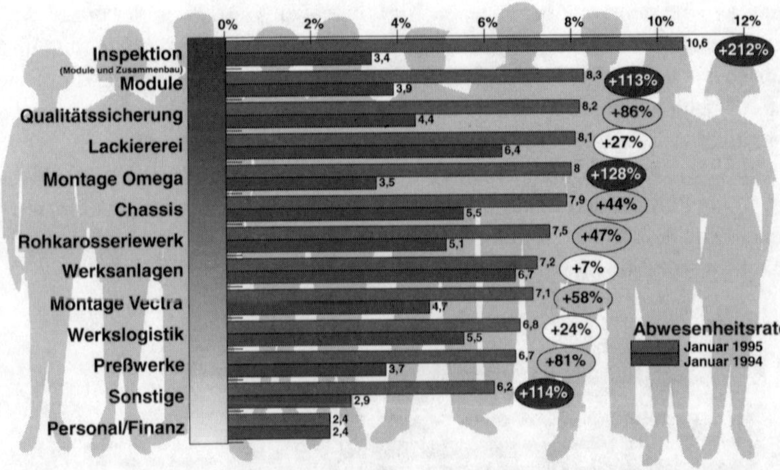

Abbildung 29: Vergleich der bereichsspezifischen Abwesenheitsraten der Lohnempfänger im Werk Rüsselsheim 1994/95

Nicht zuletzt diese Darstellung hat den Verantwortlichen gezeigt, daß nicht nur grundlegende Änderungen im Mitarbeiterverhalten notwendig waren, sondern daß auch dem gesamten Thema Abwesenheit deutlich mehr Bedeutung geschenkt werden mußte. Der sprichwörtliche „Leidensdruck“ war vorhanden, weil sich das erste Anwesenheitsprogramm, das 1992 entwickelt worden war, als offensichtlich wenig wirkungsvoll erwiesen hatte. Trotz Gesprächsleitfäden der Personalabteilung für Vorgesetzte für den Umgang mit Fehlzeiten, Arbeitsfelduntersuchungen im Rahmen des Pilotprojektes Lackiererei und den daran angeschlossenen Verbesserungen des Arbeitsumfeldes war das Ansteigen der Abwesenheit anscheinend nicht aufzuhalten.

Die Schwachstellen, die sich bei den bisher eingesetzten Maßnahmen herausgestellt hatten, wogen so stark, daß sich die Anfangserfolge des ersten Anwesenheitsprogrammes nicht halten ließen: Es fehlte die ganzheitliche Konzeption, die Aktivitäten wurden nur bedingt einheitlich und durchgängig in den Bereichen umgesetzt und das „Phänomen Abwesenheit“ war vor Ort nicht so bewußt, wie das die Geschäftsleitung und der Betriebsrat erwartet hatten.

Aus diesen Gründen entschloß man sich Anfang 1995, ein neues Konzept zu entwickeln, mit dem sich Abwesenheit effektiver senken ließe. Wesentlich war auch, wie bei den vorangegangenen Aktivitäten zur Gestaltung des ersten Anwesenheitsprogrammes, daß eine enge Kooperation von Geschäftsleitung und Betriebsrat stattfinden würde. Gerade die Bereitschaft und Offenheit beim Dialog auf beiden Seiten haben es dann ermöglicht, daß konstruktiv bei einem so emotional schwierigen Thema zusammengearbeitet werden konnte.

Grundsätzlich hatte man sich entschieden – im Gegensatz zu 1992 –, nicht mit einem Pilotbereich zu beginnen, sondern gleich das gesamte Werk einzubeziehen. Die Abbildung 30 gibt die Überlegungen wieder, die diesbezüglich angestellt worden sind.

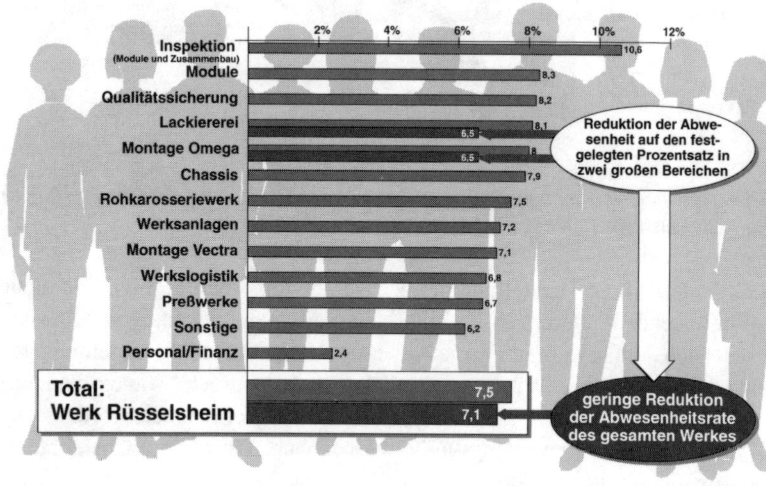

Abbildung 30: Veränderung der Abwesenheitsrate des Werkes, falls nur in einigen Bereichen Maßnahmen gesetzt werden

Würde man sich, ähnlich wie 1992, ein oder zwei recht personalintensive Pilotbereiche – wie zum Beispiel die Lackiererei und die Montagelinie des Omega – heraussuchen und es wirklich schaffen, dort die Abwesenheit auf einen vorgegebenen Wert von 6,5 Prozent zu senken, so hätte das immer noch eine recht geringe Auswirkung auf den gesamten Werksdurchschnitt: dieser würde sich nicht einmal um ein halbes Prozent reduzieren.

Deshalb ist es notwendig, bei der Gestaltung des neuen Konzeptes das gesamte Werk im Auge zu behalten. Nur eine Reduktion der Abwesenheit bei allen

Mitarbeitern kann zu signifikanten Ergebnissen führen und ein deutliches Signal setzen. Dieses Grundprinzip hat im folgenden die Entwicklung, Ausgestaltung und Implementierung des AVP wesentlich geprägt und seinen Erfolg mitbestimmt.

Generell gab es für die Konzeption des neuen Prozesses zur Reduktion der Abwesenheit zwei Möglichkeiten. Zum einen hätte man einen externen Berater beauftragen können, ein solches Programm zu entwickeln. Die Einbindung von Expertenwissen und die Objektivität des Externen sind Gründe, die für ein solches Vorgehen gesprochen hätten. Allerdings hätte der Berater gerade bei einem solchen brisanten Thema wie der Abwesenheit Akzeptanzprobleme, nicht nur bei den Führungskräften, sondern auch beim Betriebsrat und den direkt betroffenen Mitarbeitern. Auch würde sein temporärer Einsatz nicht die Implementierung des gesamten Systems garantieren. Extern entwickelte Konzepte könnten nicht durch interne Fachleute umgesetzt werden.

Auf der anderen Seite können die Probleme mit eigenen Ressourcen gelöst werden, indem interne Experten aus der Personalabteilung und den Fachbereichen eine Arbeitsgruppe bilden. Betriebsblindheit und fehlender Zugang zu externem Know-how stehen höherer Akzeptanz, längerfristiger Zielkontrolle und engerer Integration in die gesamten Unternehmensabläufe gegenüber.

Solche Entscheidungen für oder gegen die eine oder andere Lösung können nur für den Einzelfall getroffen werden. Dabei sind auch Mischformen denkbar. Der AVP wurde deshalb in einer kleinen Gruppe überwiegend interner Experten entwickelt. Maßgeblich ist das AVP-Konzept durch die Autoren dieses Buches geprägt worden. So konnten innerhalb kurzer Zeit konkrete Lösungsvorschläge präsentiert werden. Das sicherte eine zügige Implementierung und frühzeitige Resultate, wie die nachfolgenden Ausführungen zeigen werden.

4.3. Drei AVP-Prinzipien

Der Anwesenheitsverbesserungsprozeß ist ein ganzheitlicher, sich selbst regelnder Prozeß, in den die Mitarbeiter und ihre Vorgesetzten eingebunden sind, um die Abwesenheit in ihrem Bereich zu reduzieren. Im Mittelpunkt steht dabei das Rückkehrgespräch, das anhand von drei Prinzipien zu einem Regelkreis gestaltet worden ist:

- STANDARDISIERUNG: Auslegungsfähige Anweisungen sind eindeutig und unmißverständlich formuliert und sichern eine gewisse Vergleichbarkeit der Gespräche.
- DOKUMENTATION: Die Gesprächsnachweise werden mit einheitlichen Formularen und Frageinhalten schriftlich festgehalten.
- VISUALISIERUNG: Die geführten Gespräche und die Abwesenheitsraten werden für alle Beteiligten permanent auf dem neuesten Stand sichtbar gemacht.

Die Abbildung 31 zeigt nach dieser groben Umschreibung die drei AVP-Prinzipien in detaillierter Form.

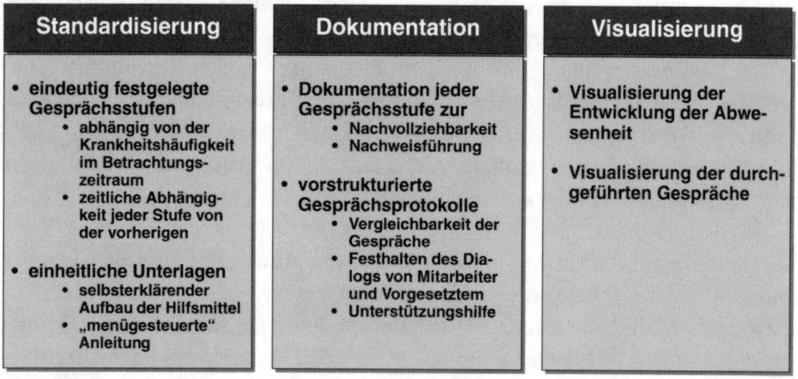

Abbildung 31: Die drei AVP-Prinzipien

Die Standardisierung legt eindeutig die Stufen fest, nach welchen die Rückkehrgespräche zu führen sind. Abhängig von der Krankheitshäufigkeit im Betrachtungszeitraum und damit auch vom zeitlichen Abstand zur vorangegangenen Abwesenheit werden unterschiedliche Formen von Gesprächen geführt. Dabei werden vier Stufen unterschieden, auf die im folgenden noch näher eingegangen wird. Die genaue Definition der Fristen, die zwischen den einzelnen Gesprächen und Abwesenheiten verstrichen sein müssen, gehört zu den wesentlichen Erfolgsfaktoren von AVP.

Ein weiterer Aspekt sind die einheitlichen Unterlagen, der selbsterklärende Aufbau der Hilfsmittel und die menügesteuerte Anleitung. Dies ermöglicht es, mit gezielter und kurzer Einweisung recht genaue Vorgaben vermittelt zu bekommen, die konkret helfen, effektive Rückkehrgespräche zu führen. Das sichert die Behandlungsgerechtigkeit für die Betroffenen auch über die Bereichsgrenzen hinweg und erleichtert die Einarbeitung von neuen Vorgesetzten bzw. Stellvertretern.

Das zweite Prinzip heißt Dokumentation, worunter zum einen der eindeutige und nachvollziehbare Nachweis über die geführten Gespräche zu verstehen ist. Es ist dadurch klar zu überprüfen, welche Gespräche stattgefunden haben. Zum anderen sichern die vorstrukturierten Gesprächsprotokolle eine Vergleichbarkeit der geführten Gespräche. Auch kann dadurch der sonst informelle und schlecht rekapitulierbare Dialog zwischen Mitarbeiter und Vorgesetztem im Rahmen der Datenschutzbestimmungen festgehalten werden.

Gerade bei kritischen Gesprächen ist dies ein entscheidender Punkt. Und schließlich geben die vorstrukturierten und vorgegebenen Fragen dem ungeübten und unsicheren Vorgesetzten eine eindeutige Hilfe, auch unangenehme Gespräche führen zu können. Im Gegensatz zum ersten Anwesenheitsprogramm wird dies von den direkt betroffenen Führungskräften als wesentliche Verbesserung angesehen, die durch AVP im Tagesgeschäft erreicht worden ist.

Schließlich stellt die Visualisierung sicher, daß nicht nur die Entwicklungen der Abwesenheit für jedermann transparent werden, sondern daß auch die Zahl der durchgeführten Gespräche sofort ersichtlich ist. Mit geeigneten Hilfsmitteln läßt sich auf diese Weise eine permanente Kontrolle des ablaufenden Gesamtprozesses erreichen. Im folgenden soll auf die einzelnen Prinzipien näher eingegangen und die jeweiligen Instrumente und Hilfsmittel im Detail vorgestellt werden.

4.3.1. Prinzip 1: Standardisierung

AVP baut auf dem Grundsatz auf, daß der direkte Vorgesetzte mit jedem Mitarbeiter, der aus einer Fehlzeit wieder an seinen Arbeitsplatz zurückgekehrt ist, ein Gespräch führt. Diese sogenannten Rückkehrgespräche setzen ganzheitlich an Ursachen und Folgen der vom Mitarbeiter verursachten Abwesenheit an. Deshalb ist diese Maßnahme gegen Abwesenheit besonders effizient, wie in den vorangegangenen Kapiteln schon festgehalten worden ist.

Je nachdem, wie häufig der Mitarbeiter abwesend gewesen ist, muß sich auch der Charakter des Gespräches ändern. Der entsprechende Vorgesetzte, der diese Rückkehrgespräche führen muß, kann nicht mit einem Mitarbeiter, der beispielsweise ständig wegen Nichtigkeiten fehlt, ein Gespräch führen, in dem nicht auch eindeutig die Konsequenzen weiteren Fehlens aufgezeigt werden. Deshalb sieht AVP eine stufenweise Gesprächsführung vor.

Die Abbildung 32 zeigt, welche vier Stufen, abhängig von der Häufigkeit des Fehlens, unterschieden werden.

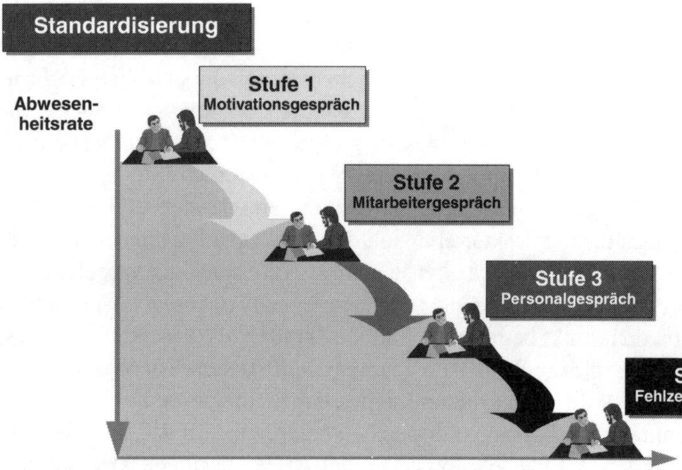

Abbildung 32: Die vier Gesprächsstufen des AVP

Mit Hilfe dieser vier Stufen soll die Abwesenheit im Zeitablauf gesenkt werden. Das Aufeinanderfolgen der vier Gesprächsstufen bildet das Herzstück des AVP und wurde so zum Symbol für das gesamte Programm. Es wird deutlich, daß sich die Abwesenheit nur Schritt für Schritt durch Rückkehrgespräche senken läßt. So reichen beispielsweise Motivationsgespräche teilweise nicht aus, die Abwesenheit nachhaltig zu senken. Für diese Einzelfälle bedarf es einer Abfolge von unterschiedlichen Gesprächsarten, um nach der „Salamitaktik" die Fehlzeiten reduzieren zu können. In der Abbildung 33 werden deshalb zuerst die grundsätzlichen Inhalte der einzelnen Gesprächsstufen vorgestellt.

Jede Gesprächsstufe wurde mit einem Symbol versehen, um die Gesprächsinhalte graphisch darzustellen, und für jede Stufe wurde eine Farbe ausgewählt, um die jeweilige Symbolik zu unterstützen.

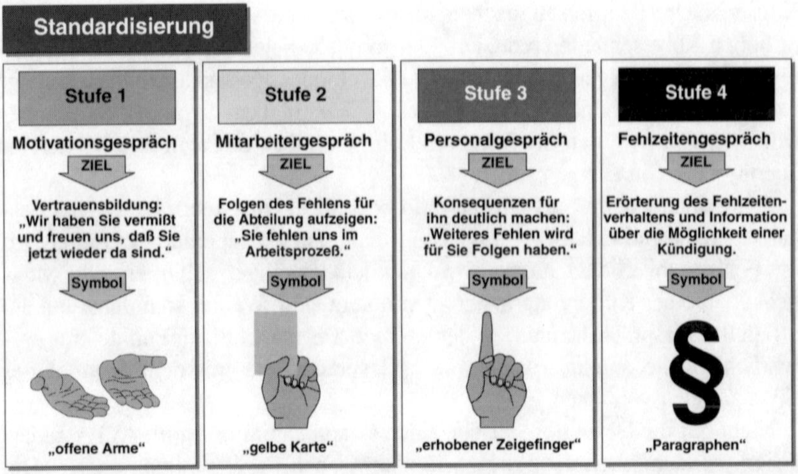

Abbildung 33: Grundsätzliche Inhalte der vier AVP-Gesprächsstufen

So zeigen etwa die „offenen Arme" des Motivationsgespräches, daß es das Ziel dieser ersten Gesprächsstufe ist, den Mitarbeiter wieder im Unternehmen willkommen zu heißen. Er soll vom Vorgesetzten mit „offenen Armen" empfangen werden. Man muß ihm deutlich machen: „Wir haben Sie vermißt und freuen uns, daß Sie jetzt wieder da sind." Das bedeutet keinerlei Sanktionen, Androhungen oder sonstiges. Ein detaillierter Gesprächsablauf und das notwendige Protokoll wird dazu im folgenden vorgestellt. Die Farbe dieser Gesprächsstufe ist analog der Ampel im Straßenverkehr grün, was zeigt, daß es noch keinerlei Grund zur Beunruhigung oder zum „Anhalten" gibt.

Bei häufigerer Abwesenheit findet das sogenannte Mitarbeitergespräch statt. Es wird durch die „gelbe Karte" symbolisiert, was in Anlehnung an den Fußball eine deutliche Verwarnung ausdrücken soll. Dem Zurückkehrenden muß klar gemacht werden: „Sie fehlen uns im Arbeitsprozeß." Aus diesem Grund sind die Folgen des Fehlens für die jeweilige Gruppe und für die gesamte Abteilung aufzuzeigen. Dem Mitarbeiter muß deutlich werden, daß ihm der Vorgesetzte die „gelbe Karte" gezeigt hat. Auch farblich wurde hier Gelb gewählt, womit wiederum eine Analogie zum Straßenverkehr besteht.

Das Personalgespräch trägt die Farbe Rot, was dem Mitarbeiter das deutliche Signal gibt, unverzüglich sein Fehlzeitenverhalten zu ändern. Deshalb sind die

Konsequenzen deutlich zu machen, die ihn erwarten werden, wenn er nicht seine hohen Abwesenheiten reduziert. Die grundsätzliche Aussage lautet: „Weiteres Fehlen wird für Sie Folgen haben." Diese eindeutige und letzte Verwarnung, bevor offizielle Maßnahmen eingeleitet werden, trägt das Symbol des „erhobenen Zeigefingers", den der Vorgesetzte im Gespräch mit dem Betroffenen im übertragenen Sinn zeigen sollte.

Schließlich existiert als Ultima ratio noch das Fehlzeitengespräch, das deshalb auch die Farbe Schwarz trägt. Es ist in der Personalabteilung zu führen, wo das Fehlzeitenverhalten erörtert wird und dem jeweiligen Mitarbeiter die Möglichkeiten einer Kündigung näher zu erläutern sind. Weil es sich dabei um ein offizielles Gespräch handelt, in dem gerade arbeitsrechtliche Punkte eine wesentliche Rolle spielen, wurde diese Gesprächsstufe mit dem Symbol des „Paragraphen" versehen.

Nicht nur die Definition der einzelnen Gesprächsstufen ist im AVP standardisiert, sondern auch die Fristen, die dazwischen liegen sollten, sind es. Die Faustformel lautet dafür: neun Monate. Die Abbildung 34 zeigt die Abfolge der vier AVP-Gesprächsstufen.

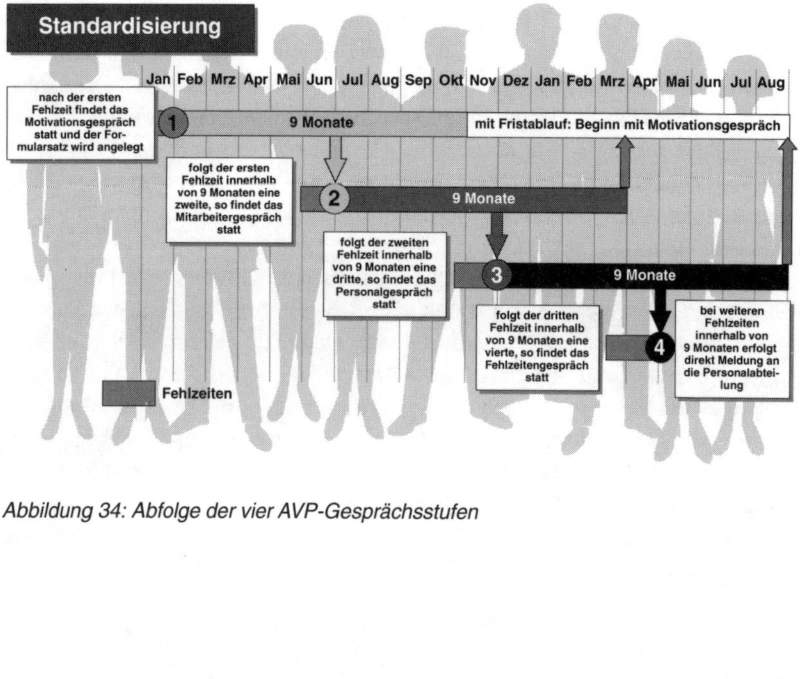

Abbildung 34: Abfolge der vier AVP-Gesprächsstufen

Nach der ersten Fehlzeit findet das Motivationsgespräch statt. Zu diesem Zweck wird der Formularsatz angelegt, mit dem die einzelnen Gespräche dokumentiert werden und der nachfolgend noch vorgestellt wird. Daraufhin beginnt eine Frist von neun Monaten zu laufen. Finden in diesem Zeitraum keine Fehlzeiten mehr statt, so ist nach der Rückkehr aus der nächsten Fehlzeit wieder ein Motivationsgespräch zu führen.

Hintergrund ist die Einschätzung von Geschäftsleitung und Betriebsrat, nach neun Monaten einen erneuten Versuch zu unternehmen, den fehlenden Mitarbeiter mit „offenen Armen" wieder im Unternehmen zu empfangen. Findet eine weitere Fehlzeit allerdings innerhalb dieser neunmonatigen Frist statt, so ist ein Mitarbeitergespräch zu führen. Entsprechend den vorangegangenen Ausführungen verschärft sich die Gesprächsatmosphäre etwas. Das macht dem Mitarbeiter zum einen die Ernsthaftigkeit deutlich, mit der das Unternehmen gegen Abwesenheit vorgeht. Zum anderen bewahrt es den Vorgesetzten davor, in den Augen der Mitarbeiter lächerlich gemacht zu werden, wenn er immer nur motivieren müßte, ohne auch in Fällen häufigerer Fehlzeiten Konsequenzen aufzeigen zu dürfen.

Mit der Führung des Mitarbeitergespräches beginnt eine neue Frist von neun Monaten zu laufen, innerhalb der sich der Mitarbeiter keinen weiteren Fall von Abwesenheit leisten darf, ohne daß ein Gespräch der nächsthöheren Ebene geführt wird: das Personalgespräch. Verstreicht vom Zeitpunkt des Mitarbeitergespräches an allerdings die Zeit von neun Monaten, so beginnt der AVP für diesen Mitarbeiter wieder von vorn, und nach der nächsten Fehlzeit findet ein Motivationsgespräch statt, wie die Abbildung 34 zeigt.

Genau wie bei dem Mitarbeitergespräch beginnt auch mit dem Personalgespräch eine Frist von neun Monaten zu laufen, in der sich der Mitarbeiter keine weitere Abwesenheit erlauben kann, ohne daß ein Fehlzeitengespräch in der Personalabteilung notwendig wird. Auch hier gilt der Grundsatz, daß mit dem Fristablauf wieder im Rahmen des AVP von vorne begonnen wird, also mit dem Motivationsgespräch.

Diese klaren Festlegungen standardisierter Fristen, die zwischen den einzelnen Gesprächen liegen müssen, sind einer der wesentlichen Unterschiede zum ersten Anwesenheitsprogramm (siehe Abbildung 35 auf der nächsten Seite).

Obwohl das System von 1992 eine gewisse Abstufung in der Gesprächsführung vorsah, wie es in der Abbildung symbolisiert ist, fehlt ihm die Konsequenz und die stringente Abfolge der unterschiedlichen Stufen. Auslegungsfähige Gesprächsführungen, individuelle Handhabung durch Vorgesetzte und keine Einbindung der Gespräche in einheitliche Abläufe sind die Schwächen des ersten Anwesenheitsprogrammes.

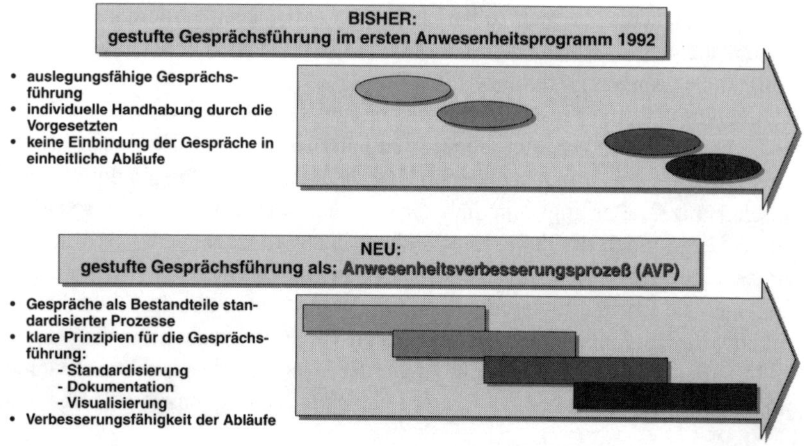

Abbildung 35: Vergleich der Gesprächsabläufe des AVP mit dem ersten Anwesenheitsprogramm (I)

Mit Hilfe der drei Grundprinzipien – Standardisierung, Dokumentation und Visualisierung – wird im AVP das Rückkehrgespräch zu einem Bestandteil eines klaren, selbststeuernden Prozesses. Dieser zeichnet sich durch Transparenz und besonders durch die Möglichkeit der Selbstoptimierung aus, wodurch er zu einem lernenden Teilsystem wird.

Beim ersten Anwesenheitsprogramm fehlte nicht nur die eindeutige Bestimmung der Fristen für die Gesprächsabfolge, sondern auch die klare Struktur der einzelnen Gesprächsstufen an sich. Das zeigt die Abbildung 36.

Da das erste Anwesenheitsprogramm in erster Linie Rückkehr- und Fehlzeitengespräche vorsieht, bilden diese beiden Gesprächsformen die grundsätzliche Basis für die stufenweise Gesprächsführung dieses Instrumentes. Personal- und Fehlzeitengespräche können geführt werden; allerdings finden diese hauptsächlich gemeinsam mit der Personalabteilung statt, ohne dem einzelnen Vorgesetzten deutlich zu machen, wer welche Rolle dabei übernimmt. Gerade bei Stufe 3 und 4 verschwimmen die Konturen, da die Verantwortlichkeiten im Gegensatz zum AVP nicht eindeutig geregelt sind.

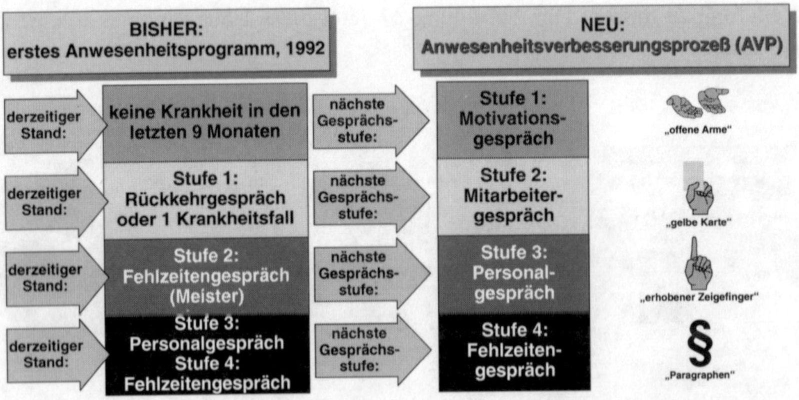

Abbildung 36: Vergleich der Gesprächsstufen des AVP mit dem ersten Anwesenheitsprogramm (II)

Das hat es auch bei der Implementierung von AVP erschwert, den Transfer vom alten Anwesenheitsprogramm zum neuen Instrument durchzuführen. Diejenigen, die nach dem ursprünglichen Programm keine Fehlzeiten in den letzten neun Monaten aufgewiesen hatten, stiegen auf der untersten AVP-Stufe mit dem Motivationsgespräch ein. Wer schon ein Rückkehrgespräch geführt oder in der letzten Zeit einen Krankheitsfall aufzuweisen hatte, findet sich als nächstes in der Stufe 2 des AVP wieder, dem Mitarbeitergespräch.

Wer mit dem Meister schon ein Fehlzeitengespräch im Verlauf der letzten neun Monate geführt hat, wird nach erneutem Fehlen mit seinem Vorgesetzten ein Personalgespräch führen. Und wer im gleichen Zeitraum ein Personal- oder ein Fehlzeitengespräch nach dem ursprünglichen Anwesenheitsprogramm über sich hat ergehen lassen, findet sich auf der höchsten Gesprächsstufe wieder, dem Fehlzeitengespräch nach dem AVP. Mit Hilfe dieser klaren Regelung beim Transfer von einem in das andere Programm wird nicht nur die Implementierung des AVP erleichtert (worauf im folgenden noch näher eingegangen wird), sondern es wird auch deutlich, welche Unklarheiten das bisherige Programm verursacht hat.

Die Frist von neun Monaten, innerhalb der eine weitere Fehlzeit zu einem Gespräch der nächsthöheren Ordnung führt, wurde bewußt ausgewählt. Eine Reihe von Betrachtungen und Analysen sind vorausgegangen, die gezeigt haben, daß es notwendig ist, eine solche klare – wenn auch „starre" –

Regelung zu treffen. Die Abbildung 37 zeigt diese Überlegungen an einem Beispiel.

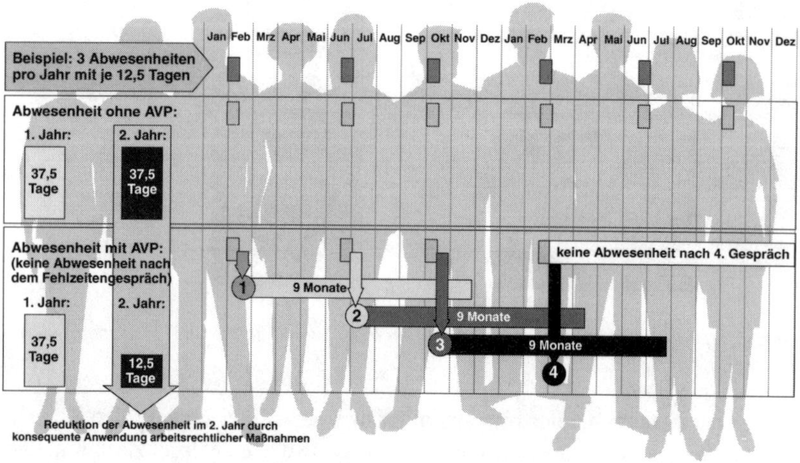

Abbildung 37: Vergleich von Abwesenheitsverhalten mit und ohne AVP (I)

Ausgegangen wird von einem Fall, in dem bei einem Mitarbeiter drei Abwesenheitszeiträume von je 12,5 Tagen innerhalb eines Jahres anfallen: ein verlängerter Winterurlaub Anfang Februar, ein vorgezogener Sommerurlaub Ende Juni und eine „Weinlese" im Oktober. Dabei wird unterstellt, daß es sich in diesem Fall um einen Simulanten handelt, den man mit einem Programm davon zu überzeugen versucht, sein Abwesenheitsverhalten zu ändern.

Ohne den Einsatz entsprechender Maßnahmen addiert sich die Abwesenheit auf insgesamt 37,5 Tage im Jahr (brutto). Das ist auch dann der Fall, wenn man zwar ein Anwesenheitsprogramm eingesetzt hat, dieses aber nicht entsprechende Anwendung findet. Diese Situation ist beispielsweise durch das Vorgängerinstrument des AVP entstanden, was sich besonders zu Anfang des Jahres 1995 gezeigt hat.

Setzt man nun den AVP ein, so würde mit dem Mitarbeiter nach seinem „Winterurlaub" ein Motivationsgespräch geführt werden. Da die „Sommerpause" noch innerhalb der Neun-Monats-Frist liegt, wird daraufhin ein Mitarbeitergespräch stattfinden. Mit derselben Begründung wird auch nach der „Weinlese" das Personalgespräch fällig. Sollte der Mitarbeiter bis dahin sein Verhalten nicht geändert haben, so wird er nach einem weiteren verlängerten „Winterurlaub" zum Fehlzeitengespräch in die Personalabteilung zitiert, wo ihn nach den vorliegenden Fakten klar die Konsequenzen aufgezeigt werden. Daraufhin bleibt ihm für diesen Modellfall nur die Möglichkeit, keine weitere Abwesenheit anfallen zu lassen.

AVP braucht – so zeigt diese Berechnung – eine Anlaufzeit von ca. einem Jahr für den extremen Fall, daß aus einem sonst wenig fehlenden Mitarbeiter ein notorisch Fehlender wird. Ist diese „Inkubationszeit" verstrichen, so fängt AVP mit konkreten, offiziellen und auch juristischen Maßnahmen zu greifen an: die Abwesenheit würde sich in dem vorgestellten Beispielfall von 37,5 auf 12,5 Tage senken.

Natürlich gäbe es in diesem Fall die rechnerische Möglichkeit, die Frist von neun Monaten nach dem Personalgespräch abzuwarten, um das Fehlzeitengespräch zu vermeiden; denn ein solches Gespräch führt automatisch zur Registrierung, und danach folgen keine weiteren Neun-Monats-Fristen mehr. Aber auch mit der taktischen Ausnutzung der neun Monate nach dem Personalgespräch würde sich die Abwesenheit deutlich senken.

So ist kein weiterer „Sommerurlaub" möglich, und erst im Herbst könnte man wieder über ein erneutes Fehlen nachdenken. Spielt man diesen Fall weiter durch, so könnte dem einzelnen theoretisch nichts passieren, wenn er nur darauf achtet, die Fehlzeitengespräche zu umgehen. Allerdings wird dabei verkannt, daß man mit einem solchen Verhalten die Aufmerksamkeit des Vorgesetzten auf sich zieht. Auch diese Art von Auffälligkeiten können erfaßt und angesprochen werden. Mit Hilfe der Visualisierung und Dokumentation, auf die im folgenden noch eingegangen wird, werden diejenigen, die sich auf solche taktische Art und Weise verhalten, für den Vorgesetzten deutlich aus der Anonymität herausgeholt. Deshalb empfiehlt sich ein klar berechnendes Verhalten im Rahmen des AVP nur sehr begrenzt.

In einem weiteren Beispiel soll die vorangegangenen Annahmen etwas variiert werden, um die Wirksamkeit des AVP auch unter anderen Bedingungen zu erläutern (siehe Abbildung 38).

In Anlehnung an den vorangegangenen Fall (Abbildung 37) wird hier von einem ähnlichen Verhalten ausgegangen, allerdings mit erheblich kürzeren Abwesenheitsperioden. Anstelle von gleichmäßigen 12,5 Tagen folgen Fehlzeiten von zweimal fünf und einmal zehn Tagen. AVP wirkt hier in gleicher Weise, wie das auch im vorangegangenen Beispiel vorgestellt worden ist.

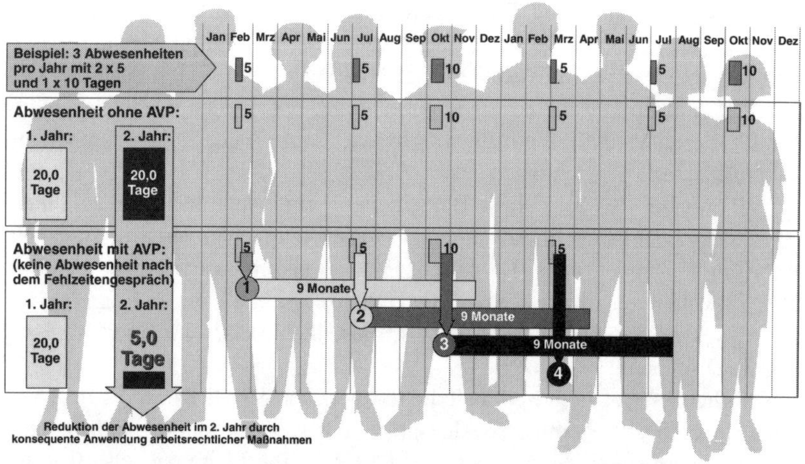

Abbildung 38: Vergleich von Abwesenheitsverhalten mit und ohne AVP (II)

Im Gegensatz dazu zeigt allerdings die Abbildung 38, daß AVP hier die Abwesenheit von 20 Tagen im ersten Jahr um 75 Prozent auf fünf Tage im zweiten Jahr senkt. Davor wurde lediglich eine Reduktion um ca. 66 Prozent von 37,5 auf 12,5 Tage erreicht. Das liegt daran, daß AVP unabhängig von der Länge der Abwesenheitszeiten in gleicher Form wirkt. Je kürzer diese Zeiten sind, desto höher wird auch die prozentuale Wirksamkeit des Instrumentes ausfallen.

Bewußt relativiert AVP hier nicht, sondern hält sich strikt an den Prozeßablauf. Gerade das erste Anwesenheitsprogramm hat hier einen Fehler begangen, indem nur bei „auffälligen Fehlzeiten" ein Fehlzeitengespräch zu führen war. Das führte nicht selten dazu, daß bei der Bewertung der Auffälligkeit auch die Abwesenheitszeiten selbst als Beurteilungskriterium hinzugezogen wurde. Das schaffte nicht nur Ungerechtigkeiten, sondern stellte auch den gesamten Prozeß in Frage.

4.3.2. Prinzip 2: Dokumentation

Jedes der durchgeführten Gespräche ist im Rahmen des AVP einheitlich zu dokumentieren. Das ermöglicht die Nachvollziehbarkeit der stattgefundenen Kommunikation und sichert weiter die Festlegung der Gesprächsinhalte, auf die sich beide Parteien geeinigt haben. Auf die Vorteile, die sich aus der Vergleichbarkeit und der Unterstützungshilfe für den Vorgesetzten bei der Gesprächsdurchführung ergeben, wurde eingangs schon hingewiesen. Die Abbildung 39 zeigt in schematischer Form den Formularsatz, mit dem die Gespräche im AVP dokumentiert werden.

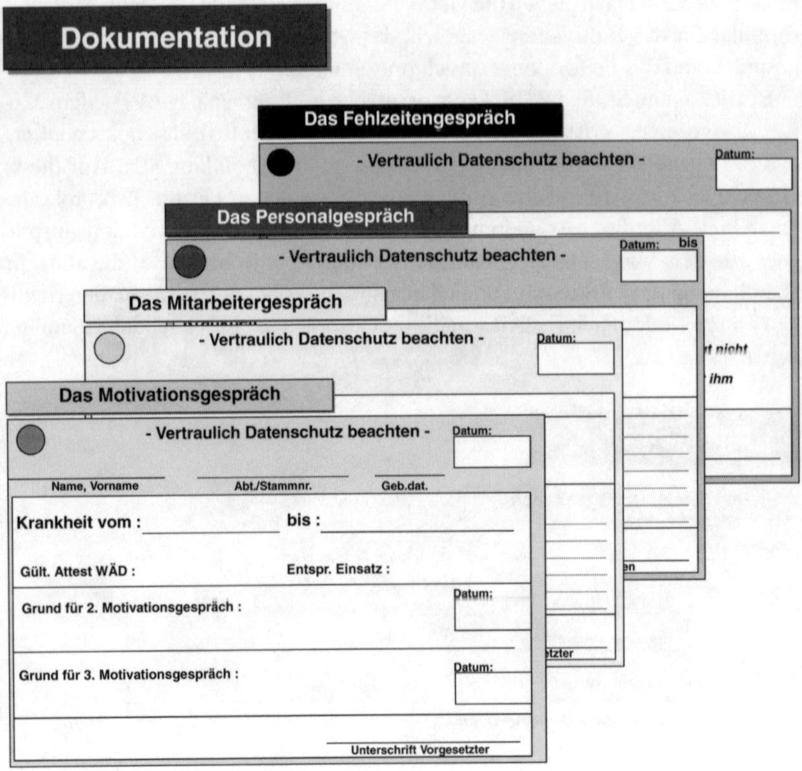

Abbildung 39: Vierteiliger Formularsatz zur Dokumentation der Gespräche

Dieses vierteilige Formular liegt jedem Vorgesetzten in ausreichender Zahl an Exemplaren vor. Für jeden Mitarbeiter, der mit einem Motivationsgespräch den AVP-Zyklus beginnt, ist ein solcher Formularsatz anzulegen. Da sich durchlaufende Daten, wie zum Beispiel Name und Stammnummer, von einem Blatt auf das nächste durchdrücken, ist sichergestellt, daß nicht einzelne Formularteile separat ausgefüllt werden können. Das dient der Übersichtlichkeit und der Kontrolle.

Bevor genauer auf die Abläufe im Zusammenhang mit dem Erstellen und der Ablage dieses Formulars eingegangen wird, sollen die einzelnen Vordrucke vorgestellt werden. Dazu dienen die vier Abbildungen 40a bis d, die das Gesprächsformular für das Motivationsgespräch, das Mitarbeitergespräch, das Personalgespräch und das Fehlzeitengespräch präsentieren.

Bei der ersten Stufe der Rückkehrgespräche im Rahmen des AVP – dem Motivationsgespräch – ist lediglich ein Formular auszufüllen, das dokumentiert, daß das Gespräch stattgefunden hat. Das zeigt die Abbildung 40a. Auf dieser Gesprächsstufe wird auf die Anlage eines gesonderten Gesprächsprotokolles verzichtet. Allerdings existieren auch für die Führung des Motivationsgespräches für den Vorgesetzten genaue Anweisungen und Hinweise, die ihm die Handhabung dieser Situation erleichtern und ihn dabei unterstützen, den richtigen Ton zu finden. Schließlich soll dieses Gespräch ja motivierenden Charakter haben.

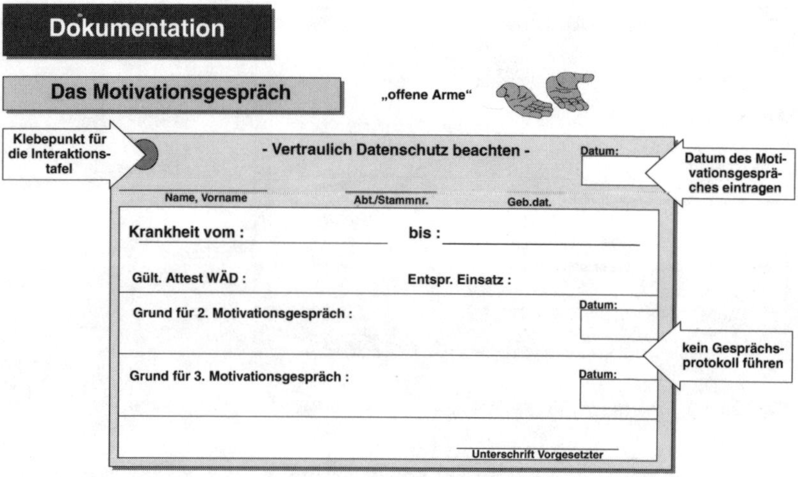

Abbildung 40a: Formular für das Motivationsgespräch

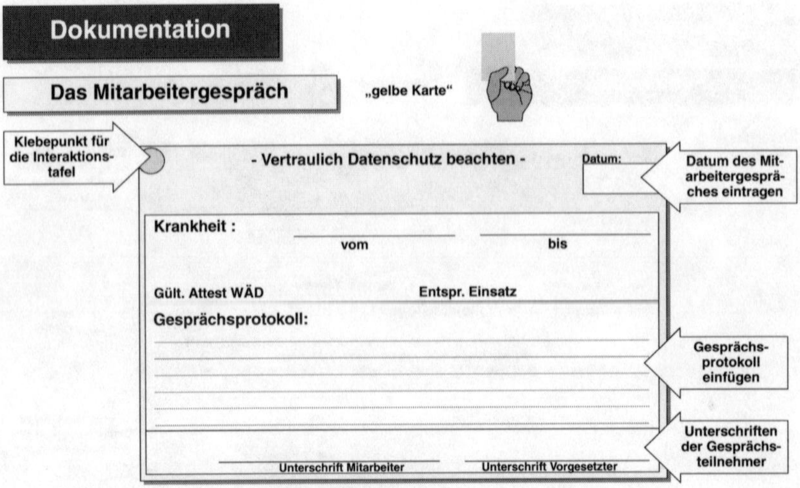

Abbildung 40b: Formular für das Mitarbeitergespräch

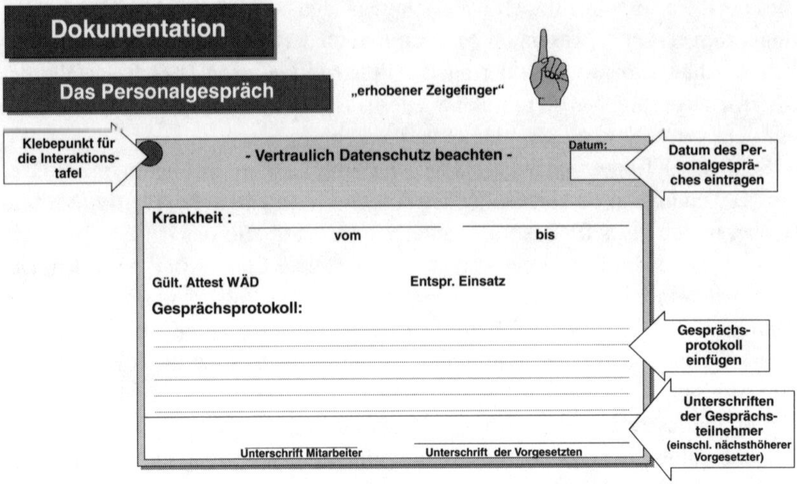

Abbildung 40c: Formular für das Personalgespräch

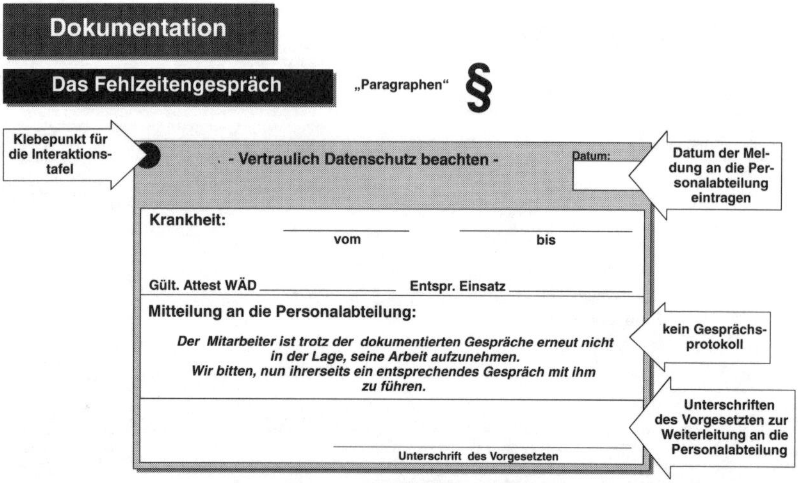

Abbildung 40d: Formular für das Fehlzeitengespräch

Allerdings gibt es eine Reihe von Ausnahmen, weshalb nach dem Motivationsgespräch nicht sofort zum Mitarbeitergespräch übergegangen wird. Auf diese soll im folgenden noch näher eingegangen werden. Im Gegensatz allerdings zum ersten Anwesenheitsprogramm muß der Vorgesetzte eindeutig angeben, weshalb ein zweites oder auch drittes Motivationsgespräch anstelle des Mitarbeitergespräches zu führen ist. Dieses ist mit dem entsprechenden Datum auf dem vorgestellten Formular zu vermerken.

Schließlich findet sich auf allen diesen Formularen in der oberen linken Ecke ein Klebepunkt in der Farbe der jeweiligen Gesprächsstufe (für das Motivationsgespräch grün, für das Mitarbeitergespräch gelb, für das Personalgespräch rot und für das Fehlzeitengespräch schwarz). Diese Punkte sind nach dem Gespräch auf einer Tafel aufzukleben, mit der sich eine Statistik über die durchgeführten AVP-Maßnahmen führen läßt. Im einzelnen wird auf diese „Interaktionstafel" im nächsten Abschnitt eingegangen, wenn es um die Visualisierung von AVP geht.

Der Vorgesetzte hat daneben die Dauer der Krankheit des Mitarbeiters und Angaben über das werksärztliche Attest einzutragen und möglichen leistungsgeminderten Einsatz, der vom Arzt vorgeschrieben ist, zu vermerken. Schließlich ist dieses Formular vom Vorgesetzten selbst zu unterschreiben. Da auf dieser Stufe kein Gesprächsprotokoll erstellt werden muß, ist die Unterschrift des Mitarbeiters nicht notwendig.

Das Formular für das Mitarbeitergespräch sieht ähnlich wie das für das Motivationsgespräch aus, es unterscheidet sich allerdings in einigen wesentlichen Punkten. Zum einen ist an dieses Formular ein Gesprächsprotokoll angehängt, in dem in genau detaillierten Fragen und Einschätzungen die Gesprächsergebnisse dokumentiert sind.

Im Gegensatz zum ersten Anwesenheitsprogramm ist dieses Protokoll standardisiert und gibt menügesteuert exakt die jeweiligen Fragen und Aspekte vor. Nachfolgend wird auf diesen Inhalt näher eingegangen. Zum anderen ist dieses Formular vom Mitarbeiter und vom Vorgesetzten zu unterschreiben. Damit erklären beide ihre Zustimmung zu dem, was in dem anliegenden Protokoll über das Gespräch festgehalten worden ist.

Schließlich hilft die Gestaltung dieses Formulars bei der Nachvollziehbarkeit der oben erläuterten Neun-Monats-Frist. Das beim Motivationsgespräch eingetragene Datum drückt sich direkt auf das Formular für das Mitarbeitergespräch durch, so daß klar zu erkennen ist, ob das Mitarbeitergespräch in der richtigen Frist geführt worden ist oder nicht. Dazu ist nämlich nur das aktuelle Datum mit dem des geführten Motivationsgespräches zu vergleichen.

Ähnlich wie das Mitarbeitergespräch ist auch das Personalgespräch gestaltet, weshalb sich die Formulare fast gleichen – bis auf einen kleinen Unterschied. Der nächsthöhere Vorgesetzte, der an diesem Gespräch ebenfalls teilnehmen wird, muß ebenfalls eine Unterschrift leisten. Auch er erklärt damit seine Zustimmung zu den Gesprächsinhalten.

Da das Fehlzeitengespräch in der Personalabteilung geführt wird, findet sich für den direkten Vorgesetzten des betroffenen Mitarbeiters auch kein Gesprächsprotokoll. Das Formular besteht aus diesem Grund aus einem Original und einer Durchschrift (der vierteilige Formularsatz besteht damit eigentlich aus fünf einzelnen Blättern). Hier trägt er nur die Angaben ein, die er auch bei den anderen Formularen niedergeschrieben hat, und reicht nach seiner Unterschrift ein Exemplar an die Personalabteilung, die daraufhin die weiteren Schritte einleitet. Der Vorgesetzte selbst behält den anderen Teil des Formulars als Beleg bei seinen Unterlagen.

Diese Darstellung zeigt, daß die enge Bindung an die Formulare den gesamten Prozeß beherrschbar und nachvollziehbar machen. Das wird durch die durchgängige Dokumentation mit Hilfe des vierteiligen Formularsatzes des AVP sichergestellt.

4.3.3. Prinzip 3: Visualisierung

Das dritte Prinzip des AVP ist die ständige Visualisierung der durchgeführten Gespräche. Damit wird sichergestellt, daß alle Beteiligten ständig in der Lage sind, sich über den aktuellen Stand des AVP-Einsatzes zu informieren. Zusätzlich entsteht dadurch ein effizientes Berichtswesen, mit dessen Hilfe die Geschäftsleitung über die eingesetzten Maßnahmen zur Bekämpfung der Abwesenheit auf dem laufenden gehalten werden kann.

Dazu sind allerdings die Abläufe, wie mit den einzelnen Informationen umgegangen wird, exakt festzulegen. Das zeigt die Abbildung 41.

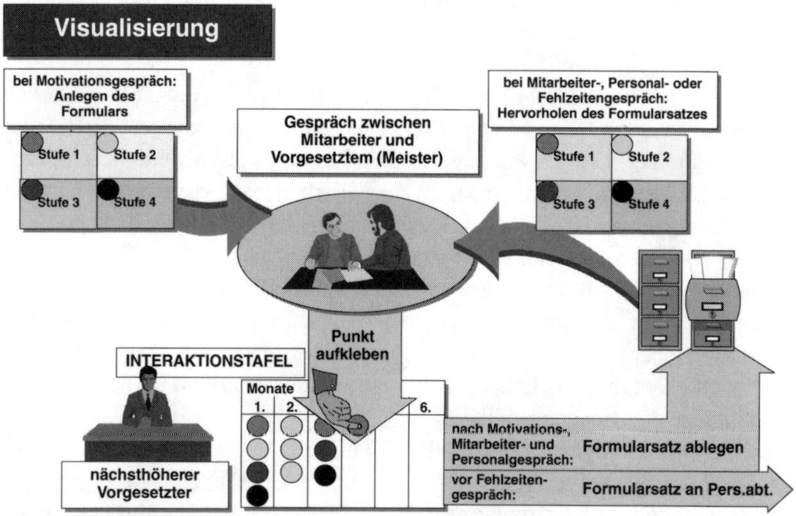

Abbildung 41: Abläufe mit dem vierteiligen Formularsatz

Mit dem Motivationsgespräch legt der Vorgesetzte für den zurückkehrenden Mitarbeiter den vierteiligen Formularsatz an. Nachdem das Gespräch stattgefunden hat, klebt der Vorgesetzte den entsprechenden Klebepunkt auf die Interaktionstafel, die sich wiederum bei seinem direkten Vorgesetzten im Büro befindet.

Danach legt er den Formularsatz bei sich ab, sofern es sich um ein Motivations-, Mitarbeiter- oder Personalgespräch gehandelt hat. Nach einem Fehlzeitengespräch, das er ebenfalls durch einen Klebepunkt markiert, leitet er den gesamten Formularsatz an die Personalabteilung weiter. Einen Beleg des Fehlzeitenformulars behält der Vorgesetzte bei sich für seine Akten.

Die Abbildung 41 zeigt auch, daß, sobald der Formularsatz einmal angelegt ist, er zu den Folgegesprächen (Mitarbeiter-, Personal- und Fehlzeitengespräch) herausgeholt wird. Wie schon angedeutet, sichert das die Prozeßstabilität und -einheitlichkeit. Das weitere wichtige Merkmal, das die Prozeßabläufe visualisiert, ist die schon angesprochene Interaktionstafel, die dem jeweiligen Vorgesetzten einen Überblick über die durchgeführten AVP-Gespräche bietet. Diese Tafel ist eines der Kernstücke im AVP.

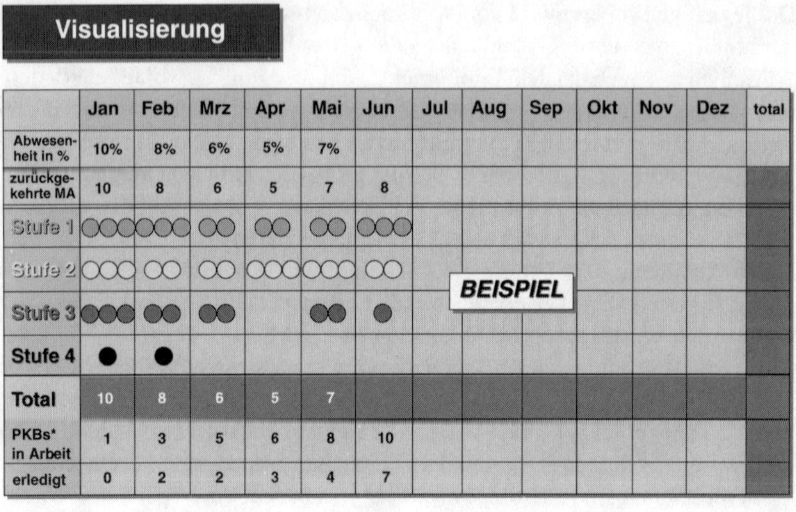

Abbildung 42: Die Interaktionstafel des AVP

Für jeden Monat werden die jeweiligen Abwesenheitsraten, die sich anhand der Daten der zentralen Zeiterfassung feststellen lassen, für den jeweiligen Bereich ermittelt. Daneben wird die Zahl der aus Abwesenheit zurückgekehrten Mitarbeiter erfaßt. Diese zwei Informationen sind zum einen die Inputs in den AVP und zum anderen auch die externen Vorgaben, gegen die sich die Anzahl durchgeführter Gespräche kontrollieren lassen.

In den Spalten darunter kleben die jeweiligen Vorgesetzten die entsprechenden Klebepunkte für die von ihnen durchgeführten Gespräche. Am Ende eines jeden Monats läßt sich die Zahl der geführten Gespräche mit der Zahl der zurückgekehrten Mitarbeiter bzw. mit der Abwesenheitsrate des betrachteten Bereiches vergleichen. Dieser Soll-Ist-Vergleich (zurückgekehrte Mitarbeiter zu geführten Gesprächen) auf Monatsbasis verschafft eine ständige Übersicht über die Umsetzung des AVP.

Daneben werden noch die Zahl der in Arbeit befindlichen PKBs erfaßt. Das sind die Problemkommunikationsberichte, die von den Mitarbeitern im Verlauf der Gespräche angeregt worden sind. Falls Arbeitsbedingungen nach Meinung der Betroffenen geändert werden müssen, ist ein solcher Vorgang einzuleiten. Das jeweilige Problem wird vom Mitarbeiter umschrieben, und dieser Mangel wird im Rahmen der PKB-Abläufe an die zuständigen Stellen weitergeleitet.

Ähnlich wie auch bei dem Pilotprojekt „Verbesserung der Mitarbeiterbetreuung" in der Lackiererei 1991/92 werden Vorgesetzte und Mitarbeiter über die jeweilige Abarbeitung der PKBs informiert. Gerade die offene Atmosphäre der Rückkehrgespräche eignet sich dafür, Mängel bei den Arbeitsbedingungen festzustellen, die auch eine Ursache für Fehlzeiten sein können. Auf diese Zusammenhänge wurde im ersten Kapitel bereits hingewiesen.

Die Abbildung 42 zeigt das Beispiel einer Interaktionstafel, die aktuell im Monat Juni steht. Es ist zu erkennen, daß die Zahl der durchgeführten Gespräch und die Zahl zurückgekehrter Mitarbeiter für die Monate Januar bis Mai übereinstimmt. (Der Einfachheit halber wird von einer gesamten Personalstärke von 100 Mitarbeitern ausgegangen, um das Verhältnis zwischen Abwesenheitsrate und der Zahl zurückgekehrter Mitarbeiter sichtbar konsistent zu halten.) Demnach wurde der Prozeß in diesem Bereich bis Juni ordnungsgemäß eingehalten.

Im Monat Juni sind allerdings bisher insgesamt acht Mitarbeiter aus Fehlzeiten zurückgekehrt, wohingegen erst sechs Rückkehrgespräche geführt worden sind; zwei Gespräche stehen demnach noch aus. Da der Monat noch nicht zu Ende ist, fehlt auch bisher die von der zentralen Zeiterfassung ermittelte Abwesenheitsrate. Mit dieser läßt sich dann eine Überprüfung der gesamten Angaben für den Monat Juni durchführen.

Abschließend läßt sich festhalten, daß mit Hilfe der Visualisierung der durchgeführten Gespräche im Vergleich zu den zurückgekehrten Mitarbeitern eine permanente Kontrolle des AVP möglich ist. Die Interaktionstafel verschafft nicht nur dem Management eine größere Transparenz, sondern zeigt auch allen Beteiligten, daß die Reduktion der Abwesenheit ernstgenommen wird.

4.4. Die vierstufige Gesprächsführung

AVP zeichnet sich dadurch aus, daß die Gespräche soweit vorstrukturiert sind, daß der direkte Vorgesetzte, der schließlich für deren Durchführung verantwortlich ist, seine Vorbereitungen mit klaren Vorgaben treffen kann. Das fängt schon mit der Einladung der richtigen Teilnehmer an. Die Abbildung 43 zeigt, wie sich der Teilnehmerkreis abhängig von der jeweiligen Gesprächsstufe zusammensetzt.

Stufe 1	**Das Motivationsgespräch**	• Mitarbeiter • betrieblicher Vorgesetzter (z. B. Meister, Gruppenleiter)
Stufe 2	**Das Mitarbeitergespräch***	• Mitarbeiter • betrieblicher Vorgesetzter (z. B. Meister, Gruppenleiter)
Stufe 3	**Das Personalgespräch***	• Mitarbeiter • betrieblicher Vorgesetzter • nächsthöherer betrieblicher Vorgesetzter (z. B. Schichtleiter)
Stufe 4	**Das Fehlzeitengespräch***	• Mitarbeiter • betrieblicher Vorgesetzter (z. B. Meister, Schichtleiter) • Vertreter der Personalabteilung

*zusätzliche Teilnehmer:
Betriebsrat auf Wunsch des Betroffenen
Sachverständiger auf Wunsch der Vorgesetzten bzw. der Personalabteilung

Abbildung 43: Die Teilnehmer der einzelnen Gesprächsstufen

Beim Motivationsgespräch sind direkter Vorgesetzter (wie Meister oder Gruppenleiter) und Mitarbeiter noch unter sich. Aber schon ab dem Mitarbeitergespräch besteht für den Mitarbeiter die Möglichkeit, daß auf Wunsch ein Vertreter des Betriebsrates teilnehmen kann. Der Vorgesetzte kann auch weitere Teilnehmer, beispielsweise Sachverständige, hinzuziehen. Diese Optionen, die den beiden unmittelbar Beteiligten damit offenstehen, ergeben sich aus dem ernsteren Charakter der Rückkehrgespräche, der ab der zweiten AVP-Stufe gegeben ist.

Beim Personalgespräch nimmt der nächsthöhere Vorgesetzte (wie Schichtleiter oder Abteilungsleiter) zwingend teil, da es sich hierbei um die letzte Gesprächsstufe vor der Meldung an die Personalabteilung handelt. Somit sind schon mindestens drei Teilnehmer bei diesem Gespräch dabei, weshalb meist aus Gründen der Ausgewogenheit ein Vertreter des Betriebsrates gleich dazugeladen wird.

Das Fehlzeitengespräch – die ,,Ultima ratio" – findet in der Personalabteilung statt. Teilnehmer sind neben dem Mitarbeiter und seinem direkten Vorgesetzten mindestens ein Vertreter der Personalabteilung, der auch fachlich in der Lage ist, entsprechende Hinweise arbeitsrechtlicher Natur auszusprechen. Schon allein deshalb sollte ein Betriebsratsmitglied ebenfalls teilnehmen. Die sehr unterschiedliche Zusammensetzung der Teilnehmerkreise weist auf die verschiedenen Inhalte der einzelnen Gesprächsstufen hin.

Deshalb müssen die Inhalte der vier AVP-Stufen noch weiter detailliert werden. Dabei ist für jeden Typ der Rückkehrgespräche folgendes deutlich zu machen:

- Worüber soll der Mitarbeiter im Gespräch informiert werden?
- Was soll der Mitarbeiter im Gespräch gefragt werden?
- Was soll das Ergebnis des Gesprächs sein?

Anhand dieser Aspekte werden nun die vier Gesprächsstufen vorgestellt.

4.4.1. Stufe 1: Das Motivationsgespräch

Das Motivationsgespräch dient der Vertrauensbildung bei dem Zurückkehrenden, weshalb es hier in erster Linie darauf ankommt, daß der Vorgesetzte eine entsprechende Atmosphäre schafft (siehe Abbildung 44).

Das Motivationsgespräch „offene Arme"

Information
- Unterrichtung über Veränderungen innerhalb der Abteilung, über Neuigkeiten im Werk
- Mitteilung der weiteren Vorhaben der Abteilung
- Darstellung der geleisteten Arbeit während der letzten Monate

Befragung
- Frage nach dem Grund für die Fehlzeit
- Erkundigung nach dem weiteren Wohlbefinden
- Gespräch über das persönliche Umfeld (Familie, Hobbys und Interessen)
- Frage nach Wünschen für die weitere berufliche Entwicklung
- Aufnahme von Vorschlägen zur Verbesserung des Arbeitsumfeldes

Ergebnis
- freundliche Atmosphäre zwischen Betroffenem und Vorgesetzten
- dem Mitarbeiter ist klar, daß er wieder als „alter Kollege" empfangen und gern gesehen ist

Abbildung 44: Inhalt des Motivationsgespräches

Der Vorgesetzte sollte den Mitarbeiter zuerst über die Veränderungen innerhalb der Abteilung und über Neuigkeiten im Werk unterrichten, die während seiner Abwesenheit stattgefunden haben. Das soll ihm helfen, wieder auf das laufende zu kommen und ihm die Integration in den Arbeitsprozeß erleichtern. Auch sollten ihm die weiteren Vorhaben des jeweiligen Bereiches kurz erläutert werden, um gleichzeitig eine Perspektive für das folgende Geschäft aufzuzeigen. Und schließlich ist er über die bisher erreichten Leistungen in seiner Abteilung zu informieren. Daraufhin wird dem Vorgesetzten empfohlen, sich nach dem Grund für die Fehlzeit zusätzlich zu den abgegebenen Attesten zu erkundigen. Dies geschieht nicht aus dem Grund, den Betroffenen zu kontrollieren, sondern der Vorgesetzte sollte dadurch das Interesse beispielsweise am gesundheitlichen Wohlbefinden des Mitarbeiters zum Ausdruck bringen. Dabei kann es auch hilfreich sein, sich nach dem persönlichen Umfeld, den Hobbys und sonstigen Interessen des Mitarbeiters zu erkundigen.

Daß Fehlzeiten komplexe Zusammenhänge zugrunde liegen, hat schon das erste Kapitel gezeigt; diese spiegeln sich aber nicht in den Zahlen wider. Das ist eines der Geheimnisse des ,,Phänomens Abwesenheit".

Die Gesprächssituation kann der Vorgesetzte ebenfalls dazu nutzen, sich über die Vorstellungen des Mitarbeiters hinsichtlich seiner weiteren beruflichen Entwicklungen zu erkundigen. Dabei sollte er allerdings vermeiden, Inhalte eines Personalentwicklungsgespräches zu sehr vorwegzunehmen. Auch Vorschläge zur Verbesserung des Arbeitsumfeldes sollten entgegengenommen werden. Wie schon erläutert, tragen auch die Arbeitsbedingungen mit dazu bei, daß der Mitarbeiter fehlen muß. Deshalb sind gemeinsam mit dem Vorgesetzten diese Mißstände in den vorhin schon genannten Problemkommunikationsberichten festzuhalten, so daß die jeweils Verantwortlichen gezielt eine Verbesserungsmaßnahme durchführen können.

Die beiden Gesprächspartner sollten sich während des gesamten Gespräches in freundlicher und lockerer Atmosphäre unterhalten. Dem Mitarbeiter muß nach Abschluß der Unterhaltung klar sein, daß man sich für ihn und sein Allgemeinbefinden interessiert und daß er wieder als ,,alter Kollege" empfangen ist und von allen gern gesehen wird.

Wenn das Motivationsgespräch in einer entsprechenden Art geführt wird und der Mitarbeiter ehrliche Anteilnahme an seinen Problemen empfindet, so sind die Voraussetzungen für einen offenen Dialog bei künftig notwendigen Gesprächen geschaffen. Der Mitarbeiter muß den Gesprächstenor ,,Motivieren und nicht disziplinieren" deutlich spüren.

4.4.2. Stufe 2: Das Mitarbeitergespräch

Auf der zweiten Stufe des AVP wird das Mitarbeitergespräch geführt, in dem der Betroffene sehen soll, daß er im Arbeitsprozeß gefehlt hat. Die generellen Gesprächsinhalte werden in der Abbildung 45 dargestellt.

Das Mitarbeitergespräch „gelbe Karte"

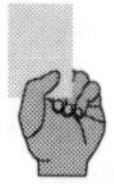

Information

- deutlicher Hinweis, daß die vorgangegangene Fehlzeit nicht zu lange zurückliegt
- Information über Veränderungen innerhalb der Abteilung und im Unternehmen
- Beschreibung, wie durch Fehlzeiten liegengebliebene Arbeit erledigt werden muß
- aufzeigen, welche Mehrbelastungen durch Kapazitätsengpässe bei Fehlzeiten allgemein bei Kollegen und im administrativen Bereich entstehen
- Hinweis auf die nächsthöheren Gesprächsstufen

Befragung

- Welchen Zusammenhang gibt es zur vorangegangenen Fehlzeit?
- Spielt die Situation und die Arbeitsbedingungen dabei eine Rolle, und wie können diese verbessert werden?
- Ist sich der Mitarbeiter über seine Rolle im Arbeitsprozeß im klaren?
- Wie würde der Mitarbeiter bei häufigem Fehlen eines Kollegen selbst reagieren?
- Welchen Eindruck glaubt der Betroffene durch häufiges Fehlen bei den Kollegen zu erzeugen?

Ergebnis

- immer noch freundliche Atmosphäre zwischen Vorgesetzen und Mitarbeiter; es muß aber klar sein, daß die „gelbe Karte" gezogen worden ist
- der Mitarbeiter muß sehen, daß sein Fehlen dem Arbeitsablauf schadet
- die zusätzliche Arbeitslast, die er seinen Kollegen aufbürdet, muß dem Mitarbeiter deutlich werden
- die weiteren Gesprächsstufen, die bei erneutem Fehlen in Gang gesetzt werden, müssen dem Mitarbeiter klar sein; das gilt auch für die andere Art des Gesprächstones und die Teilnehmer bei den zukünftigen Gesprächen

Abbildung 45: Inhalt des Mitarbeitergespräches

Der Mitarbeiter sollte darauf hingewiesen werden, daß die vorangegangene Fehlzeit nicht allzulange zurückliegt (weniger als neun Monate). Auch sollte er über die Veränderungen innerhalb seiner Abteilung informiert werden. Dabei ist allerdings der Hinweis auf die Mehrbelastungen zu geben, die seine Kollegen durch seine Abwesenheit hatten. Und schließlich ist der Mitarbeiter über die Funktionsweise von AVP erneut zu unterrichten. Da AVP auf klaren Prinzipien und Regeln aufbaut, hilft diese Transparenz bei den Erläuterungen.

Die Unterlagen zu dem Mitarbeitergespräch bestehen aus dem vorhin vorgestellten Formular und einem zweiteiligen Gesprächsprotokoll. Mit dessen Hilfe sollen die Fragen, die in der vorangegangenen Abbildung sehr allgemein formuliert sind, konkretisiert werden. Das zeigen die Abbildungen 46a und b, die die beiden Teile des Mitarbeitergesprächsprotokolles vorstellen.

Das Mitarbeitergesprächsprotokoll, 1. Teil

„gelbe Karte“

Information

	mitgeteilt
1. Die vorangegangene Fehlzeit liegt noch nicht lange zurück	
2. Darstellung, wie die liegengebliebene Arbeit erledigt wurde	
3. Aufzeigen der Mehrbelastungen der Kollegen durch Fehlzeiten	
4. Hinweis auf die weiteren Gesprächsstufen	

Befragung (I)

DEM MITARBEITER ZU STELLENDE FRAGEN	trifft genau zu	trifft eher zu	trifft kaum zu	trifft nicht zu
1. „Wie würden Sie auf häufiges Fehlen eines Kollegen reagieren?“				
• ich spreche ihn darauf an				
• ich bin verärgert und sauer				
• es ist mir egal				
• ich zeige es ihm, daß es mir nicht paßt				
• ich frage ihn, ob er Hilfe braucht				
2. „Wie glauben Sie, daß Ihre Kollegen Ihre Fehlzeiten sehen?“				
• es wird ihnen nichts ausmachen				
• sie werden wahrscheinlich sauer sein				
• sie denken, ich verursache ihnen Mehrbelastungen				
• sie werden meinen, ich sei ein „Blaumacher“				
• sie haben/werden mich konkret darauf ansprechen				
• sie bieten mir Hilfe an				
3. „Was trägt bei den Arbeitsbedingungen dazu bei, daß Sie fehlen?“				
• zu hohe körperliche Belastung				
• schlechtes Arbeitsklima				
• Streit mit Kollegen				
• Führungsstil des Vorgesetzten				
• fehlende Arbeitsinhalte				
• mangelnde Weiterbildung				

Abbildung 46a: Das Mitarbeitergesprächsprotokoll, 1. Teil

Das Mitarbeitergesprächsprotokoll, 2. Teil

„gelbe Karte“

Befragung (II)

EINSCHÄTZUNG DES GESPRÄCHSVERLAUFES DURCH DEN VORGESETZEN	trifft genau zu	trifft eher zu	trifft kaum zu	trifft nicht zu
1. Zwischen dieser und der vorangegangenen Fehlzeit besteht kein direkter Zusammenhang.				
2. Dem Mitarbeiter sind die Tätigkeiten, die an seinem Arbeitsplatz durchzuführen sind, bekannt.				
3. Der Mitarbeiter kennt die Rolle, die seiner Tätigkeit im gesamten Arbeitsablauf beigemessen wird.				
4. Aus Sicht des Mitarbeiters wird in absehbarer Zeit kein häufiges Fehlen mehr auftreten.				
5. Das Gespräch verlief in freundlicher und offener Atmosphäre.				

Ergebnis

EINSCHÄTZUNG DER GESPRÄCHSERGEBNISSE DURCH DEN VORGESETZTEN	trifft genau zu	trifft eher zu	trifft kaum zu	trifft nicht zu
1. Zwischen Mitarbeiter und Vorgesetztem besteht auch weiterhin ein freundliches Verhältnis.				
2. Dem Mitarbeiter ist klar geworden, daß der Vorgesetzte die „gelbe Karte“ gezogen hat.				
3. Dem Mitarbeiter ist bewußt, daß sein Fehlen den Kollegen und damit dem Arbeitsklima schadet.				
4. Die weiteren Gesprächsstufen sowie deren Inhalte und Konsequenzen sind dem Mitarbeiter bekannt.				

Abbildung 46b: Das Mitarbeitergesprächsprotokoll, 2. Teil

Zu Anfang kann der Vorgesetzte klar „abhaken", was er dem Mitarbeiter mitgeteilt hat; das fällt in den Informationsteil des Gespräches. Die Befragung besteht aus zwei Teilen. Zum einen sind drei Fragen vorgegeben, die dem Mitarbeiter direkt zu stellen sind, mit entsprechend fünf bis sechs Antwortmöglichkeiten. Dabei wird der Betroffene zuerst nach seinem eigenen Verhalten gefragt, das er einem Kollegen gegenüber entgegenbringt, der ebenfalls häufig fehlt.

Damit wird zuerst die vorliegende Situation umgedreht, bevor sie in der darauffolgenden Frage dann explizit behandelt wird. Schließlich wird zusätzlich zu den Möglichkeiten des PKBs direkt nach den Belastungen durch die Arbeitsbedingungen gefragt. Dabei möchte man herausfinden, welche Elemente des Arbeitsumfeldes, die im ersten Kapitel vorgestellt worden sind, für die Abwesenheiten verantwortlich sind. Sind es die physischen Arbeitsbedingungen selbst oder sind es die mehr psychischen, die nicht zuletzt durch das Verhalten des Vorgesetzten beeinflußt werden.

Da es sich bei dem Rückkehrgespräch um einen Dialog handelt, ist auch die Meinung und Einschätzung des Vorgesetzten entscheidend. Sonst ist dieser nur ein Ableser von Fragen. Deshalb besteht der zweite Teil des Fragenkatalogs aus Aspekten, die der Vorgesetzte bewerten muß. Das umfaßt zum einen die Beurteilung des Gesprächsverlaufes und zum anderen die Beurteilung des Gesprächsergebnisses.

Dabei spielen Freizeitverhalten, Rollenverständnis des Mitarbeiters, Gesprächsatmosphäre und die Kenntnis über die weiteren AVP-Stufen eine Rolle. Der Vorgesetzte wird durch diesen Teil des Gesprächsprotokolles dazu angehalten, die Kommunikation mit seinem Mitarbeiter gezielt und für alle Gesprächssituationen einheitlich nachzubereiten. Das hilft ihm einzuschätzen, ob er beispielsweise im Vergleich zu anderen Mitarbeitergesprächen, die er bis dahin geführt hat, erfolgreicher gewesen ist oder nicht. Die Vertraulichkeit der Daten stellt sicher, daß es für den Vorgesetzten bei einer Selbstkontrolle seiner Fähigkeiten zur Gesprächsführung bleibt. Auf die Auswertungsmöglichkeiten wird im fünften Kapitel näher eingegangen.

Dieser Teil des Gesprächsprotokolls trägt ebenso wie die Einschätzung der Gesprächsergebnisse, die ebenfalls durch den Vorgesetzten vorgenommen werden muß, dazu bei, daß der Vorgesetzte selbst weiß, was er mit diesem Gespräch erreichen sollte. Mit Hilfe dieser Fragen ist er in der Lage, sein eigenes Führungsverhalten einschätzen zu können.

Das gesamte Gesprächsprotokoll unterliegt wie alle Unterlagen, die im Rahmen des AVP erstellt werden, den Datenschutzbestimmungen. Deshalb kann eine Auswertung der Protokolle durch andere Stellen, wie der Personalabteilung, auch nur auf anonymisierter Basis erfolgen. Das hat auch seinen guten Grund, denn schließlich ist der Gesprächsverlauf in erster Linie Sache der unmittelbar Beteiligten: des direkten Vorgesetzten und seines Mitarbeiters.

Die Informationen, die aus dem Protokoll gezogen werden können, sollen deshalb zuerst diesem Personenkreis zugute kommen. Eine anonyme und kumulative Betrachtung der Gesprächsergebnisse, wie sie beispielsweise im fünften Kapitel vorgenommen wird, kann nur dazu dienen, die Wirkungsweise des gesamten Systems zu überprüfen. Das ist die sogenannte „Meta-Kontrolle", auf die weiter oben schon hingewiesen worden ist.

4.4.3. Stufe 3: Das Personalgespräch

Das Personalgespräch bildet die dritte AVP-Stufe. Hier soll der Mitarbeiter deutlich darauf hingewiesen werden, daß weiteres Fehlen für ihn klare Konsequenzen haben wird. Dementsprechend sind auch die Gesprächsinhalte gestaltet, wie das die Abbildung 47 zeigt.

Das Personalgespräch „erhobener Zeigefinger"

Information

- deutlicher Hinweis auf die Langfristigkeit der Kontrolle von Fehlzeiten
- Darstellung der von ihm angeführten Gründe der vergangenen Fehlzeiten
- Beschreibung, wie seine liegengebliebene Arbeit erledigt wurde
- Aufzeigen, welche Mehrbelastung durch sein Fortbleiben bei Kollegen und im administrativen Bereich entstanden sind
- Verweis auf die Kosten, die dem Unternehmen entstehen
- Beschreibung von Fällen, in denen häufiges Fehlen zu Kündigungen führten
- Schilderung der vierten Gesprächsstufe und seiner arbeitsrechtlichen Konsequenzen bei erneutem Fehlen

Befragung

- Welchen Zusammenhang gibt es zu den vorangegangenen Fehlzeiten?
- Spielen die Situation und die Arbeitsbedingungen dabei eine Rolle, und wie können diese verbessert werden?
- Wie wird die Möglichkeit zukünftiger Fehlzeiten durch den Mitarbeiter selbst eingeschätzt?
- Ist sich der Mitarbeiter über die Folgen weiterer Fehlzeiten im klaren?

Ergebnis

- sachliche und bestimmte Atmosphäre gegenüber dem Mitarbeiter
- es muß deutlich werden, daß diese Gesprächsstufe die letzte vor dem Gespräch in der Personalabteilung ist
- der Mitarbeiter muß sehen, daß die Vorgesetzten ihm die letzte Chance vor massiveren Schritten einräumen

Abbildung 47: Inhalt des Personalgesprächs

Im Informationsteil sollte noch einmal deutlich darauf verwiesen werden, daß Fehlzeiten langfristig verfolgt und überwacht werden. Neben den Mehrbelastungen, die seine Kollegen durch die von ihm verursachte Fehlzeit hatten, sollten auch die bisherigen Gründe genannt werden, die er für seine Abwesenheiten in der Vergangenheit angegeben hat. Schließlich ist ihm der eindeutige Hinweis auf die vierte Gesprächsstufe zu geben, in der es zu arbeitsrechtlichen Konsequenzen kommen kann.

Schon bei der Information des Mitarbeiters muß deutlich gemacht werden, daß der direkte Vorgesetzte und der ebenfalls anwesende nächsthöhere Vorgesetzte mit diesem Gespräch eindeutig die letzte Chance einräumen, bevor es zur offiziellen Meldungen kommt. Allerdings muß in diesem Zusammenhang auch die Ernsthaftigkeit beider Seiten zum Ausdruck kommen, an einer Änderung des vorliegenden Zustandes zu arbeiten.

Auch für das Personalgespräch liegt ein zweiteiliges Gesprächsprotokoll vor, das die Abbildungen 48a und b zeigen.

Das Personalgesprächsprotokoll, 1. Teil

„erhobener Zeigefinger"

Information

	mitgeteilt
1. Fehlzeiten werden langfristig kontrolliert	
2. Darstellung, wie die liegengebliebene Arbeit erledigt wurde	
3. Beschreibung von Fällen, in denen Fehlzeiten zu Kündigungen führten	
4. Schilderung der vierten Gesprächsstufe und deren Konsequenzen	

Befragung (I)

DEM MITARBEITER ZU STELLENDE FRAGEN	trifft genau zu	trifft eher zu	trifft kaum zu	trifft nicht zu
1. „Welche Folgen glauben Sie, haben weitere Fehlzeiten?"				
• keine ernstzunehmenden Folgen				
• nur „kleine" Verstimmungen mit den Vorgesetzten				
• weitere Gespräche in der Art wie das jetzige				
• zukünftig wird die Personalabteilung eingeschaltet				
• weiteres Fehlen kann zur Kündigung führen				
2. „Wie wollen Sie es zukünftig mit Ihrer Anwesenheit und ihrem Fehlen handhaben?"				
• es wird sich in Zukunft nichts an meinem Verhalten ändern				
• ich kann nichts Schlimmes an meiner Fehlzeit erkennen				
• ich muß erst mal darüber nachdenken				
• ich glaube, daß ich meine Anwesenheit verbessern muß				
• ich weiß, daß ich in der letzten Zeit zu oft gefehlt habe				
• ich will meine Fehlzeiten zukünftig senken				
3. „Wissen Sie, worum es sich beim Personalgespräch handelt?"				
• ähnlich unwichtiges Gespräch wie die vorangegangenen				
• wieder ein Versuch, mich zu motivieren				
• das Gespräch hat keinen besonderen Stellenwert				
• dieses Gespräch ist schon wichtiger als die vorherigen				
• das Gespräch ist deutlich ernsthafter als die vorherigen				
• dieses Gespräch ist die „letzte" Chance für mich				

Abbildung 48a: Das Personalgesprächsprotokoll, 1. Teil

Das Personalgesprächsprotokoll, 2. Teil

„erhobener Zeigefinger“

Befragung (II)

EINSCHÄTZUNG DES GESPRÄCHSVERLAUFES DURCH DEN VORGESETZEN	trifft genau zu	trifft eher zu	trifft kaum zu	trifft nicht zu
1. Zwischen dieser und der vorangegangenen Fehlzeit besteht kein direkter Zusammenhang.				
2. Das erneute Fehlen des Mitarbeiters führt dieser auf die schlechten Arbeitsbedingungen zurück.				
3. Der Mitarbeiter weiß, daß häufiges Fehlen zur Kündigung führen kann.				
4. Aus Sicht des Mitarbeiters wird in absehbarer Zeit kein häufiges Fehlen mehr auftreten.				
5. Das Gespräch verlief in sachlicher aber bestimmter Atmosphäre.				

Ergebnis

EINSCHÄTZUNG DER GESPRÄCHSERGEBNISSE DURCH DEN VORGESETZTEN	trifft genau zu	trifft eher zu	trifft kaum zu	trifft nicht zu
1. Zwischen Mitarbeiter und Vorgesetztem wurden die Positionen geklärt, was die Fehlzeiten des Mitarbeiters betrifft.				
2. Dem Mitarbeiter ist klar geworden, daß die Vorgesetzten ihm die letzte Chance vor massiveren Schritten eingeräumt haben.				
3. Dem Mitarbeiter ist bewußt, daß bei weiterem Fehlen die Personalabteilung eingeschaltet wird.				
4. Die weiteren Gesprächsstufen sowie deren Inhalte und Konsequenzen sind dem Mitarbeiter bekannt.				

Abbildung 48b: Das Personalgesprächsprotokoll, 2. Teil

Bei der Befragung des Mitarbeiters im Rahmen des Personalgesprächs wurden, wie auch beim Mitarbeitergespräch, drei Hauptfragen herausgegriffen, die die allgemeinen Gesprächsinhalte der Abbildung 47 gezielt konkretisieren.

Im Gegensatz allerdings zur zweiten Stufe des AVP wird hier direkt die vorliegende Situation der häufigen Fehlzeiten angesprochen. Dabei wird um die Einschätzung des Mitarbeiters gebeten, welche Folgen weitere Fehlzeiten für ihn haben werden. Auch wird er danach gefragt, wie er gedenkt, sein Abwesenheitsverhalten in der nächsten Zukunft zu gestalten; und schließlich sollte der Vorgesetzte ihn hinsichtlich des Stellenwertes dieses Gespräches fragen. Diese drei Fragen zielen dabei – im Gegensatz zum Mitarbeitergespräch – ausschließlich auf die akute Fehlzeitenproblematik hin.

Im zweiten Teil des Gesprächsprotokolls muß auch der direkte Vorgesetzte wieder eine Einschätzung der Gesamtlage geben. Dabei dreht es sich in erster Linie um eine Bewertung der Person des Betroffenen und dessen Verhalten bzw. Einstellungen. So muß er beurteilen, ob er weitere Fehlzeiten in der laufenden Frist ausschließt oder nicht. Auch muß er einschätzen, ob sich der bestimmte Mitarbeiter bewußt ist, in welcher Situation er sich befindet. Nur dann ist er auch in der Lage, die Botschaften zu empfangen, die ihm mit diesem Gespräch gesendet werden sollen.

Schließlich hat er das Ergebnis des gesamten Gespräches zu bewerten: das umfaßt besonders, ob der Mitarbeiter sich über die Konsequenzen im klaren ist, die sich für ihn bei nochmaligem Fehlen in der laufenden Frist ergeben werden. Und schließlich gehört dazu die Frage, ob deutlich geworden ist, daß das für den Mitarbeiter die letzte Chance vor offiziellen Schritten war.

Für den Vorgesetzten ist es nach der Einschätzung des Personalgespräches möglich, die Bewertungen für den speziellen Mitarbeiter hervorzuholen, die nach dem vorangegangenen Mitarbeitergespräch erstellt worden sind. Dabei kann der Vorgesetzte für sich selbst überprüfen, ob er beispielsweise mit seiner Einschätzung, ob der Mitarbeiter in Zukunft weitere Fehlzeiten vermeiden will, richtig gelegen hat oder nicht. Hat der Vorgesetzte beispielsweise nach dem Mitarbeitergespräch noch gemeint, daß der Mitarbeiter in absehbarer Zeit kein häufiges Fehlen mehr an den Tag legen wird, so muß er sich fragen, weshalb er dann das Personalgespräch führen mußte.

Eine ähnliche Frage müßte sich der Vorgesetzte auch stellen, wenn dem Mitarbeiter im Mitarbeitergespräch zwar klar geworden ist, was die weiteren Gesprächsstufen und deren Konsequenzen sind, er aber im weiteren Verlauf trotzdem ein Personalgespräch geführt hat. Da es in beiden Gesprächen um ein und dieselbe Person geht, sollte sich der Vorgesetzte dann fragen, ob er das Verhalten dieses Mitarbeiters in der Vergangenheit immer richtig bewertet hat. Da diese Unterlagen absolut vertraulich behandelt werden, kann der jeweilige Vorgesetzte seine eigenen Schlüsse aus diesen Ergebnissen ziehen.

So ist es beispielsweise für ihn denkbar, vielleicht entsprechende Führungstrainings zu besuchen, die ihm helfen könnten, seine Mitarbeiterbeurteilung und -einschätzung zu verbessern. Diese Konsequenzen bauen allerdings sehr stark auf der Eigeninitiative des jeweiligen Vorgesetzten. Wie schon angedeutet, wird auf diesen Aspekt das fünfte Kapitel eingehen.

4.4.4. Stufe 4: Das Fehlzeitengespräch

Der direkte Vorgesetzte des zurückkehrenden Mitarbeiters stellt anhand des vierteiligen Formularsatzes fest, ob die Voraussetzungen für das Führen eines Fehlzeitengespräches vorliegen. Ist das der Fall, so geht es dabei um die in der Abbildung 49 dargestellten Inhalte.

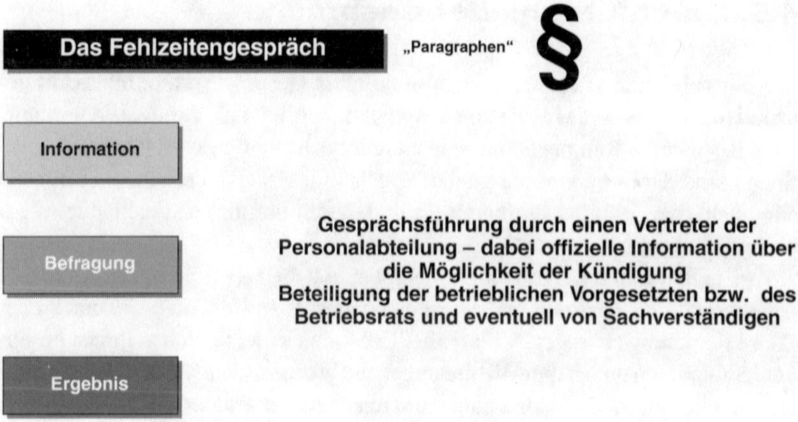

Abbildung 49: Inhalte des Fehlzeitengespräches

Nachdem die Personalabteilung offiziell davon unterrichtet worden ist, daß ein Fehlzeitengespräch zu führen ist, werden von dort dazu die entsprechenden Teilnehmer eingeladen. Das Gespräch mit dem Mitarbeiter führt aufgrund des arbeitsrechtlichen Inhaltes ein Vertreter der Personalabteilung in Anwesenheit des direkten Vorgesetzten. Wie schon angedeutet, kann auf Wunsch des Mitarbeiters auch ein Vertreter des Betriebsrates daran teilnehmen. Das gilt ebenfalls für Sachverständige, die wesentlich zur Erhellung der gesamten Situation beitragen können. In diesem Rahmen wird der Mitarbeiter aufgrund seines bis dahin gezeigten auffälligen Abwesenheitsverhaltens auf die Möglichkeit der Kündigung hingewiesen.

Mit dieser letzten Stufe sind die Konsequenzen innerhalb des AVP ausgeschöpft, da dieser Prozeß sich ausschließlich aus Maßnahmen zusammensetzt, die außerhalb offizieller Verweise an die Personalabteilung liegen. Allerdings wird durch den AVP das Fehlzeitengespräch eingeleitet, womit er nahtlos zu den arbeitsrechtlichen Folgen anschließt. Der Vorteil von AVP liegt gerade darin, daß er solche Maßnahmen grundsätzlich als „Ultima ratio“ betrachtet und den Betroffenen mit den drei Gesprächsstufen davor ausreichende Zeit zur Verhaltensänderung gibt.

4.5. Durchführung der Gespräche

Zwar geben die vorgestellten Formulare und Gesprächsprotokolle recht genaue Hinweise, wie das Rückkehrgespräch inhaltlich zu führen ist. Allerdings – die besonderen Rahmenbedingungen, unter denen ein solches Gespräch stattfindet, sind damit noch nicht geklärt. Deshalb ist es erforderlich, auch für die administrative Gesprächsvorbereitung und -durchführung entsprechende Angaben zu machen.

Auch gibt es eine Reihe von Ausnahmen, in denen AVP aussetzen sollte, um den besonderen persönlichen Umständen des Betroffenen in angemessener Weise Rechnung zu tragen. Und schließlich fallen in der täglichen Praxis besondere Situationen an, an die AVP entsprechend anzupassen ist. Auf diese genannten Aspekte soll nachfolgend näher eingegangen werden.

4.5.1. Gesprächsvorbereitung und -durchführung

Trotz der genauen Angaben des Gesprächsinhaltes durch die jeweiligen Formulare gibt es einige wichtige Aspekte zu beachten, die zur Vorbereitung der Gesprächsführung einzubeziehen sind. Diese werden in der Abbildung 50 vorgestellt.

Gesprächsvorbereitung

- **Bei Rückkehr wegen Krankheit prüfen, ob für den Mitarbeiter bereits ein Formularsatz angelegt wurde:**
  - **wenn ja: Frist prüfen, Ausschlußgrund für nächsthöhere Stufen prüfen**
  - **wenn nein: Formularsatz anlegen**

- **Bekanntgabe des Gesprächstermins an den Mitarbeiter: das Gespräch muß innerhalb von 24 Stunden nach Rückkehr des Mitarbeiters geführt werden**

- **Hinweis bei den Stufen 2 und 3 auf die Möglichkeit der Teilnahme des Betriebsrates**
- **Bei Stufe 2 stimmt der Mitarbeiter den Gesprächstermin mit Vorgesetztem und Betriebsrat ab**
- **Bei Stufe 3 stimmt der Vorgesetzte den Gesprächstermin mit dem nächsthöheren Vorgesetzten ab und teilt diesen Termin dem Mitarbeiter und dem Betriebsrat mit**
- **Ist die Teilnahme eines Sachverständigen (z. B. Werksarzt, Sozialberatung) notwendig, so stimmt der Vorgesetzte den Termin mit diesem ab**
- **Bei Stufe 4 stimmt der Vorgesetzte den Termin mit der Personalabteilung ab und teilt diesen dem Mitarbeiter, dem Betriebsrat und dem nächsthöheren Vorgesetzten mit**

- **Falls der Vorgesetzte bei den Gesprächen abwesend ist, stellt der nächsthöhere Vorgesetzte eine gleichwertige Vertretung sicher, z. B. durch einen anderen der gleichen Ebene**
- **Falls der nächsthöhere Vorgesetzte bei Gesprächen der Stufe 3 abwesend ist, stellt dessen Vorgesetzter eine gleichwertige Vertretung sicher**

- **Für die Durchführung des Gespräches ist vom Vorgesetzten ein Ort auszuwählen, an dem eine entsprechende Vertraulichkeit gewährleistet ist**
- **Der Vorgesetzte hat alle notwendigen Unterlagen für die Gesprächsführung bereitzuhalten**

Abbildung 50: Hinweise zur Gesprächsvorbereitung im AVP

Zu Beginn hat der Vorgesetzte zu prüfen, ob für den Mitarbeiter ein neuer Formularsatz angelegt werden muß. Dies wäre für die Führung eines Motivationsgespräches der Fall; ansonsten ist der vorhandene Satz zu verwenden. Daraufhin ist dem Mitarbeiter der Gesprächstermin mitzuteilen, der spätestens an dem seiner Rückkehr folgenden Tag liegen muß. In diesem Zusammenhang ist der Mitarbeiter auf die Möglichkeit hinzuweisen, daß er einen Vertreter des Betriebsrates dazuholen kann. Für die Abstimmung der Gesprächstermine ist schließlich der Vorgesetzte verantwortlich; in der letzten AVP-Stufe liegt diese Verantwortung allerdings bei der Personalabteilung.

Für die Vertretung der Vorgesetzten bei den Gesprächen ist der jeweils nächsthöhere Vorgesetzte verantwortlich. Das stellt sicher, daß in jedem Fall ein entsprechender Vertreter bei diesem Gespräch anwesend ist, so daß sich daraus keine Verzögerungen beim Ablauf des AVP ergeben können. Schließlich trägt der Vorgesetzte für die äußeren Rahmenbedingungen, wie die Wahl eines geeigneten und vertraulichen Ortes sowie die Bereitstellung der notwenigen Unterlagen, die Verantwortung. Sind diese genannten Voraussetzungen erfüllt, so kann mit dem Gespräch nach den vorgegebenen Formularen begonnen werden.

Nachdem die jeweiligen Formblätter eingesetzt worden sind, ist die Durchführung des Gespräches allerdings noch nicht beendet. Deshalb sollten die in der Abbildung 51 gegebenen Hinweise ebenfalls vom Vorgesetzten einbezogen werden.

Nach den Mitarbeiter- und Personalgesprächen sind die vorliegenden Formulare und Gesprächsprotokolle vom Vorgesetzten und vom Mitarbeiter abzuzeichnen, was dem Nachweis dient, daß das Gespräch in der dokumentierten Weise stattgefunden hat. Nun kann es dazu kommen, daß sich der Mitarbeiter weigert, seine Unterschrift unter das Protokoll zu setzen. Trotz der dann sicherlich gespannten Atmosphäre muß der Vorgesetzte wissen, daß er den Mitarbeiter nicht zum Abzeichnen zwingen darf.

Deshalb sollte er auf dem jeweiligen Formular vermerken, daß der Betroffene die Unterschrift verweigert hat; diese Bemerkung ist zusätzlich mit dem angegebenen Grund zu versehen. Allerdings ist der Mitarbeiter darauf hinzuweisen, daß mit der Weigerung zur Unterschriftsabgabe der AVP nicht aufgehalten ist und er bei erneutem Fehlen in der laufenden Frist mit der nächsthöheren Gesprächsstufe zu rechnen hat. Die Unterschrift bestätigt nur die Gesprächsinhalte; sie ist nicht nötig für die Akzeptanz der durchgeführten Gesprächsstufe.

Gesprächsführung

- Die Unterschrift auf dem Formular für die Gesprächsstuften 1 bis 3 dienen zum Nachweis, daß das Gespräch in der dokumentierten Weise stattgefunden hat
- Die Formulare sind von sämtlichen Gesprächsteilnehmern zu unterschreiben (Vorgesetzter, nächsthöherer Vorgesetzter, Betriebsrat, Sachverständiger, Dolmetscher und Mitarbeiter)
- Lehnt der Mitarbeiter die Unterschrift ab, so ist folgendermaßen zu verfahren:
  - die Unterschrift kann nicht erzwungen werden
  - der Vorgesetzte vermerkt auf dem Formular: „Unterschrift verweigert" (ggf. mit Grund)
  - bei nicht geleisteter Unterschrift ist der Mitarbeiter darauf hinzuweisen, daß er dadurch nicht von der nächsthöheren Gesprächsstufe befreit ist
  - der Vorgesetzte kann auch auf die Unterschrift des Mitarbeiters verzichten, muß dafür allerdings den Grund angeben, z. B.:
    - Unterschrift würde die positive Gesprächsatmosphäre zerstören
    - Gespräch hat den Mitarbeiter zu sehr mitgenommen
- Auf dem Formular der Stufe 4 sind der Name, die Schicht und die Telefonnummer des Vorgesetzten anzugeben
- Wenn der Mitarbeiter auf Probleme hinweist, die nach seiner Meinung Einfluß auf seine Fehlzeit haben, wird er aufgefordert, dazu einen PKB (Problemkommunikationsbericht) auszufüllen
- PKBs sind innerhalb einer Frist von vier Wochen abzuarbeiten, und das Ergebnis ist dem Mitarbeiter mitzuteilen
- Die Dokumentation des Gespräches oder die Meldung an die Personalabteilung ist spätestens am nächsten Tag beim Vorgesetzten vorzunehmen

Abbildung 51: Hinweise zur Gesprächsführung

Damit die Rückkehrgespräche auch mit den ausländischen Mitarbeitern in angemessener Weise durchgeführt werden können, sind zum einen die Unterlagen in entsprechender Weise aufgearbeitet worden. Zum anderen kann zur Unterstützung für die Gesprächsführung auf fremdsprachige Mitarbeiter der Personalabteilung zurückgegriffen werden, die nach Abstimmung als Dolmetscher zur Verfügung stehen (dies gilt beispielsweise für griechisch, italienisch, spanisch und türkisch).

Noch einmal wird auf die Möglichkeit hingewiesen, Problemkommunikationsberichte im Verlauf der Gespräche auszufüllen, um auf Mißstände bei den Arbeitsbedingungen hinweisen zu können, die möglicherweise Ursachen für krankheitsbedingte Fehlzeiten sind. Sie müssen in einer Frist von vier Wochen von den jeweils zuständigen Stellen bearbeitet werden, und ein entsprechendes Feedback an den auslösenden Mitarbeiter muß gegeben sein. Das stellt sicher, daß die Rückkehrgespräche auch zu konstruktiven Lösungen bei der Optimierung des Arbeitsumfeldes beitragen.

Schließlich ist spätestens am Folgetag des jeweiligen Gespräches der Klebepunkt auf der Interaktionstafel des nächsthöheren Vorgesetzten aufzukleben. Damit wäre den Anforderungen des AVP für diese Gesprächsrunde Rechnung getragen.

4.5.2. Ausnahmen

Auch für die Durchführung des AVP gibt es eine Reihe von Ausnahmen, bei denen die vorgestellte stufenweise Gesprächsführung unterbrochen wird, um in angemessener Form auf individuelle Einzelfälle reagieren zu können. Diese Möglichkeiten läßt AVP bewußt, da es gerade bei der Behandlung eines sensiblen Themas wie das der Abwesenheit auf einen situationsgerechten Einsatz der vorhandenen Mittel ankommt. Die Abbildung 52 stellt einige wichtige Ausnahmen in exemplarischer Weise dar.

1. Krankheiten während der Schwangerschaft
2. Genehmigte Kuren
3. Krankheiten nach einem Arbeitsunfall
4. Abgebrochener Arbeitsversuch noch vor Ablauf der Arbeitsunfähigkeit
5. Nach- und Folgebehandlungen von attestierten Krankheiten, bspw. voraussehbare Heilbehandlungen, Folgeoperationen o. ä. Hier kann, sollte der Mitarbeiter nicht mit dem Vorgesetzten darüber sprechen wollen, der werksärztliche Dienst zur Unterstützung herangezogen werden
6. Ein Tag Krankheit im Zeitraum <= 9 Monaten seit dem ersten Gespräch

Abbildung 52: Ausnahmen vom AVP

Es gibt eine Reihe von Fällen, in denen es ausreicht, es lediglich bei einem Motivationsgespräch zu belassen, ohne die nächsthöhere Gesprächsstufe zu bemühen. Mit diesen Ausnahmesituationen ist zunächst der direkte Vorgesetzte konfrontiert, weshalb es gerade hierbei wichtig ist, ihm die notwendigen Unterstützungen an die Hand zu geben. Nur so kann er richtig entscheiden. Ihm muß klar sein, daß er bei solchen, zum Teil auch schwierigen Entscheidungen nicht allein gelassen wird. Deshalb kann jeder Vorgesetzte in solchen Situationen den fachkompetenten Rat des werksärztlichen Dienstes oder der zentralen Personalabteilung und ihrer Außenstellen in Anspruch nehmen.

Diese Hilfe erleichtert es ihm, Ausnahmesituationen zu beurteilen, wie zum Beispiel Krankheiten während Schwangerschaften oder auch genehmigte Kuren. Krankheiten, die nach einem Arbeitsunfall entstanden sind, fallen ebenso in diese Kategorie, da in diesem Fall der Bezug zur jeweiligen Tätigkeit auf besonders eindrückliche Weise offensichtlich ist. Auch für einen abgebrochenen Arbeitsversuch vor Ablauf des attestierten Genesungszeitraumes wird der AVP ausgesetzt.

Besondere Fälle sind auch Nach- und Folgebehandlungen von attestierten Krankheiten. Da hier gerade die ärztliche Schweigepflicht eine besonders wichtige Rolle spielt, ist es notwendig, möglichst gleich zu Beginn den werksärztlichen Dienst einzubinden. Denn häufig fühlt sich der Mitarbeiter berechtigterweise nicht in der Lage, mit dem Vorgesetzten über derartige gesundheitliche Belange zu sprechen.

Schließlich fällt die einmalige Krankheit für einen Tag im Zeitraum von weniger als neun Monaten seit dem Motivationsgespräch ebenfalls unter diese Ausnahmeregelung des AVP. Mit dieser Festlegung wird sichergestellt, daß die Verhältnismäßigkeit des Mitteleinsatzes gewahrt bleibt. Jemand, der sich auf der ersten AVP-Stufe befindet und im Verlauf der Neun-Monats-Frist lediglich einmal aus Krankheitsgründen für maximal einen Tag fehlt, für den bedeutet es „mit Kanonen auf Spatzen schießen", wenn automatisch die nächsthöhere Gesprächsstufe eingeschaltet wird.

Damit wird der AVP keinesfalls geschwächt, sondern es wird gezeigt, daß es sich bei diesem Abwesenheitsprogramm nicht um ein blindes, systemhöriges Instrument handelt, das individuelle Situationen nicht adäquat berücksichtigt. Diese Regelung vermeidet außerdem, daß durch einen unverhältnismäßigen Einsatz der Gesprächsstufen Ärger und Unverständnis bei den Betroffenen verursacht wird, der zu Demotivation und vielleicht dann zu höheren Abwesenheiten führt. Und schließlich schafft diese eindeutige Festlegung der Ausnahmen vom AVP die notwendige Transparenz von Grenzfällen, die auf diese Weise im gesamten Unternehmen einheitlich geregelt werden können.

4.5.3. Besondere Situationen

Neben der Vorbereitung und Durchführung der Gespräche sowie den Ausnahmen vom AVP gibt es auch eine Reihe von besonderen Situationen, mit denen der Vorgesetzte im Zusammenhang mit den Rückkehrgesprächen konfrontiert werden kann. Um auch hier in einheitlicher Form reagieren zu können, sind nachfolgend vier Fälle beispielhaft herausgegriffen worden.

Was tun bei krankheitsbedingter Fehlzeiten verliehener Mitarbeiter?

- Verleihdauer weniger als vier Wochen:
  - das entsprechende Gespräch ist vom Vorgesetzten des Stammbereiches zu führen
  - der Vorgesetzte des Entleiherbereiches informiert sofort nach Rückkehr des Mitarbeiters den Vorgesetzten des Stammbereiches
  - die Vereinbarungen des Gesprächstermins liegt ausschließlich beim Vorgesetzten des Stammbereiches

- Verleihdauer mehr als vier Wochen:
  - das entsprechende Gespräch ist vom Vorgesetzten des Entleiherbereiches zu führen
  - der Vorgesetzte des Stammbereiches wird angefragt, ob schon ein Gesprächsformularsatz angelegt worden ist:
    - wenn ja:
      - Vorgesetzter des Entleiherbereiches fordert den Formularsatz an
      - und führt das Gespräch durch
    - wenn nein:
      - Vorgesetzter des Entleiherbereiches legt neuen Formularsatz an,
      - führt das Gespräch und
      - bittet bei Beendigung der Entleihung den Mitarbeiter, den Formularsatz an seinen Vorgesetzten im Stammbereich weiterzuleiten

Abbildung 53: Verhalten bei krankheitsbedingten Fehlzeiten verliehener Mitarbeiter

Häufig kommt es zwischen Bereichen zu Verleihungen von Mitarbeitern, um auftretende Engpässe kurzfristig und flexibel abdecken zu können. Fehlen diese Mitarbeiter, so ist auch mit diesen das entsprechende Gespräch bei der Rückkehr zu führen. Ist die Verleihdauer geringer als vier Wochen, so ist der Vorgesetzte des Stammbereiches für das AVP-Gespräch verantwortlich. Allerdings hat der Vorgesetzte des Entleiherbereiches sofort eine entsprechende Information zu liefern. Für alles weitere, wie die Abstimmung des Gesprächstermines und die jeweiligen Einladungen, trägt dann der Stammbereichsvorgesetzte die Verantwortung.

Überschreitet die Verleihdauer die Frist von vier Wochen, so ist der Vorgesetzte des Entleiherbereiches für das Führen des Rückkehrgespräches zuständig. Allerdings muß der Stammbereich gefragt werden, ob ein Formularsatz schon angelegt worden ist. Ist dieser vorhanden, so ist er entsprechend zu verwenden. Ist das nicht der Fall, so legt der Entleiherbereich ein solches Formular an und bittet den Mitarbeiter bei Rückkehr in seinen ursprünglichen Bereich, diesen Beleg für den jeweiligen Vorgesetzten mitzunehmen.

Diese Beschreibungen zeigen, daß es notwendig ist, den Belegablauf zwischen Entleiher- und Verleiherbereich genau zu regeln, da das die Einhaltung des gesamten Prozesses sichert. Nur so läßt sich der AVP auch flexibel einsetzen.

Eine weitere besondere Situation ist die unentschuldigte Abwesenheit vom Arbeitsplatz (siehe Abbildung 54).

Was tun bei unentschuldigter Abwesenheit?

- **1. Situation: Begründete Verweigerung von Urlaub**
  - **Mitarbeiter beantragt kurzfristig für einen Tag Tarifurlaub**
  - **Vorgesetzter lehnt diesen Urlaub ab und fordert den Mitarbeiter auf, am Arbeitsplatz zu erscheinen**
  - **Mitarbeiter kommt dieser Aufforderung nicht nach**

  Vorgehen:
  - **unverzügliche Information der Personalabteilung durch den Vorgesetzten**
  - **arbeitsrechtliche Konsequenzen (Verwarnung, Abmahnung, Kündigung) sind möglich**

- **2. Situation: Nachträgliche Wandlung von „UA" in Arbeitsunfähigkeit wegen Krankheit**
  - **Mitarbeiter fehlt zu Schichtbeginn unentschuldigt und wird zunächst „UA" geführt**
  - **Krankmeldung wird nachträglich für diesen Tag vorgelegt, so daß „UA" zu „K" geändert wird**

  Vorgehen:
  - **es bleibt bei einem Verstoß gegen die rechtzeitige Mitteilungspflicht im Krankheitsfall**
  - **unverzügliche Information der Personalabteilung durch den Vorgesetzten**
  - **arbeitsrechtliche Konsequenzen (Verwarnung, Abmahnung, Kündigung) sind möglich**

Abbildung 54: Verhalten bei unentschuldigter Abwesenheit

Beantragt der Mitarbeiter kurzfristig für einen Tag Tarifurlaub, der ihm von seinem Meister begründet abgelehnt wird, und erscheint er trotz Aufforderung nicht zur Arbeit, so ist dies ein eindeutiger Verstoß gegen den Arbeitsvertrag und hat mit den Rückkehrgesprächen, die im AVP vorgesehen sind, nichts zu tun. In einem solchen Fall ist die Personalabteilung zu informieren, die dann über das weitere Vorgehen entscheidet.

Die Beschreibung dieser Situation zeigt, daß bei Abwesenheiten, die einen Verstoß gegen den Arbeitsvertrag darstellen, der AVP nicht angewandt wird. Der AVP konzentriert sich ausschließlich auf die klar begründete Abwesenheit wegen Krankheit, was beispielsweise bei Vorlage einer Arbeitsunfähigkeitsbescheinigung der Fall ist. Tatbestände, bei denen arbeitsrechtliche Schritte eingeleitet werden müssen, fallen nicht unter die Prinzipien des AVP, da hier ein stufenweises Vorgehen nicht angebracht ist, wie die vorangegangene Situationsbeschreibung zeigt.

Dies gilt auch für den zweiten kurz beschriebenen Fall, in dem eine unentschuldigte Abwesenheit nachträglich durch die Vorlage einer Krankmeldung sanktioniert werden soll. Auch in diesem Fall handelt es sich um einen Verstoß gegen arbeitsvertragliche Pflichten (rechtzeitige Mitteilungspflicht), der mit entsprechenden arbeitsrechtlichen Konsequenzen bedroht ist.

Im Rahmen des AVP kann der Vorgesetzte dagegen auch mit der in Abbildung 55 geschilderten Situation konfrontiert werden:

Was tun bei längerer Arbeitsunfähigkeit?

Situation:

- **Mitarbeiter kommt nach längerer Arbeitsunfähigkeit zurück in die Abteilung**
- **die ursprüngliche Tätigkeit kann von ihm nicht mehr oder nur mit Einschränkungen erledigt werden**
- **die eingeschränkte Arbeitsfähigkeit ist auf seine Krankheit zurückzuführen**

Vorgehen:

- **Vorgesetzter schaltet gemeinsam mit dem Mitarbeiter die Personalabteilung ein, um zusammen ein Vorgehen zum Wiedereinstieg in das Erwerbsleben abzustimmen, und zwar durch:**
  - **stufenweise Wiedereingliederung**
  - **medizinische Rehabilitationsmaßnahmen**
  - **berufsfördernde Rehabilitationsmaßnahmen**
  - **Hilfe beim Rentenantrag**

Abbildung 55: Verhalten bei längerer Arbeitsunfähigkeit

Nach einer längeren Zeit der Abwesenheit kommt der Mitarbeiter zurück in die Abteilung. Allerdings kann er die ursprünglich von ihm ausgeführte Arbeit aus gesundheitlichen Gründen nicht mehr aufnehmen oder nur noch mit Einschränkungen erfüllen. Das kann ihm beispielsweise auch explizit von seinem Arzt bescheinigt werden, der ihn während der längeren Fehlzeit behandelt hat.

Für diesen Fall hat der Vorgesetzte gemeinsam mit dem betroffenen Mitarbeiter die Personalabteilung einzuschalten, um zusammen ein Vorgehen zum Wiedereinstieg in das Erwerbsleben abstimmen zu können. Wichtig ist dabei, daß es sich nicht um eine Meldung an die Personalabteilung handelt, sondern diese wird ausdrücklich deshalb konsultiert, damit eine gemeinsame Lösung gefunden wird, die beiden Seiten helfen soll: Mitarbeiter und Unternehmen.

Das kann von einer stufenweisen Wiedereingliederung über medizinische Rehabilitationsmaßnahmen bis hin zur Hilfe für den Rentenantrag reichen. Hier kommen auch die Lösungen zum Tragen, die im zweiten Kapitel als ,,Hamburger Modell" vorgestellt worden sind. Hat das Unternehmen eine Genesendenabteilung mit speziellen Arbeitsplätzen, die eine schrittweise Wiedereingliederung in den Arbeitsprozeß ermöglichen, so stellt das ebenfalls eine mögliche und praktikable Lösung für solche Situationen dar.

Und schließlich soll noch auf den Fall eingegangen werden, daß ein Mitarbeiter trotz ärztlich attestierter Krankschreibung seine Arbeit wieder aufnimmt (siehe Abbildung 56).

Was tun bei Arbeitsaufnahme trotz bestehender Krankschreibung?

Situation:

- **Mitarbeiter ist regulär von einem Arzt für eine bestimmte Zeitdauer krankgeschrieben**
- **trotzdem erscheint er freiwillig am Arbeitsplatz und nimmt seine Arbeit wieder auf**

Vorgehen:

- **der Mitarbeiter beendet durch sein Handeln freiwillig seine Arbeitsunfähigkeit**
- **er steht ab diesem Zeitpunkt unter dem absoluten Schutz der gesetzlichen Unfallversicherung mit allen zustehenden Leistungsansprüchen**
- **eine „Gesundschreibung“ ist nicht erforderlich**

- **Mitarbeiter dürfen ihre Arbeit allerdings dann nicht freiwillig aufnehmen, wenn**
  - **sie dadurch sich und andere nachhaltig gefährden**
  - **sie ihren eigenen Genesungsprozeß dadurch verlängern**

Abbildung 56: Verhalten bei Arbeitsaufnahme trotz bestehender Krankschreibung

Indem der Mitarbeiter freiwillig wieder am Arbeitsplatz erscheint, beendet er aus freien Stücken seine Arbeitsunfähigkeit. Ab diesem Zeitpunkt steht er unter dem absoluten Schutz der gesetzlichen Unfallversicherung und hat entsprechenden Anspruch auf alle Leistungen, die er auch im gesunden Zustand erhalten würde. Nicht zuletzt aus diesem Grund ist keine „Gesundschreibung“ erforderlich.

Allerdings hat der Mitarbeiter darauf zu achten, daß er sich und andere bei einem solchen Arbeitsversuch nicht gefährdet. Das schließt ein, daß er durch sein Erscheinen am Arbeitsplatz seinen Genesungsprozeß nicht verlängert oder sich nicht dadurch schwerwiegende gesundheitliche Schäden zufügt. Hier sind in jedem Falle die Empfehlungen des behandelnden Arztes oder des werksärztlichen Dienstes zu berücksichtigen.

Die vier vorgestellten besonderen Situationen zeigen, daß diese nicht alle mit der ausschließlichen Anwendung des AVP zu bewältigen sind. Deshalb gilt gerade für diese außergewöhnlicheren Fälle das, was im Zusammenhang mit den Ausnahmen im vorangegangenen Abschnitt festgehalten wurde: „Die Vorgesetzten werden mit ihren Entscheidungen nicht allein gelassen!" Im Zweifelsfall stehen dem Vorgesetzten der fachliche Rat der Personalaußenstellen, der zentralen Personalabteilung oder des werksärztlichen Dienstes zur Verfügung.

4.6. Realisierung des AVP im Werk Rüsselsheim

Damit der AVP in der beschriebenen Form im Werk Rüsselsheim implementiert werden konnte, war eine zügige und stringente Entwicklungs- und Einführungsphase erforderlich. Im folgenden soll deshalb dieses Vorgehen beschrieben werden, um auch dabei die erfolgskritischen Faktoren herauszustellen.

4.6.1. Die Entwicklung des AVP

Ein klarer und straffer Zeitplan war wesentlicher Bestandteil der Entwicklungsphase des AVP. Dabei wurden entsprechende Meilensteine gesetzt, die strukturiert dazu geführt haben, daß innerhalb von drei Monaten das gesamte Konzept erstellt war (siehe Abbildung 57).

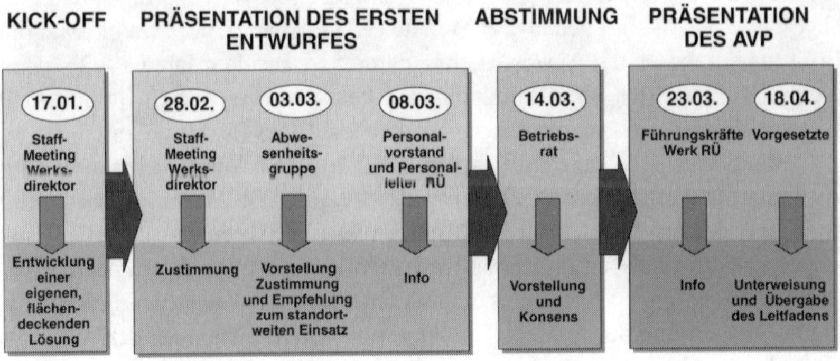

Abbildung 57: Zeitplan für die Entwicklung des AVP, 1995

Mitte Januar fiel die Entscheidung im Staff des Werksdirektors für die Entwicklung eines Nachfolgekonzeptes des ersten Anwesenheitsprogrammes. Zielsetzung war es, für das gesamte Werk eine eigene flächendeckende Lösung zu gestalten, mit der sich das „Phänomen Abwesenheit" in Rüsselsheim in den Griff bekommen ließe.

Bis Anfang März konnte ein erster Entwurf präsentiert werden. Dazu wurde zunächst die Zustimmung des Staffs des Werksdirektors eingeholt. Daraufhin wurde dieses Konzept – mit der Empfehlung zum standortweiten Einsatz – der Arbeitsgruppe Abwesenheit vorgestellt, die von den Betriebsparteien gebildet wurde. Nach erfolgter Zustimmung wurden der Personalvorstand und die Personalleiter des Standortes über die Inhalte dieses ersten Entwurfes informiert.

Daraufhin konnte das neue Konzept dann dem Betriebsrat Mitte März präsentiert werden. Auch von ihm wurde die Notwendigkeit erkannt, das Thema Abwesenheit stärker in den Mittelpunkt zu stellen. Nicht zuletzt seine Bereitschaft zur paritätischen Besetzung der Arbeitsgruppe Abwesenheit drückte dies aus. Deshalb konnte zu diesem Zeitpunkt schon ein Konsens mit der Arbeitnehmervertretung über die detaillierte Ausgestaltung des neu entwickelten Instrumentes erreicht werden.

Der nächste Schritt war die Präsentation des AVP. Diese fand zuerst vor den Führungskräften des Werkes Rüsselsheim statt, um auch von den Entscheidungsträgern die notwendige Unterstützung bei der Umsetzung des Systems zu erhalten. Ab Mitte April konnte mit der Unterweisung der Vorgesetzten begonnen werden, um sie im täglichen Umgang mit dem AVP zu schulen.

Damit war die Entwicklungsphase des Anwesenheitsverbesserungsprozesses abgeschlossen, die fast genau drei Monate gedauert hatte. Basis waren zwar die Erfahrungen des ersten Anwesenheitsprogrammes aus dem Jahre 1992 – doch die drei vorgestellten AVP-Prinzipien sind komplett neu speziell für den AVP gestaltet worden, und sie machen das Herzstück dieses Prozesses aus.

Deshalb kann man sagen, daß – verglichen mit dem Vorgängerprozeß – der AVP innerhalb relativ kurzer Zeit entwickelt worden ist. Darin liegt bestimmt auch einer der Erfolgsfaktoren des gesamten Systems, da es aus einem Guß entstanden ist. Auch die umfassenden Freiheiten, die von allen Seiten bei der Gestaltung des gesamten Konzeptes eingeräumt wurden, haben wesentlich zur zügigen Entwicklung beigetragen. Es war von vornherein klar, daß der Wille zur Veränderung sowohl im Management als auch bei der Arbeitnehmervertretung vorhanden ist. Auf diese Weise lag Mitte April ein fertiges Konzept vor, das von allen Entscheidungsträgern gewollt war. Der nächste Schritt bestand nun darin, AVP entsprechend zu vermitteln.

4.6.2. Einführung des AVP

In ähnlicher Form wie die Entwicklung des AVP wurde auch dessen Einführung vorgenommen: Ein straffer Zeitplan wurde aufgestellt, und alle Anstrengungen konzentrierten sich darauf, in möglichst kurzer Frist eine möglichst große Zahl an Vorgesetzten im Umgang mit dem AVP zu schulen. Angefangen wurde mit diesen Aktivitäten im April, und geplant war, bis Mai wesentliche Teile der Zielgruppe im AVP eingewiesen zu haben (siehe Abbildung 58).

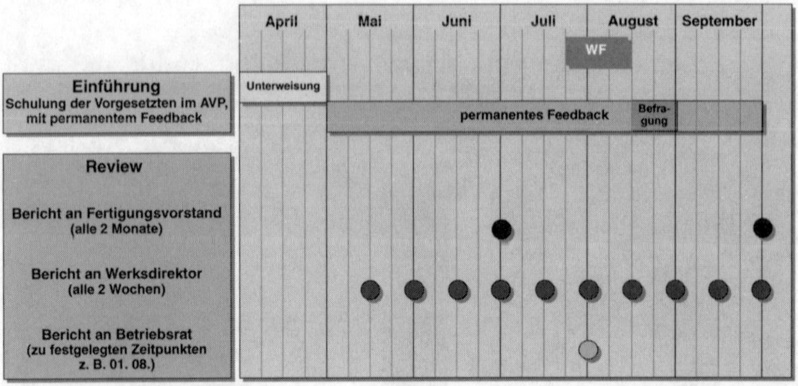

Abbildung 58: Zeitplan für die Einführung des AVP, 1995

Dieser Zeitplan konnte letztlich auch realisiert werden. Insgesamt wurden 517 Vorgesetzte (Meister, Gruppenleiter, Schichtbetriebsleiter, Abteilungsleiter und Fertigungsbereichsleiter) sowie 90 gewerkschaftliche Vertrauensleute in der Handhabung der AVP-Instrumente geschult. Damit war ab Mitte Mai der AVP einsatzbereit, so daß alle nachfolgenden Abwesenheitsraten „unter AVP" entstanden sind.

Ab diesem Zeitpunkt begann auch das regelmäßige Review über den Stand der Abwesenheit und die Zahl durchgeführter Gespräche, die sich aus einer Zusammenfassung aller Interaktionstafeln ergibt. Diese Informationen gehen alle zwei Monate an den Fertigungsvorstand und alle zwei Wochen an den Staff des Werksdirektors des Werkes Rüsselsheim.

Parallel dazu hat man sich mit der Arbeitnehmerseite darauf geeinigt, daß zu noch näher vereinbarten Zeitpunkten ein Bericht auch an den Betriebsrat erstattet wird. Das dient zum einen dazu, daß beide Seiten über dieselben Daten informiert sind; zum anderen soll in diesem Kreis auch die Funktionsweise des gesamten Systems diskutiert und eventuelle Optimierungsmöglichkeiten gefunden werden. Diese „Meta-Kontrolle" des AVP soll dazu dienen, daß die Prozeßbestandteile nicht einfach akzeptiert werden, sondern daß deren Funktionsweise laufend überwacht wird.

Während der Einführungsveranstaltungen wurden die Teilnehmer abschließend zu drei Aspekten befragt, die ein Stimmungsbild für das Anfangsstadium des AVP wiedergeben (siehe Abbildung 59).

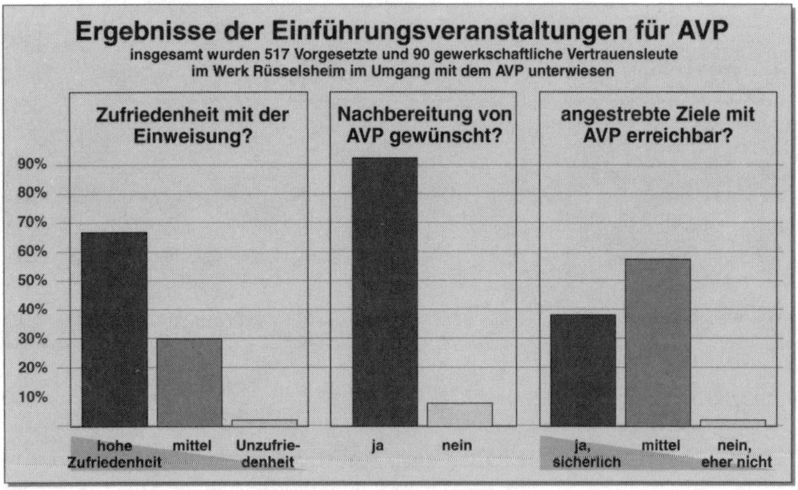

Abbildung 59: Ergebnisse der Teilnehmerbefragung nach den AVP-Einführungsveranstaltungen

Zum einen zeigten sich die Teilnehmer zufrieden über den Ablauf und den Inhalt der Einführungsveranstaltungen, da nicht einfach nur schriftlich mitgeteilt wurde, daß ein neues Instrument zur Reduktion der Abwesenheit eingesetzt wird. Positiv wurde auch vermerkt, daß es dabei zu einem offenen Dialog über ein Thema gekommen ist, mit dem jeder konfrontiert wird, das aber bisher als brisant und schwer zu handhaben galt.

Daneben wurde auch angeboten, nach dem ersten Anlauf von AVP eine Nachbereitungsveranstaltung durchzuführen. Das wurde von fast allen gewünscht, was den großen Bedarf an Informationen und Austausch zum Thema Fehlzeiten deutlich macht. Deshalb wurde für Ende August/Anfang September eine Befragung eingeplant, in der die ersten Erfahrungen mit AVP bewertet werden sollten. Dies wurde auch im Zeitplan, den die Abbildung 58 zeigt, vermerkt. Auf die Ergebnisse dieser Umfrage wird im folgenden Kapitel näher eingegangen.

Bei der letzten Frage, ob nach Einschätzung der Teilnehmer mit AVP das Ziel geringerer Abwesenheitsraten im gesamten Werk zu erreichen ist, zögerten viele. Obwohl ein gutes Drittel gleich von Beginn an der festen Überzeugung war, daß sich mit AVP bei den Fehlzeiten einiges tun wird, waren sich dennoch über die Hälfte über die Wirksamkeit dieses neuen Konzeptes nicht sicher. Daß es sich nicht um eine grundsätzliche Ablehnung handelte, zeigt schließlich der verschwindend geringe Anteil derjenigen, die von dem gesamten System noch vor der Einführung nichts hielten.

Diese Zurückhaltung zu Beginn wurde größtenteils auch dadurch verursacht, daß die meisten Teilnehmer ihre Erfahrungen mit Rückkehrgesprächen schon im Rahmen des ersten Anwesenheitsprogrammes gesammelt hatten. Da dieses Programm schon seit 1992 im Einsatz war, bot das genügend Zeit, um schlechte und gute Begegnungen mit Rückkehrgesprächen zu machen.

Mitte Mai war AVP an alle kommuniziert, die dessen Einsatz im täglichen Geschäft sicherstellen müssen. Daneben wurden auch eine Reihe von begleitenden Aktivitäten in die Wege geleitet, um dem Thema Abwesenheit auch in Zukunft den nötigen wichtigen Stellenwert zu verschaffen. Dazu gehören neben Berichten und Veröffentlichungen der aktuellen Abwesenheitsraten in der Werkszeitung *InForm* sowie in der Betriebszeitung *Opel Post* auch Hinweise in Betriebsversammlungen, Presseartikeln und Veröffentlichungen. Eine wichtige Rolle spielen ebenfalls ständige Begehungen des Managements im Betrieb, bei denen das Audit der in den Bereichen angebrachten Interaktionstafeln im Vordergrund steht.

Die anfängliche Zurückhaltung eines Teils der Vorgesetzten zu Beginn des AVP-Startes war nur durch entsprechende Erfolge dieses Instrumentes zu beseitigen. Ansonsten war die Gefahr groß, daß die abwartende Einstellung gegenüber der Wirksamkeit von AVP in offene Ablehnung umschlagen würde. Inwieweit AVP diese Erfolge im weiteren Verlauf des Jahres 1995 erreicht hat, wird das folgende und letzte Kapitel zeigen.

4.7. Zusammenfassung des vierten Kapitels

Nachdem die Ausgangssituation geschildert wurde, in der sich das Werk Rüsselsheim Anfang 1995 in bezug auf die Abwesenheit befand, wurde das neue Konzept detailliert vorgestellt. Mit diesem verspricht sich das Werk, im weiteren das Fehlzeitenproblem wirksam zu bekämpfen. Das neue Instrument heißt Anwesenheitsverbesserungsprozeß (AVP). Es versucht die Abwesenheit zu reduzieren, indem die direkten Vorgesetzten mit den betroffenen Mitarbeitern Rückkehrgespräche führen. Zu diesem Zweck wurden vier Gesprächsstufen entwickelt, die abhängig von der Häufigkeit der Fehlzeiten innerhalb festgelegter Fristen zum Einsatz kommen. Die Rückkehrgespräche sind anhand von drei Prinzipien gestaltet:

- Standardisierung der verwendeten Elemente
- Dokumentation
- Visualisierung der durchgeführten Gespräche

Daraufhin wurden die vier Gesprächsstufen (Motivations-, Mitarbeiter-, Personal- und Fehlzeitengespräch) sowie der dazugehörige vierteilige Formularsatz vorgestellt. Anhand einiger Beispiele für besondere Abwesenheitssituationen wurde gezeigt, daß eine sklavische Anwendung des AVP nicht der Verhältnismäßigkeit des Einsatzes diese Instruments entspricht. Deshalb wurde auf den differenzierten Einsatz von AVP hingewiesen, bei dem der Vorgesetzte auf fachliche Hilfe aus der Personalabteilung und dem werksärztlichen Dienst zurückgreifen kann.

Die Ergebnisse der Teilnehmerbefragung nach den Einführungsveranstaltungen zeigten einerseits ein großes Interesse an diesem Instrument, andererseits waren erhebliche Teile der Vorgesetzten zum Zeitpunkt des AVP-Startes noch etwas reserviert, was die Erfolgsaussichten dieses Instrumentes betraf. Für die weitere Akzeptanz von AVP war deshalb eine signifikante Reduktion der Abwesenheit notwendig. Darauf wird das folgende Kapitel eingehen.

5. Kapitel

Ergebnisse des AVP

5.1. Reaktionen der Mitarbeiter

Das vorangegangene Kapitel hat gezeigt, daß die Führungskräfte, die schließlich für die Einführung des AVP im Tagesgeschäft verantwortlich sind, zu Beginn eine gewisse Skepsis gegenüber diesem Prozeß zeigten. Das wurde auch vom Management und dem Betriebsrat bemerkt. Deshalb erachtete man es als wesentlich, den AVP ständig zu begleiten und sich möglichst frühzeitig wieder an die Führungskräfte zu wenden, um Reaktionen hinsichtlich erster Erfahrungen mit dem neuen Anwesenheitsprogramm einzuholen.

Die Abbildung 60 zeigt eine Auswahl von Stimmen, die im Sommer 1995 nach den ersten AVP-Wochen unter den Verantwortlichen laut wurden.

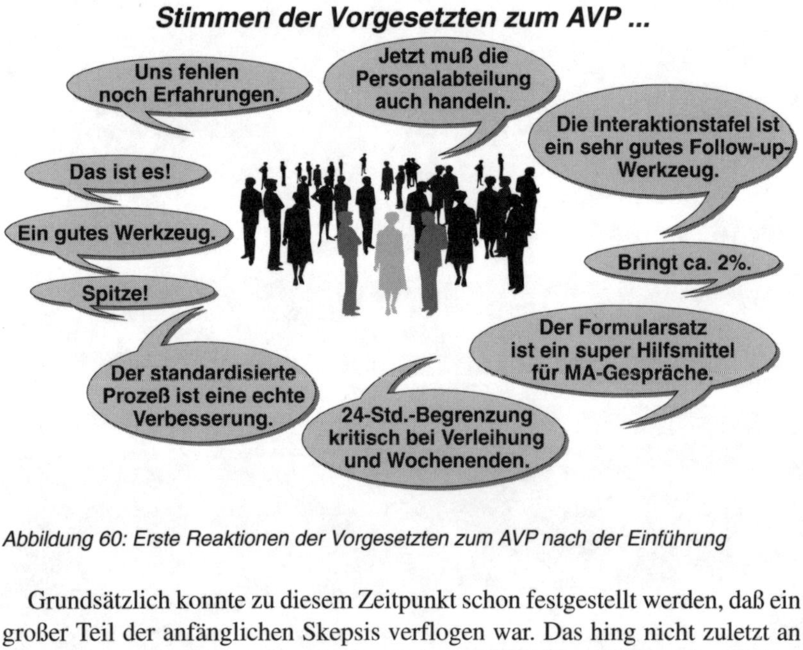

Abbildung 60: Erste Reaktionen der Vorgesetzten zum AVP nach der Einführung

Grundsätzlich konnte zu diesem Zeitpunkt schon festgestellt werden, daß ein großer Teil der anfänglichen Skepsis verflogen war. Das hing nicht zuletzt an der spürbaren Reduktion der Abwesenheitsrate, auf die nachfolgend noch hingewiesen wird. Die Vermutungen gingen damals schon so weit, daß AVP die Abwesenheitsraten in Höhe von ca. zwei Prozent senken würde.

Gut angekommen ist von Anfang an auch der standardisierte Prozeß der vierstufigen Gesprächsführung (Prinzip 1: Standardisierung), der vierteilige Formularsatz (Prinzip 2: Dokumentation) und die Interaktionstafel als Follow-up-Werkzeug (Prinzip 3: Visualisierung). Diese Bestandteile haben dazu beigetragen, daß die Vorgesetzten AVP als ein Instrument erkennen, mit dem sie das „Phänomen Abwesenheit" in ihrem eigenen Bereich effektiv und sinnvoll beherrschen können.

Auf der anderen Seite wurden auch Stimmen laut, die die Personalabteilung klar zum Handeln auffordern. Das bezieht sich sowohl auf die Unterstützung bei der Durchführung des AVP als auch auf die Ausgestaltung der Konsequenzen der vierten Gesprächsstufe, dem Fehlzeitengespräch. Dies liegt nämlich nicht mehr im direkten Verantwortungsbereich der jeweiligen unmittelbaren Vorgesetzten.

Zur praktischen Durchführung der Gespräche wurde auch die 24-Stunden-Frist als problematisch angesehen, die maximal zwischen Rückkehr des Mitarbeiters aus der Fehlzeit und dem Termin für das jeweilige Gespräch liegen darf. Gerade bei Verleihungen von Mitarbeitern unter vier Wochen, wo der Vorgesetzte des Stammbereiches das Gespräch führen muß, und bei dazwischenliegenden Wochenenden läßt sich dieser vorgegebene Zeitraum nur schwer einhalten.

Nach dieser ersten Reaktion der Vorgesetzten wurden einige Wochen später zusätzlich auch die Mitarbeiter stichprobenweise nach ihrer Meinung zum AVP befragt. Dazu finden sich ebenfalls ständig Berichte sowohl in der Mitarbeiterzeitschrift *Opel Post* als auch im Informationsblatt *InForm* des Werkes Rüsselsheim, das daneben die aktuellen bereichsspezifischen Abwesenheitszahlen publiziert. Eine Auswahl von positiven und negativen Meinungen zum AVP zeigt die Abbildung 61 auf der nächsten Seite.

Erneut wurde die kurze Frist zwischen Rückkehrzeitpunkt und dem geforderten Gesprächstermin kritisiert. Die starke Einbindung aller Gesprächsteilnehmer in das Tagesgeschäft führt deshalb in einigen Fällen dazu, daß das Gespräch erst später stattfindet. Dazu tragen nicht zuletzt die zwei genannten Faktoren – Verleihungen und Wochenenden – bei. Dabei ist anzumerken, daß eine auf Einzelfälle beschränkte Überziehung der 24-Stunden-Frist dem Prozeß nicht abträglich ist. Eine zu frühe und generelle Aufweichung von Grundsätzen weckt jedoch Begehrlichkeiten für weitere Lockerungen im Ablauf.

Auch die Gesprächsprotokolle für das Mitarbeiter- und das Personalgespräch wurden dahingehend bemängelt, daß es für ausländische Kollegen häufig nicht möglich ist, die Frageninhalte ganz zu verstehen. Deshalb müssen die Vorgesetzten mit Unterstützung der Dolmetscher die Fragentexte erläutern, was den Gesprächsablauf zusätzlich behindert. Bessere und klarere Formulierungen der Fragen in den anderen Sprachen sind deshalb unbedingt notwendig.

Bewertungen des AVP durch Mitarbeiter und Vorgesetzte

• gleicher Prozeß für alle • verständlicher Ablauf • Vertrauensbildung durch Gespräche zwischen Mitarbeiter und Vorgesetztem • klare einheitliche Dokumentation • Betriebsrat unterstützt diesen Prozeß • Anwesenheit hat sich verbessert • jetzt kommen auch die „Drei-Tage-Experten“ dran • konsequente Verfolgung der durchgeführten Gespräche	• 24-Stunden-Frist zur Führung der Gespräche ist zu kurz • Fragen in den Gesprächsprotokollen sind durch die Übersetzungen teilweise unverständlich • zum Teil hoher Erklärungsbedarf, um den Prozeß zu verstehen

Abbildung 61: Meinungen zum AVP

Schließlich hat AVP zum Teil einen hohen Erklärungsbedarf. So stellte sich heraus, daß die ablehnende Haltungen einiger Mitarbeiter, die im AVP eine gezielte Verfolgung oder Disziplinierung sahen, in erster Linie auf unvollständige Information über diesen Prozeß zurückzuführen waren. Das zeigt den hohen Kommunikationsbedarf zum Thema AVP sowohl von unten nach oben als auch von oben nach unten.

Der Vorgesetzte hat zu diesem Zweck neben den Formularen und Gesprächsprotokollen einen Leitfaden in seinem AVP-Handbuch. Dieser besteht in erster Linie aus Grafiken und Übersichten, die sich zum Teil in den Abbildungen des vorangegangenen vierten Kapitels wiederfinden. Diese graphischen Darstellungen der AVP-Inhalte sind nicht nur dafür gedacht, daß dem Vorgesetzen dieser Prozeß transparent und verständlich wird. Mit diesem Hilfsmittel sollte er auch seine Mitarbeiter über den AVP unterrichten.

Genauso wie bei den Führungskräften, so besteht auch bei den Mitarbeitern der Bedarf nach Dialog über den Umgang mit dem sensiblen Thema Abwesenheit in ihrem eigenen Bereich. Der Leitfaden zum AVP unterstützt den Vorgesetzten bei diesen Gesprächen. Der Erklärungsbedarf ist beim AVP deshalb so hoch, weil der Umgang mit Fehlzeiten erstmals in einem Verfahren klar geregelt wurde, wohingegen es bisher lediglich ungeschriebene und deshalb uneinheitliche Vorgehensweisen gab. Dieser Aspekt wurde besonders im dritten Kapitel erläutert. Daß eine feste Regelung des Abwesenheitsverhaltens sowohl für den Mitarbeiter als auch für das Unternehmen Vorteile bringt, mußte zuerst allen Beteiligten nähergebracht werden. Bis die notwendige Einsicht erreicht war, war deshalb hoher Erklärungsbedarf gegeben.

Die meisten haben die Vorteile für sich schließlich erkannt. Der gleiche Prozeß, dem dabei alle unterliegen, sichert die Gerechtigkeit („Jetzt kommen auch die Drei-Tage-Experten dran") sowohl innerhalb der eigenen Abteilung als auch zwischen den verschiedenen Bereichen des Werkes. Gerade bei Verleihungen spielt das eine wesentliche Rolle. Ist der AVP mit seinen drei Prinzipien und der vierstufigen Gesprächsführung einmal eingeführt, so stellt sich dieses Instrument insgesamt als ein verständlicher und einleuchtender Prozeß dar.

Die klare Dokumentation der Gespräche im Rahmen der strengen Datenschutzvorschriften hilft den Gesprächsteilnehmern, ihre Kommunikation auch effektiv zu gestalten. In vielen Fällen zeigte sich, daß die Gespräche, die im Rahmen des AVP geführt werden müssen, von Mitarbeitern und Vorgesetzten als gute Gelegenheit für einen vorher häufig verschobenen Informationsaustausch genutzt werden. Das fördert die Vertrauensbildung zwischen beiden, was im Zusammenhang mit den Wirkungen des AVP häufig erwähnt wird.

Als ein wesentlicher positiver Aspekt des AVP wird angeführt, daß der Betriebsrat diesen Prozeß offen unterstützt. Die umfassende Sicht auf das „Phänomen Abwesenheit", die in der Arbeitnehmervertretung schon seit Jahren vorhanden ist, hatte dazu geführt, daß sie bei der Entwicklung der unterschiedlichen Maßnahmen seit den achtziger Jahren auch aktiv eingebunden war. Diese Haltung hat den AVP erst möglich gemacht, wie die Darstellungen im dritten und vierten Kapitel gezeigt haben.

Schließlich haben alle Beteiligten bemerkt, daß der AVP die Abwesenheitsraten der eigenen Bereiche nachhaltig reduziert. Daß sich die gemeinsamen Anstrengungen, die für die Einhaltung dieses Prozesses notwendig sind, auch auszahlen, trägt wesentlich zur Akzeptanz des neuen Verfahrens bei. Auf die genauen Auswirkungen wird im folgenden noch eingegangen.

Genauso, wie sich die Vorgesetzten das bei der Einführung des AVP gewünscht hatten, fand auch eine Nachbereitung zu diesen Veranstaltungen vom

April und Mai statt. Dazu wurden die Teilnehmer im Herbst 1995 erneut nach ihrer Einschätzung des AVP befragt. Die Abbildung 62 gibt die Ergebnisse wieder.

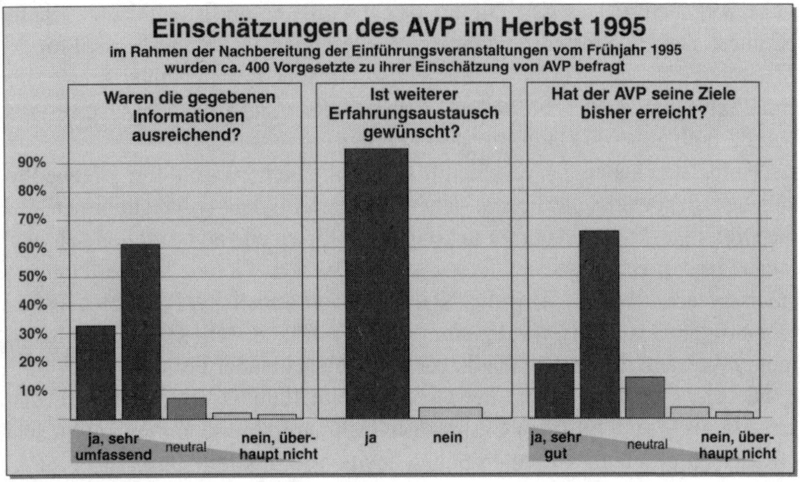

Abbildung 62: Einschätzung des AVP durch die Vorgesetzten im Herbst 1995

In diesem Zusammenhang wurden die Vorgesetzten um eine Stellungnahme gebeten, ob die Informationen und die vorbereiteten Unterlagen ausreichend waren, um sich selbst und auch die eigenen Mitarbeiter über Inhalt und Ziele des AVP zu unterrichten. Fast alle Befragten gaben an, daß das ausgegebene Material und die Schulungen gut oder sogar sehr gut ausgereicht haben, um den AVP im täglichen Geschäft umzusetzen. Zusammen mit den vorangegangenen Feststellungen zeigt sich, daß die Kommunikation des AVP ein iterativer Prozeß ist. Deshalb müssen die Inhalte wohl mehrmals erläutert werden, bevor der gesamte Anwesenheitsverbesserungsprozeß von den Mitarbeitern und auch ihren Vorgesetzten erkannt und verinnerlicht ist.

Mit ähnlich großer Einmütigkeit, wie die Vorgesetzten bei der Einführung des AVP eine Nachbereitung dieser Veranstaltungen gewünscht haben, wird nun für die Zukunft ein Erfahrungsaustausch gefordert. Das unterstützt die Vermutungen über den hohen Kommunikationsbedarf im Zusammenhang mit dem AVP. Aus Sicht der Vorgesetzten fällt darunter besonders die Gestaltung des Gesprächsablaufes und die entsprechende Nachbereitung der Gespräche. Auf den letzten Punkt wird der folgende Abschnitt eingehen, da es hier mit Hilfe der Auswertung der Gesprächsprotokolle die Möglichkeit für jeden Vorgesetzten gibt, sich hinsichtlich des eigenen Führungsverhaltens selbst zu bewerten.

Schließlich fällt die Bewertung der Erfolgsaussichten des AVP deutlich positiver aus, als das noch im Frühjahr 1995 der Fall gewesen ist. Knappe 90 Prozent der Befragten gaben an, daß der AVP seine Ziele gut bis sehr gut erreicht hat, was im Vergleich zu den knappen 40 Prozent bei Einführung des AVP eine erhebliche Steigerung ist. Grund dafür sind die positiven Faktoren, die die Abbildung 61 gezeigt hat.

Insgesamt weist der AVP ab Herbst 1995 eine recht hohe Akzeptanz bei Vorgesetzten und Mitarbeitern auf, obwohl es sich dabei um ein noch „junges" Verfahren handelt, mit dem alle Betroffenen gemeinsam gegen hohe Abwesenheitsraten vorgehen können.

5.2. Auswertung der Gespräche

Der AVP setzt darauf, daß sich die Abwesenheit reduziert, wenn mit dem zurückkehrenden Mitarbeiter in angemessener Art und Weise ein Rückkehrgespräch geführt wird. Damit steht der Dialog zwischen diesem betroffenen Mitarbeiter und seinem direkten Vorgesetzten im Vordergrund dieses Verfahrens. Mit Hilfe der Gesprächsprotokolle und der Interaktionstafeln lassen sich die stattgefundenen Kommunikationen auf unterschiedliche Weise auswerten.

Zunächst soll ein Blick auf die zahlenmäßige Verteilung der geführten Gespräche in den einzelnen Gesprächsstufen geworfen werden. Dazu wurden sämtliche Interaktionstafeln im gesamten Werk aggregiert und eine Übersicht erstellt (siehe Abbildung 63 auf der folgenden Seite).

Der Juni 1995 war der erste Monat, in dem AVP vollständig eingeführt war. Zu diesem Zweck wurden die Daten des ersten Anwesenheitsprogrammes in den neuen Prozeß übertragen, wie das im vierten Kapitel vorgestellt worden ist. Deshalb fängt die Zahl der geführten Gespräche gleich zu Beginn auf einer relativen hohen Basis an. Mit den Werksferien im Sommer sinkt die Zahl, um im Herbst wieder deutlich zuzunehmen. Das schließt die kritischen Monate Oktober und November ein, auf die im ersten Kapitel hingewiesen wurde.

Auswertung der Interaktionstafeln, 1995

	Mai	Jun	Jul	Aug	Sep	Okt	Nov	Dez
Stufe 1: Motivationsgespräch „offene Arme"	0	742	531	320	540	636	678	0
Stufe 2: Mitarbeitergespräch „gelbe Karte"	0	153	134	82	181	248	267	0
Stufe 3: Personalgespräch „erhobener Zeigefinger"	0	30	17	20	31	58	84	0
Stufe 4: Fehlzeitengespräch „Paragraphen"	0	13	6	9	8	15	13	0
Summe der geführten Gespräche	0	938	688	431	760	957	1042	0

Stand: Ende November 1995

Abbildung 63: Übersicht der geführten AVP-Gespräche

Betrachtet man die Gesamtzahlen, so wird eindrucksvoll deutlich, daß im gesamten Werk eine recht hohe Zahl an Gesprächen geführt wurde. Gerade dieses Volumen zeigt, daß es notwendig war, den Prozeß zu vereinheitlichen, um diese Abläufe möglichst vergleichbar und damit gerecht zu machen. Würden Rückkehrgespräche ausschließlich individuell geführt, so würde es soviel unterschiedliche Gespräche geben, wie insgesamt stattgefunden haben. AVP schafft für diese große Zahl an Gesprächen den notwendigen Rahmen, um dabei ein relativ hohes Maß an Transparenz und Gerechtigkeit zu erreichen.

Die relative Verteilung der geführten Gespräche auf die einzelnen Gesprächsstufen fällt während des Verlaufs der einzelnen Monate relativ gleichmäßig aus:

- Gesprächsstufe 1: zu 75 bis 80 Prozent
- Gesprächsstufe 2: zu 15 bis 20 Prozent
- Gesprächsstufe 3: zu zwei bis vier Prozent
- Gesprächsstufe 4: zu ein bis zwei Prozent

Die überwiegende Mehrheit der Gespräche (über drei Viertel) sind Motivationsgespräche. Ein weiteres knappes Viertel fällt auf die Mitarbeitergespräche. Damit sind auch schon über 95 Prozent der Fälle von Fehlzeiten abgedeckt.

Auch die Personalgespräche finden nur zu zwei bis maximal vier Prozent der Fälle statt. Somit bedarf nur ein sehr geringer Prozentsatz der zurückkehrenden Mitarbeiter einer letzten Chance von den Vorgesetzten, bevor massivere Schritte eingeleitet werden müssen. Schließlich sind nur ein bis maximal zwei Prozent der Gespräche Fehlzeitengespräche, die von der Personalabteilung durchzuführen sind.

Diese Auswertung zeigt, daß fast alle Mitarbeiter, die durch den AVP erfaßt werden, das „Phänomen Abwesenheit" begreifen und verstehen, weshalb beide Seiten im Rahmen dieses neuen Instrumentes an einer Reduktion der Fehlzeiten arbeiten müssen; das schließt auch die Ausnahmen von diesem Prozeß mit ein, die im vierten Kapitel vorgestellt wurden.

Der AVP ist – und das zeigen diese Zahlen eindrucksvoll – demnach keine Maßnahme, mit der Kranke verfolgt werden. Denn nur mit ein bis zwei Prozent der Fehlenden mußten bisher intensivere Gespräche in der Personalabteilung geführt werden, wobei es nicht in jedem Fall zu arbeitsrechtlichen Maßnahmen kam. Gerade aber unter diesem geringen Prozentsatz an Mitarbeitern sind diejenigen, die bisher das krankheitsbedingte Fehlen ausgenutzt haben, was doppelt zu Lasten anderer geht.

Zum einen wird den anwesenden Kollegen zusätzliche Mehrarbeit aufgebürdet, worauf schon mehrmals hingewiesen wurde. Zum anderen werden auch wirklich kranke und verantwortungsbewußte Mitarbeiter diskreditiert, wenn in ihrem Bereich hohe Fehlzeiten anfallen; dann besteht die Tendenz zu pauschalen Vorverurteilungen. Das ist besonders dann der Fall, wenn nicht eindeutig dokumentiert ist, wie häufig aus welchen Gründen gefehlt wurde.

Mit dem AVP ist es jedoch möglich, diesen verschwindend geringen Prozentsatz recht gut zu ermitteln, um bei Bedarf entsprechende massivere arbeitsrechtliche Schritte einleiten zu können. Gerade die Tatsache, daß diese kleine Minderheit festgestellt werden kann und daß fast alle anderen Mitarbeiter die Möglichkeit der ersten drei Gesprächsstufen nutzen können, hat sehr zur Akzeptanz des AVP beigetragen. Es ist auch von seiten der Mitarbeiter deshalb als Instrument anerkannt, mit dem sich die Abwesenheitsraten senken lassen, indem diejenigen erfaßt werden, die die krankheitsbedingte Abwesenheit ausnutzen wollen.

Nach dieser quantitativen Auswertung der durchgeführten Gespräche soll als nächstes eine qualitative Betrachtung der Gespräche vorgenommen werden. Dazu dienen die Gesprächsprotokolle. Das Ziel des AVP ist es, daß generell so wenig Gespräche wie möglich durchgeführt werden, denn die beste Abwesenheit ist jene, die erst gar nicht entsteht. Trotzdem kann dennoch bei jedem krankheitsbedingtes Fehlen vorkommen; deshalb ist bei seltenem Abwesenheitsverhalten das Motivationsgespräch zu führen. Hierbei handelt es sich noch um eine unkritische Gesprächsstufe. Schafft es der Vorgesetzte, dem Mitarbeiter gleich zu Anfang die Problematik der Fehlzeiten zu vermitteln und sein Verständnis für die Gesamtsituation zu erlangen, so vermeidet er, daß es weiterer Gesprächsstufen bedarf. Damit hätte er das Ziel des AVP erreicht.

Ähnlich verhält es sich auch bei den Gesprächsstufen zwei und drei, die noch innerhalb des AVP-Verfahrens liegen. Jedes Mitarbeitergespräch, das ein Personalgespräch vermeiden hilft, ist ein erfolgreiches Gespräch. Es hat dann nicht sein Ziel erreicht, wenn innerhalb einer Frist von neun Monaten erneut Fehlzeiten auftreten und das Personalgespräch geführt werden muß. Betrachtet man die Auswertungen, dann ist das zwar bei noch nicht einmal fünf Prozent der Gespräche der Fall; dennoch könnte es vermieden werden.

Was kann der Vorgesetzte aber schon im Laufe des Mitarbeitergespräches (das in knapp einem Viertel der Fälle vorkommt) tun, daß es nicht zum Personalgespräch kommt, und wie kann er feststellen, wo er was bei der Durchführung des Gespräches verbessern kann?

Um herauszufinden, ob er effektive Gesprächsführung im AVP praktiziert, muß sich der Vorgesetzte hauptsächlich zwei Fragen stellen (siehe Abbildung 64).

Abbildung 64: Zwei Fragen, die ein effektives Rückkehrgespräch bestimmen

Zuerst muß er sich fragen, ob die Informationen, die er dem zurückkehrenden Mitarbeiter gegeben hat, wirklich angekommen sind. Das umfaßt zum Beispiel diejenigen Punkte, die im Gesprächsprotokoll gleich zu Anfang genannt sind.

Darunter fällt etwa die Beschreibung, in welcher Form die Arbeit, die durch das Fehlen des betroffenen Mitarbeiters liegengeblieben ist, von den Kollegen übernommen und erledigt wurde.

Wenn diese Beschreibungen vom Mitarbeiter zwar gehört aber nicht verstanden oder erfaßt worden sind, dann kann dieser auch nicht die gesamte Problematik erkennen. Deshalb ist es eine wesentliche Aufgabe, das schon während des Gesprächsverlaufes herauszufinden. Versteht der betroffene Mitarbeiter die vermittelten Inhalte des Mitarbeitergespräches nicht, so kann es zu weiteren Gesprächen, wie dem Personalgespräch, kommen.

Eng mit dieser Frage hängt auch die zweite zusammen, nämlich ob der Vorgesetzte das gesamte Gespräch und damit sein Gegenüber richtig eingeschätzt hat. Zu diesem Zweck sind im zweiten Teil der Protokolle einige Einschätzungsfragen enthalten. Sie sollten untereinander konsistent vom Vorgesetzten beantwortet werden.

Der Vorgesetzte kann beispielsweise zu einer Fehleinschätzung des Gespräches kommen. Eine solche liegt vor, wenn er einerseits nach dem Gesprächsablauf der Meinung ist, daß sich der Mitarbeiter hinsichtlich der Änderung seines Abwesenheitsverhaltens nicht einsichtig zeigt, andererseits aber glaubt, daß der befragte Mitarbeiter die weiteren AVP-Stufen kennt und den weiteren Ablauf des Prozesses verstanden hat. Entweder erkennt der Vorgesetzte dann nicht, daß der Mitarbeiter sein Verhalten doch ändern möchte, oder es hat der Mitarbeiter die kommenden Stufen von AVP und ihre Konsequenzen in Wirklichkeit doch nicht verstanden.

Eine falsche Einschätzung des Mitarbeiters führt dazu, daß man in unangemessener Weise auch während der AVP-Gespräche mit diesem umgeht. Das merkt der Mitarbeiter und kann sich deshalb unverstanden und falsch behandelt fühlen (in der einen wie auch in der anderen Richtung). Da eine dem Individuum adäquate Gesprächsführung ein wesentliches Element des Führungsverhaltens ist, kann sich der Vorgesetzte mit Hilfe der Auswertungen des AVP selbst überprüfen. Wer dem Mitarbeiter die notwendigen Informationen so vermitteln kann, daß sie auch aufgenommen werden, und wer seine Mitarbeiter richtig einschätzen kann, hat wesentliche Teile einer guten Führung erfüllt.

Wegen der Datenschutzbestimmungen ist der Vorgesetzte der einzige, der Zugriff auf die Gesprächsprotokolle seines Bereiches hat. Um sich selbst zu testen, sollte er diejenigen Fälle näher betrachten, in denen er mit den Betroffenen sowohl Mitarbeiter- als auch Personalgespräch geführt hat. Denn dort hat er sich anscheinend während des Mitarbeitergespräches nicht so verhalten, daß er das Personalgespräch vermeiden konnte.

Fairerweise sollte er nicht nur einen einzelnen Fall betrachten, da auch andere Faktoren als das Vorgesetztenverhalten während des Mitarbeitergespräches dafür verantwortlich sein können, daß ein Personalgespräch geführt werden muß. Vergleicht er allerdings eine ganze Reihe solcher Protokollpaare, können sich Ähnlichkeiten finden, woraus sich dann bestimmte Rückschlüsse ziehen lassen. Die Abbildung 65 zeigt, wie eine solche Auswertung von vorliegenden Mitarbeiter- und Personalgesprächsprotokoll prinzipiell aussehen kann.

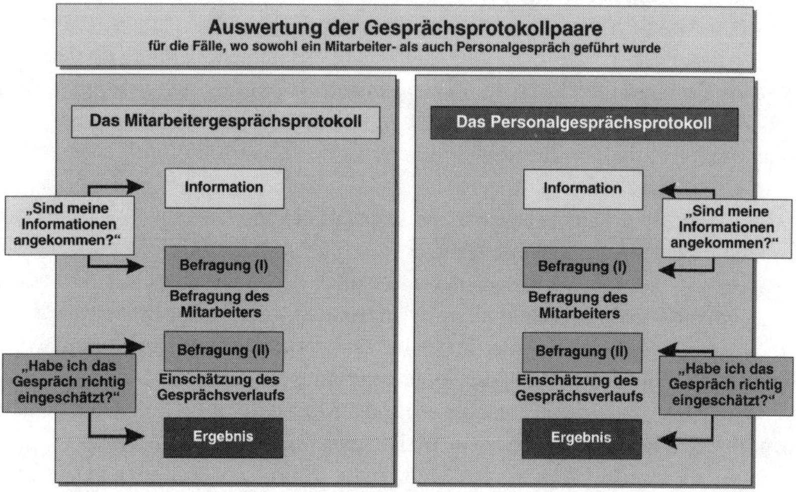

Abbildung 65: Prinzip für die Auswertung der Gesprächsprotokollpaare

Für die Beantwortung der Frage, ob die mitgeteilten Informationen beim Mitarbeiter auch wirklich aufgenommen worden sind, vergleicht der Vorgesetzte sowohl für das Mitarbeiter- als auch das Personalgesprächsprotokoll die vorgegebenen Aspekte des Informationsteils mit den Antworten, die der Mitarbeiter im ersten Fragenteil zu Protokoll gegeben hat. Diese Angaben müssen inhaltlich konsistent sein. Das ist beispielsweise nicht der Fall, wenn entsprechende Informationen („Sie verursachen ihren Kollegen Mehrarbeit") zwar gegeben, Nachfragen allerdings nicht angemessen beantwortet wurden („Mein Fehlen bringt meinen Kollegen keine Mehrbelastungen").

Ob er das Gespräch richtig eingeschätzt hat, kann der Vorgesetzte herausfinden, wenn die eigenen Bewertungen hinsichtlich des Gesprächsverlaufes mit denen bezüglich des Gesprächsergebnisses verglichen werden. Beide Beurteilungen müssen ebenfalls in sich konsistent sein. Das ist nicht gegeben, wenn sich der Gesprächsverlauf anders darstellt („Der Mitarbeiter wird voraussichtlich zukünftig ein ähnliches Fehlzeitenverhalten haben") als die Einschätzung des Gesprächsergebnisses („Der Mitarbeiter hat das AVP-Verfahren verstanden und kennt die weiteren Gesprächsstufen und ihre Konsequenzen").

Daraufhin hat der Vorgesetzte die Auswertungen der Mitarbeitergesprächsprotokolle mit denen der dazugehörigen Personalgesprächsprotokolle zu vergleichen. Dabei kann sich vielleicht herausstellen, daß er es erst bei den jeweiligen Personalgesprächen geschafft hat, die Informationen an den Mitarbeiter zu vermitteln und das Gespräch richtig einzuschätzen. Dann sollte er sich fragen, woran es bei der Führung der Mitarbeitergespräche womöglich gelegen haben könnte.

Da er diese Auswertungen für sich selbst durchführen kann, liegt es an ihm selbst, zu entscheiden, ob er seine Führungstechnik weiter verbessern lassen möchte oder nicht. Hier ist nun die Personalabteilung gefragt, die einen entsprechenden Katalog an Schulungen anbieten muß, um den auftretenden Trainingsbedarf personengerecht abdecken zu können. Generell gilt aber: Die Auswertung der Gesprächsprotokolle und die Feststellung eines möglichen Verbesserungsbedarfes des Führungsverhaltens beruhen einzig auf der Eigeninitiative des jeweiligen Vorgesetzten selbst.

Da allerdings im ersten Kapitel ausführlich gezeigt wurde, daß das Führungsverhalten ein wesentlicher Schlüssel für hohe Abwesenheitsraten ist, sollte jeder Beteiligte die Chance nutzen, die AVP durch diese Auswertungsmöglichkeiten bietet. Nur wenn jeder sein Verhalten ändert – der Mitarbeiter sein Fehlzeitenverhalten und der Vorgesetzte sein Führungsverhalten –, kann gemeinsam das „Phänomen Abwesenheit" wirksam bekämpft werden.

Die Auswertung der bisher geführten Gespräche im Werk Rüsselsheim hat gezeigt, daß schon eine Reihe solcher Gesprächsprotokollpaare erstellt worden sind. Anonym wurden alle Vorgesetzten gebeten, tendenziell die Bewertungen zu nennen, die sie in den Protokollen bei diesen Fällen vorgenommen haben. So können Aussagen getroffen werden, in welche Richtung derzeit das Ergebnis einer solchen Auswertung bei einer werksweiten Betrachtung geht (siehe Abbildung 66 auf den beiden folgenden Seiten).

Tendenzaussagen zur Auswertung der Gesprächsprotokolle*

für die Fälle, wo sowohl Mitarbeiter- als auch Personalgespräch geführt wurden (1)

Schwerpunkte der Nennungen in % — ● 80% bis 100% — ○ 60% bis 80%

Das Mitarbeitergesprächsprotokoll

„gelbe Karte“ 

Information

	mitgeteilt
1. Die vorangegangene Fehlzeit liegt noch nicht lange zurück	●
2. Darstellung, wie die liegengebliebene Arbeit erledigt wurde	●
3. Aufzeigen der Mehrbelastungen der Kollegen durch Fehlzeiten	●
4. Hinweis auf die weiteren Gesprächsstufen	●

Befragung (I)

DEM MITARBEITER ZU STELLENDE FRAGEN	trifft genau zu	trifft eher zu	trifft kaum zu	trifft nicht zu
1. „Wie würden Sie auf häufiges Fehlen eines Kollegen reagieren?“				
• ich spreche ihn darauf an		○		
• ich bin verärgert und sauer			○	
• es ist mir egal				○
• ich zeige es ihm, daß es mir nicht paßt				○
• ich frage ihn, ob er Hilfe braucht		○		
2. „Wie glauben Sie, daß Ihre Kollegen Ihre Fehlzeiten sehen?“				
• es wird ihnen nichts ausmachen			○	
• sie werden wahrscheinlich sauer sein				○
• sie denken, ich verursache ihnen Mehrbelastungen				○
• sie werden meinen, ich sei ein „Blaumacher“				●
• sie haben/werden mich konkret darauf ansprechen				○
• sie bieten mir Hilfe an				○
3. „Was trägt bei den Arbeitsbedingungen dazu bei, daß Sie fehlen?“				
• zu hohe körperliche Belastung				○
• schlechtes Arbeitsklima				●
• Streit mit Kollegen				●
• Führungsstil des Vorgesetzten				●
• fehlende Arbeitsinhalte				○
• mangelnde Weiterbildung				○

Befragung (II)

EINSCHÄTZUNG DES GESPRÄCHSVERLAUFES DURCH DEN VORGESETZEN	trifft genau zu	trifft eher zu	trifft kaum zu	trifft nicht zu
1. Zwischen dieser und der vorangegangenen Fehlzeit besteht kein direkter Zusammenhang.	○			
2. Dem Mitarbeiter sind die Tätigkeiten, die an seinem Arbeitsplatz durchzuführen sind, bekannt.	●			
3. Der Mitarbeiter kennt die Rolle, die seiner Tätigkeit im gesamten Arbeitsablauf beigemessen wird.	●			
4. Aus Sicht des Mitarbeiters wird in absehbarer Zeit kein häufiges Fehlen mehr auftreten.			○	
5. Das Gespräch verlief in freundlicher und offener Atmosphäre.	●			

Ergebnis

EINSCHÄTZUNG DER GESPRÄCHSERGEBNISSE DURCH DEN VORGESETZTEN	trifft genau zu	trifft eher zu	trifft kaum zu	trifft nicht zu
1. Zwischen Mitarbeiter und Vorgesetztem besteht auch weiterhin ein freundliches Verhältnis.	●			
2. Dem Mitarbeiter ist klar geworden, daß der Vorgesetzte die „gelbe Karte“ gezogen hat.	●			
3. Dem Mitarbeiter ist bewußt, daß sein Fehlen den Kollegen und damit dem Arbeitsklima schadet.	○			
4. Die weiteren Gesprächsstufen sowie deren Inhalte und Konsequenzen sind dem Miitarbeiter bekannt.	●			

*aus diesen Aussagen lassen sich nur allgemeine Schlüsse ableiten und keine individuellen; dies ist Sache jedes einzelnen Vorgesetzten

Tendenzaussagen zur Auswertung der Gesprächsprotokolle*

für die Fälle, wo sowohl Mitarbeiter- als auch Personalgespräch geführt wurden (2)

Schwerpunkte der Nennungen in % — ● 80% bis 100% — ◐ 60% bis 80%

Das Personalgesprächsprotokoll

„erhobener Zeigefinger"

Information

	mitgeteilt
1. Fehlzeiten werden langfristig kontrolliert	●
2. Darstellung, wie die liegengebliebene Arbeit erledigt wurde	●
3. Beschreibung von Fällen, in denen Fehlzeiten zu Kündigungen führten	●
4. Schilderung der vierten Gesprächsstufe und deren Konsequenzen	●

Befragung (I)

DEM MITARBEITER ZU STELLENDE FRAGEN	trifft genau zu	trifft eher zu	trifft kaum zu	trifft nicht zu
1. „Welche Folgen glauben Sie, haben weitere Fehlzeiten?"				
• keine ernstzunehmenden Folgen				◐
• nur „kleine" Verstimmungen mit den Vorgesetzten				◐
• weitere Gespräche in der Art wie das jetzige				◐
• zukünftig wird die Personalabteilung eingeschaltet	●			
• weiteres Fehlen kann zur Kündigung führen	◐			
2. „Wie wollen Sie es zukünftig mit Ihrer Anwesenheit und Ihrem Fehlen handhaben?"				
• es wird sich in Zukunft nichts an meinem Verhalten ändern				◐
• ich kann nichts schlimmes an meiner Fehlzeit erkennen				◐
• ich muß erst mal darüber nachdenken				◐
• ich glaube, daß ich meine Anwesenheit verbessern muß	◐			
• ich weiß, daß ich in der letzten Zeit zu oft gefehlt habe	◐			
• ich will meine Fehlzeiten zukünftig senken	◐			
3. „Wissen Sie, worum es sich beim Personalgespräch handelt?"				
• ähnlich unwichtiges Gespräch wie die vorangegangenen				●
• wieder ein Versuch, mich zu motivieren		◐		
• das Gespräch hat keinen besonderen Stellenwert				◐
• dieses Gespräch ist schon wichtiger als die vorherigen	◐			
• das Gespräch ist deutlich ernsthafter als die vorherigen	●			
• dieses Gespräch ist die „letzte" Chance für mich	◐			

Befragung (II)

EINSCHÄTZUNG DES GESPRÄCHSVERLAUFES DURCH DEN VORGESETZTEN	trifft genau zu	trifft eher zu	trifft kaum zu	trifft nicht zu
1. Zwischen dieser und der vorangegangenen Fehlzeit besteht kein direkter Zusammenhang.	◐			
2. Das erneute Fehlen des Mitarbeiters führt dieser auf die schlechten Arbeitsbedingungen zurück.				●
3. Der Mitarbeiter weiß, daß häufiges Fehlen zur Kündigung führen kann.	●			
4. Aus Sicht des Mitarbeiters wird in absehbarer Zeit kein häufiges Fehlen mehr auftreten.		◐		
5. Das Gespräch verlief in sachlicher aber bestimmter Atmosphäre.	●			

Ergebnis

EINSCHÄTZUNG DER GESPRÄCHSERGEBNISSE DURCH DEN VORGESETZTEN	trifft genau zu	trifft eher zu	trifft kaum zu	trifft nicht zu
1. Zwischen Mitarbeiter und Vorgesetztem wurden die Positionen geklärt, was die Fehlzeiten des Mitarbeiters betrifft.	●			
2. Dem Mitarbeiter ist klar geworden, daß die Vorgesetzten ihm die letzte Chance vor massiveren Schritten eingeräumt haben.	●			
3. Dem Mitarbeiter ist bewußt, daß bei weiterem Fehlen die Personalabteilung eingeschaltet wird.	●			
4. Die weiteren Gesprächsstufen sowie deren Inhalte und Konsequenzen sind dem Mitarbeiter bekannt.	●			

Abbildung 66: Auswertung der Gesprächsprotokollpaare im Werk Rüsselsheim

Diese Tendenzaussage ergibt sich – wie schon gesagt – aus der Zusammenfassung aller Gesprächsprotokollpaare, die aus dem ganzen Werk Rüsselsheim bisher vorliegen. Diese anonymisierte Aggregation soll helfen, das generelle Verhalten von Vorgesetzten und Mitarbeitern in diesen Gesprächen zu charakterisieren. Daraus können allerdings keine Schlüsse auf den einzelnen Vorgesetzten oder Mitarbeiter abgeleitet werden.

Anhand dieser Ergebnisse sollen einige generelle Aussagen gemacht werden, um das Verhalten von Mitarbeitern und Vorgesetzten für den Fall zu erhellen, daß sowohl Mitarbeiter- als auch Personalgespräch geführt wurden. Dazu wird zunächst aus der Abbildung 66 das Mitarbeitergesprächsprotokoll ausgewertet. Das umfaßt die zwei genannten Fragenkomplexe, ob die mitgeteilten Informationen beim Mitarbeiter angekommen sind und ob das Gespräch vom Vorgesetzten richtig eingeschätzt worden ist. Die Abbildung 67 zeigt eine Auswahl besonders eindrücklicher Aspekte aus den jeweiligen Mitarbeitergesprächsprotokollen.

Auswertung des Mitarbeitergespräches
aus den vorangegangenen Tendenzaussagen

„Sind meine Informationen angekommen?"

INFORMATION	MEINUNG DES MITARBEITERS	Informationen sind eher nicht angekommen
„Ihre vorangegangene Fehlzeit liegt noch nicht lange zurück." „Durch Ihr Fehlen haben Ihre Kollegen Mehrbelastungen, um die liegengebliebene Arbeit zu erledigen."	Wenn ein Kollege ebenfalls häufig fehlt, ... • dann ist mir das eher nicht egal • spreche ich ihn eher darauf an Meine Kollegen glauben, daß sie durch meine Fehlzeiten ... • eher keine Mehrbelastungen haben, • was sie wahrscheinlich nicht verärgert	INKONSISTENZ häufiges Fehlen bei anderen ist dem Mitarbeiter nicht egal, eigenes Fehlen belastet die Kollegen dagegen nicht

„Habe ich das Gespräch richtig eingeschätzt?"

EINSCHÄTZUNG DES GESPRÄCHSVERLAUFS	EINSCHÄTZUNG DER GESPRÄCHSERGEBNISSE	Gespräch wurde eher nicht richtig eingeschätzt
Der Mitarbeiter ist sich eher noch nicht sicher, ob er sein Fehlzeitenverhalten ändern wird	Dem Mitarbeiter ist klar, ... • daß der Vorgesetzte die „gelbe Karte" gezogen hat • welche weiteren Gesprächsstufen folgen werden	INKONSISTENZ Mitarbeiter will Fehlzeitenverhalten eher nicht ändern, obwohl ihm angeblich klar ist, daß die „gelbe Karte" gezogen wurde

Abbildung 67: Auswertung der Mitarbeitergesprächsprotokolle

Aus den Mitarbeitergesprächsprotokollen der vorgestellten Protokollpaare geht hervor, daß die Informationen, die der Vorgesetzte dem Mitarbeiter nahegelegt hat, eher nicht angekommen sind. So zeigt es sich, daß den Betroffenen zwar zum einen mitgeteilt wurde, daß die vorangegangene Fehlzeit noch nicht lange zurückliegt und daß den Kollegen durch das Fehlen Mehrbelastungen verursacht wurden. Trotzdem glaubt der Mitarbeiter, daß seine Kollegen wegen der Abwesenheiten nicht zusätzliche Arbeit hatten und sie deshalb auch nicht verärgert sein würden. Zum anderen ist der Mitarbeiter aber der Meinung, daß es ihm nicht egal ist, wenn ein anderer Kollege häufig fehlt; aus diesem Grund könnte er sich sogar vorstellen, denjenigen auf sein Fehlen anzusprechen.

Diese Inkonsistenz zwischen vermittelter Information einerseits und zum Ausdruck gebrachter Haltung andererseits zeigt, daß der Mitarbeiter keine Einsicht gezeigt hat. Eine mögliche Ursache dafür kann das Verhalten des Vorgesetzten sein, der es im Verlauf dieser Mitarbeitergespräche nicht erreicht hat, seinem Gegenüber die notwendigen Informationen in der richtigen Form näherzubringen. Das kann ein Grund dafür sein, daß eine weitere AVP-Stufe – das Personalgespräch – notwendig wurde, um in noch einem weiteren Gesprächsversuch die Abwesenheitsproblematik zu erläutern.

Diese Diskrepanz spiegelt sich auch in der Einschätzung des gesamten Gespräches durch den Vorgesetzten wider. So ist er im Verlauf des Gespräches der Meinung, daß der Mitarbeiter sein Fehlzeitenverhalten voraussichtlich nicht ändern wird. Andererseits hält er als Ergebnis fest, daß es seinem Gesprächspartner deutlich geworden ist, welche weiteren Gesprächsstufen mit den dazugehörigen Konsequenzen folgen werden. Daß allerdings eine Verhaltensänderung notwendig ist, um noch innerhalb der drei AVP-Stufen zu bleiben, zeigt, daß hier zwei Einschätzungen des Gespräches getroffen worden sind, die untereinander nicht ganz konsistent sind. Auch das kann dazu führen, daß es im weiteren noch eines Personalgespräches bedarf.

Wertet man in ähnlicher Weise auch die dazugehörigen Personalgesprächsprotokolle aus, so ergibt sich das in der Abbildung 68 auf der folgenden Seite dargestellte Bild.

Es zeigt sich, daß nun die vermittelten Informationen angekommen sind. Den Mitarbeitern wird in diesen Gesprächen deutlich, daß Fehlzeiten Mehrbelastungen erzeugen. Auch sind die Einschätzungen von Gesprächsablauf und -ergebnis in sich konsistent, wie das die angeführten Beispiele in der Abbildung 68 zeigen.

Diese Gegenüberstellung der Gesprächsprotokollpaare sagt aus, daß es häufig erst der Personalgespräche bedarf, um den zwei bis vier Prozent der Betrof-

Auswertung des Personalgespräches
aus den vorangegangenen Tendenzaussagen

„Sind meine Informationen angekommen?“

INFORMATION	MEINUNG DES MITARBEITERS	Informationen sind angekommen
„Durch Ihr Fehlen haben Ihre Kollegen Mehrbelastungen, um die liegengebliebene Arbeit zu erledigen.“	• Ich weiß, daß ich in der letzten Zeit oft gefehlt habe • durch mein Fehlen ist Arbeit liegengeblieben, die andere erledigen mußten • deshalb möchte ich in Zukunft auch darauf hinarbeiten, meine Fehlzeiten zu senken	KONSISTENZ der Mitarbeiter erkennt, daß das das eigene Fehlen anderen Mehrbelastungen bringt, weshalb er seine Fehlzeiten senken will

„Habe ich das Gespräch richtig eingeschätzt?“

EINSCHÄTZUNG DES GESPRÄCHSVERLAUFS	EINSCHÄTZUNG DER GESPRÄCHSERGEBNISSE	Gespräch wurde richtig eingeschätzt
Aus Sicht des Mitarbeiters ist eindeutig klargeworden, daß er sein Fehlzeitenverhalten ändern muß, um seine Abwesenheiten zu reduzieren	Dem Mitarbeiter ist klargeworden, ... • daß die Vorgesetzten ihm die letzte Chance vor massiveren Schritten eingeräumt haben • welche weiteren Gesprächsstufen folgen werden	KONSISTENZ Mitarbeiter will Fehlzeitenverhalten ändern, auch deshalb, weil ihm klar ist, daß man ihm eine weitere Chance gibt

Abbildung 68: Auswertung des Personalgespräches

fenen klarzumachen, welchen Stellenwert eine Änderung des individuellen Abwesenheitsverhaltens hat, um die kollektive Fehlzeitenproblematik zu lösen. Die Auswertungen haben gezeigt, daß hier neben dem Mitarbeiter auch der direkte Vorgesetzte eine wesentliche Rolle spielt.

Das setzt voraus, daß schon das Mitarbeitergespräch so geführt wird, daß die Informationen vom Mitarbeiter entsprechend erfaßt werden können. Deshalb muß der Vorgesetzte das Gespräch in der angemessenen Form führen, was sich beispielsweise an der konsistenten Einschätzung von Gesprächsverlauf und -ergebnis ablesen läßt.

Dazu sollte der Vorgesetzte in ähnlicher Form diejenigen Fälle analysieren, in denen er Mitarbeiter- und Personalgespräche geführt hat. Dabei bietet es sich an, auf die Aspekte einzugehen, die sich oben aus den anonymisierten Gesamtauswertungen des Werkes Rüsselsheim ergeben haben. Das ist allerdings – wie schon gesagt – ausschließlich Sache jedes einzelnen Vorgesetzten.

Zusammengefaßt haben die Auswertungen der geführten Gespräche im Rahmen des AVP gezeigt, daß mit über 95 Prozent der Betroffenen entweder ein Motivations- oder ein Mitarbeitergespräch geführt worden ist. Damit hat die überwältigende Mehrheit der Mitarbeiter die Zusammenhänge des „Phänomens Abwesenheit" verstanden. Lediglich mit maximal vier Prozent mußte zu diesem Zweck noch ein Personalgespräch geführt werden. Dabei kann der Vorgesetzte mit angemessenem Führungsverhalten dazu beitragen, auch diese Gesprächsstufe zu vermeiden. Schon im Verlauf des Mitarbeitergespräches muß er darauf achten, die Informationen in der richtigen Weise zu vermitteln.

5.3. Reduktion der Abwesenheitsrate

Zum Schluß soll schließlich ein Blick auf die Entwicklung der Abwesenheitsraten im Verlauf des Jahres 1995 geworfen werden, um deren Entwicklung seit Einsatz des AVP ab Mitte Mai/Anfang Juni beurteilen zu können. Hier soll an die Abbildung 28 zu Beginn des vierten Kapitels (Seite 108) angeknüpft werden, die mit dem Vergleich der Abwesenheiten von 1993 zu 1994 den Ausgangspunkt gebildet hat. Nun wird mit der Gegenüberstellung der Jahre 1994 und 1995 dieser Kreis geschlossen. Damit liegt das Resultat aller bisherigen Anstrengungen im Rahmen des AVP vor (siehe Abbildung 69 auf der folgenden Seite).

Es zeigt sich, wie sich die Situation bei den Fehlzeiten zu Beginn des Jahres 1995 drastisch zugespitzt hatte und weshalb zu diesem Zeitpunkt eindeutiger Handlungsbedarf für neue Maßnahmen gegeben war. Im März und April reduzierten sich die Differenzen zum Vorjahr deutlich, und ab Mai haben sich die Abwesenheitsraten monatlich um zwei bis sogar gut drei Prozent reduziert. So konnte der Jahresdurchschnitt 1995 trotz des schlechten Beginns sogar noch auf sieben Prozent gesenkt werden (im Vergleich zu acht Prozent im Jahr 1994).

Betrachtet man schließlich die einzelnen Monate, so wird deutlich, daß sich die Abwesenheiten durch den Einsatz des Anwesenheitsverbesserungsprozesses um ca. 30 Prozent senken ließen (siehe Abbildung 70). Dieser große Erfolg des Instrumentes gleich zu Beginn seiner Einführung hat wesentlich zu dessen Akzeptanz im gesamten Unternehmen beigetragen. Das schafft die geeigneten Voraussetzungen für zukünftige Abwesensheitsraten auf niedrigem Niveau: der AVP – ein gemeinsamer Erfolg der Mitarbeiter und ihrer Vorgesetzten.

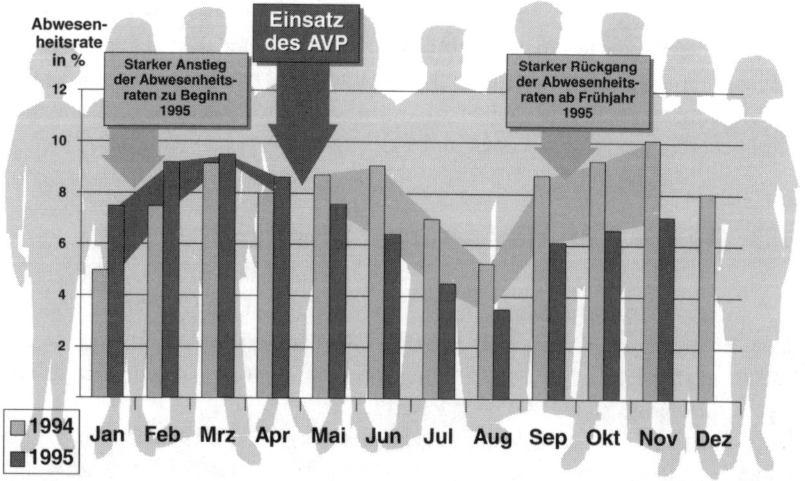

Abbildung 69: Vergleich der Krankheitsraten der Lohnempfänger im Werk Rüsselsheim 1994/95

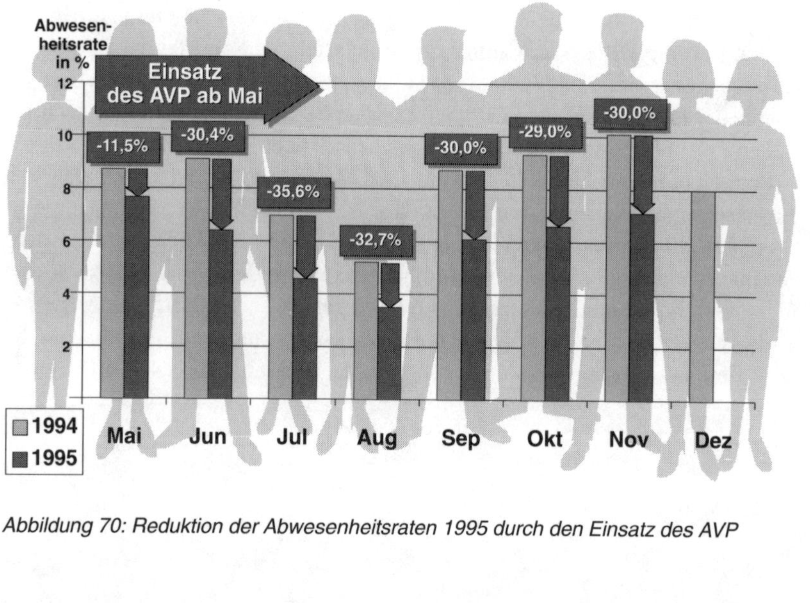

Abbildung 70: Reduktion der Abwesenheitsraten 1995 durch den Einsatz des AVP

Pressestimmen

„Die Abwesenheitsquote in Rüsselsheim konnte … mit AVP … von neun Prozent im Jahre 1993 auf bisher 5,4 Prozent gesenkt werden. … So sparen Unternehmen Kosten in Millionenhöhe."
die Tageszeitung, 12. 12. 1995

„Opel führte sogenannte Rückkehrgespräche ein … und hat damit in diesem Jahr gut zehn Millionen Mark allein im Werk Rüsselsheim bei der Lohnfortzahlung gespart."
Darmstädter Echo, 27. 12. 1995

„AVP… steht für eine Strategie, die erstmals die Vorgesetzten zum Teil des Problems erklärt. … Und seit April sind die Fehlzeiten am Standort im Schritt um mehr als drei Prozentpunkte gesunken."
manager magazin, Oktober 1995

„AVP senkt Fehlzeit: Motivation statt Disziplinierung. Die Krankheitsrate, das zeigen … auch aktuelle AVP-Ergebnisse, ‚verbessert sich unheimlich'."
MainSpitze, 8. 7. 1995

Literaturverzeichnis und -hinweise

Bundesvereinigung der Deutschen Arbeitgeberverbände
„Betrieblicher Krankenstand: Probleme und Maßnahmen"
Köln, Juli 1991

Bungard, Walter
„Maßnahmen gegen Fehlzeiten"
Lehrstuhl Psychologie I der Universität Mannheim, 1993

Darmstädter Echo
„Die Krankfeierer bei Opel haben wir gekriegt"
27. 12. 1995

Der Spiegel
„Wer es nicht tut, gilt als dumm"
Nr. 18/1991

Handelsblatt
„In Europa gibt Deutschland am meisten für Gesundheit aus"
2. Januar 1995

Handelsblatt
„Wirklich krank oder nur lustlos?"
23. September 1988

Lietz, Jürgen
„Fehlzeiten – Maßstab für die Qualität des Managements"
in: *Blick durch die Wirtschaft,* 16. April 1991

Nieder, Peter
„Fehlzeiten als Signale"
in: *Personalführung* 9/91

ReWe-BKK-Forum
„Stufenweise Wiedereingliederung hat sich bestens bewährt"
Nr. 3/1991

Schmilinsky, Michael
„Vorschläge für die Verminderung des Krankenstandes“
in: *personalwirtschaft* 9/87

Schmilinsky, Michael
„Das Rückkehrgespräch trainieren“
in: Der Arbeitgeber, Nr. 17/40, 1988

Süddeutsche Zeitung
„Die Firma besorgt den Babysitter“
6. Februar 1995

432 Seiten, Leinen mit Schutzumschlag
ISBN 3-7064-0189-4

Ein praxisorientierter Leitfaden für erfolgreiches Management

Die Herausforderungen, vor denen der Manager in der turbulenten, unsicheren und fordernden Welt von heute steht, wachsen ständig. Auch der erfahrenste Manager muß sich über neue Entwicklungen auf dem laufenden halten und seine Kenntnisse regelmäßig aufpolieren. Die völlig überarbeitete und aktualisierte Ausgabe dieses leicht verständlichen und praxisorientierten Handbuchs deckt fünfzig spezifische Bereiche des Managements in klarer und für den Praxiseinsatz geeigneter Form ab. Der Autor berücksichtigt die in jüngster Zeit entwickelten Zugänge zur Managementpraxis und beschäftigt sich mit neuen Überlegungen zu vertrauten Aspekten der Arbeit des Managements. Kein Buch kann dem Manager das Richtige für jede Situation raten, aber dieses Handbuch bietet ihm eine Anleitung zur Weiterentwicklung seiner Fähigkeiten.
Die erste deutschsprachige Ausgabe („Die Geheimnisse erfolgreicher Manager") war ein Verkaufsschlager. Die vorliegende aktualisierte Neuauflage wird eine ähnliche Position erringen: unentbehrlich für jeden, der sich über den aktuellen Stand der Managementtechniken informieren will.

Michael Armstrong ist Managementberater und Autor. Er ist Mitglied des Institute of Personnel and Development (des früheren IPM) und des Institute of Management Consultants.

Überall im Buchhandel